MATLAB 编程与
汽车仿真应用

崔胜民 编著

化学工业出版社

·北京·

MATLAB作为世界上最流行的仿真计算软件之一，已经成为工科学生必学、科研和工程技术人员必会的软件。

本书详细介绍了 MATLAB 中的图形可视化、科学计算、系统分析方法、系统控制技术、图像处理技术的各种使用命令和编程方法，以及在汽车仿真中的应用。本书结合 167 个示例，详细讲解了 MATLAB 的使用和编程方法，所有示例都提供了全部的程序，每条程序都有注释，便于学习者快速掌握 MATLAB。每章末尾都有练习题，共 54 道，以及附录中给出 6 个汽车仿真综合实训项目，供学习者选做。

本书内容丰富，实用性强，所选示例、练习题和综合实训项目都是在学习和工作中遇到的案例，可作为高等院校相关师生学习的教材，也可作为广大科研和工程技术人员的参考用书。

图书在版编目（CIP）数据

MATLAB 编程与汽车仿真应用/崔胜民编著. —北京：化学工业出版社，2020.5（2023.8 重印）

ISBN 978-7-122-36214-8

Ⅰ.①M⋯　Ⅱ.①崔⋯　Ⅲ.①Matlab 软件-应用-汽车工程

Ⅳ.①U46-39

中国版本图书馆 CIP 数据核字（2020）第 031621 号

责任编辑：陈景薇　　　　　　　　　　文字编辑：张燕文
责任校对：王佳伟　　　　　　　　　　装帧设计：王晓宇

出版发行：化学工业出版社（北京市东城区青年湖南街 13 号　邮政编码 100011）
印　　装：涿州市般润文化传播有限公司
787mm×1092mm　1/16　印张 16　字数 400 千字　　2023 年 8 月北京第 1 版第 2 次印刷

购书咨询：010-64518888　　　　　　售后服务：010-64518899
网　　址：http://www.cip.com.cn
凡购买本书，如有缺损质量问题，本社销售中心负责调换。

定　　价：**88.00 元**　　　　　　　　　　　　　　　　版权所有　违者必究

前言

　　MATLAB 拥有丰富的算法工具箱,在图形可视化、科学计算、系统分析与控制仿真、图像处理等方面功能强大,是目前世界上最流行的仿真计算软件之一,已经成为世界各地的学生、科研和工程技术人员使用的创新工具。

　　为了提高汽车设计水平,汽车仿真在汽车产品开发过程中越来越重要,MATLAB 在汽车仿真中的应用越来越广泛,已经成为车辆工程专业学生和从事汽车研发的科研和工程技术人员必备的技能。

　　本书共分五章:第一章介绍了 MATLAB 的图形可视化,包括二维图形的绘制、三维图形的绘制、统计图形的绘制、动画的制作以及图形可视化在汽车仿真中的应用实例;第二章介绍了 MATLAB 的科学计算,包括科学计算基础知识、数据插值、数据拟合、矩阵运算、极限与级数运算、导数与积分运算、方程组求解以及科学计算在汽车仿真中的应用实例;第三章介绍了 MATLAB 的系统分析方法,包括系统模型类型、时域分析法、根轨迹分析法、频域分析法以及系统分析法在汽车仿真中的应用实例;第四章介绍了 MATLAB 的系统控制技术,包括 PID 控制技术、最优控制技术、模糊控制技术以及系统控制技术在汽车仿真中的应用实例;第五章介绍了 MATLAB 的图像处理技术,包括图像的读取和显示、图像的点运算、图像的几何变换、空间域图像增强、频率域图像增强、彩色图像处理、形态学图像处理、图像分割以及图像处理技术在汽车仿真中的应用实例。 每章末尾都有练习题,便于学生复习和训练,巩固主要学习内容,提高学习效果,也便于教师组织授课。 本书所有程序都经过笔者调试并运行,每条程序都有注释,方便无 MATLAB 基础者阅读和使用。本书附录给出了 6 个汽车仿真综合实训项目,供学习者选做。

　　在本书编写过程中,陈溢、林仁豪、薛振杰、余汪江、常广亮给予了支持,在此一并表示深切的谢意。

　　由于笔者水平和经验所限,书中不妥之处在所难免,敬请读者指正。

编著者

目录

MATLAB

C:/

目录

第一章
基于MATLAB的图形可视化

MATLAB 提供了丰富的图形绘制功能，在科学计算、系统分析、系统控制、图像处理中，常常需要绘图功能来实现结果的可视化，包括二维图形、三维图形和统计图形的绘制等。

第一节
二维图形的绘制

在 MATLAB 命令行窗口，输入 help graph2d，回车，可以看到二维图形的所有绘制命令。

一、二维图形绘制的基本命令

二维图形绘制的基本命令格式如下。

plot(x,y)：以 x 值为横坐标，y 值为纵坐标绘图。

其中 x、y 可以是标量、向量或矩阵。

【例 1-1】 绘制正弦函数 $y=\sin x$ 在 $x=0\sim2\pi$ 之间的曲线。

解：在 MATLAB 命令行窗口输入以下程序。

```
1  x=0:pi/50:2*pi;                          %定义 x 取值范围
2  y=sin(x);                                 %计算正弦函数
3  plot(x,y)                                 %绘制正弦函数曲线
4  print(gcf,'-r600','-djpeg','图 1-1.jpg')  %保存图形文件
```

输出结果如图 1-1 所示。

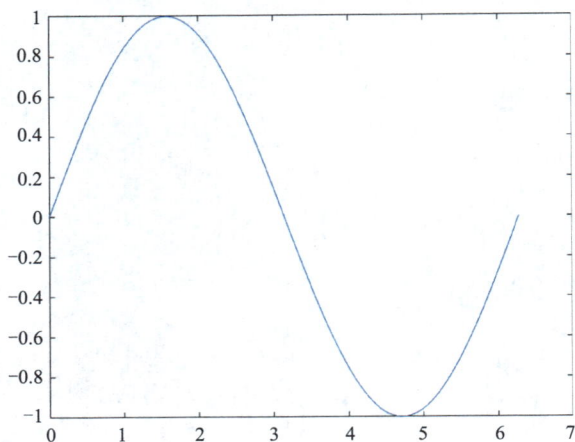

图 1-1　例 1-1 的正弦函数曲线

【例 1-2】　设 $y=\left(1+\dfrac{4\sin x}{1+x^2}\right)\cos x$，在 $x=0\sim360°$ 区间绘制函数曲线。

解：在 MATLAB 命令行窗口输入以下程序。

```
1   x=0:1:360;                              %定义 x 取值范围
2   x1=x*pi./180;                           %把角度转换成弧度
3   y=(1+4*sin(x1)./(1+x.^2)).*cos(x1);     %计算函数值
4   plot(x,y)                               %绘制函数曲线
5   print(gcf,'-r600','-djpeg','图 1-2.jpg') %保存图形文件
```

输出结果如图 1-2 所示。

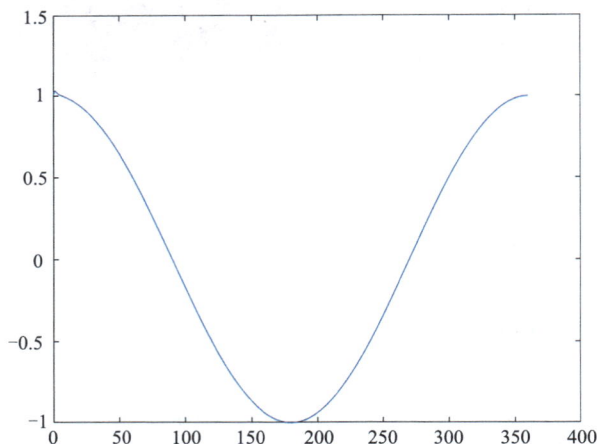

图 1-2　例 1-2 的函数曲线

二、图形常见的修饰命令

图形常见的修饰命令有曲线修饰、图形坐标轴设置、图形标注、图形栅格和边框控制、图形窗口的设置等。

1. 曲线修饰

曲线修饰包括曲线的颜色、线型和标示符号的设置。

曲线修饰的命令格式如下。

plot(x,y,'option')：option 定义了曲线的颜色、线型和标示符号。

MATLAB 曲线修饰的各种选项见表 1-1。

表 1-1　MATLAB 曲线修饰的各种选项

颜色				线型		标示符号			
选项	意义	选项	意义	选项	意义	选项	意义	选项	意义
b	蓝色	c	蓝绿色	-	实线	*	星号	^	上三角
g	绿色	k	黑色	--	虚线	+	加号	s	正方形
m	红紫色	r	红色	:	点线	.	点号	d	菱形
w	白色	y	黄色	-.	点画线	<	左三角	p	五角星
注：默认是蓝色				注：默认是实线		>	右三角	h	六边形

【例 1-3】 已知 $y_1 = x^2$，$y_2 = \cos 2x$，$y_3 = y_1 y_2$，其中 $x = -2\pi \sim 2\pi$，在同一坐标系下用不同的颜色和线型绘制三条曲线，并给三条曲线添加标示符号。

解：在 MATLAB 命令行窗口输入以下程序。

```
1   x=-2*pi:pi/50:2*pi;              %定义 x 取值范围
2   y1=x.^2;                         %计算 y₁ 函数值
3   y2=cos(2*x);                     %计算 y₂ 函数值
4   y3=y1.*y2;                       %计算 y₃ 函数值
5   plot(x,y1,'g+')                  %绘制 y₁ 函数曲线
6   hold on                         %保存图形
7   plot(x,y2,'r:*')                %绘制 y₂ 函数曲线
8   hold on                         %保存图形
9   plot(x,y3,'b--.')               %绘制 y₃ 函数曲线
10  print(gcf,'-r600','-djpeg','图 1-3.jpg')   %保存图形文件
```

输出结果如图 1-3 所示。

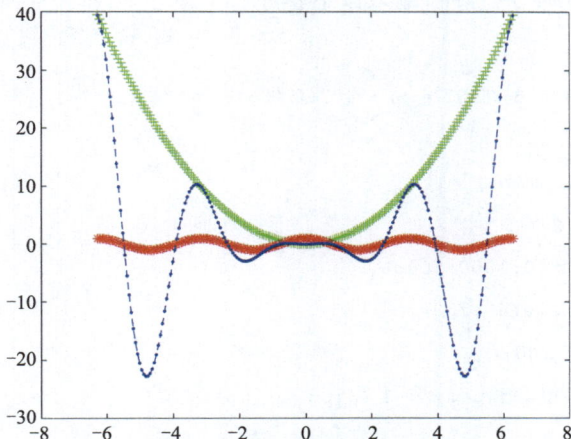

图 1-3　例 1-3 的函数曲线

2. 图形坐标轴设置

（1）坐标轴范围设置。命令格式如下。

axis([xmin xmax ymin ymax])：设置坐标轴的最小值和最大值。

其中 xmin 和 xmax 分别为 x 轴的最小值和最大值；ymin 和 ymax 分别为 y 轴的最小值和最大值。

默认是自动设置坐标轴显示的上下限。

（2）坐标轴标注设置。命令格式如下。

xlabel('字符串')：在 x 轴上设置标签。

ylabel('字符串')：在 y 轴上设置标签

其中字符串表示在 x、y 坐标轴上要显示的名称和单位等。

（3）坐标轴数据显示。命令格式如下。

set(gca,'XTick',x1:x2:x3)：设置 x 坐标轴的刻度值。

set(gca,'YTick',y1:y2:y3)：设置 y 坐标轴的刻度值。

其中 gca 表示当前图形；XTick 表示 x 轴坐标刻度；x1、x2、x3 分别为 x 坐标轴的起点坐标值、坐标间隔和终点坐标值；YTick 表示 y 轴坐标刻度；y1、y2、y3 分别为 y 坐标轴的起点坐标值、坐标间隔和终点坐标值。

axis 函数功能丰富，常用的命令格式还有以下几种。

axis equal：纵、横坐标轴采用等长刻度。

axis square：产生正方形坐标系，缺省为长方形。

axis auto：使用缺省设置。

axis off：取消坐标轴。

axis on：显示坐标轴。

【例1-4】　某发动机转速与转矩的关系为

$$T_{tq} = 6.711 \times 10^{-10} n^3 - 1.837 \times 10^{-5} n^2 + 0.08672n + 78.25$$

绘制发动机转速为 $n = 0 \sim 5000 \text{r/min}$ 的转矩-转速曲线，并对坐标轴进行设置。

解：在 MATLAB 命令行窗口输入以下程序。

```
1   n=0:100:5000;                                      %定义转速 n 取值范围
2   T=(6.711e-10)*n.^3-(1.837e-5)*n.^2+0.08672*n+78.25;  %计算转矩 T
3   plot(n,T)                                           %绘制转矩-转速曲线
4   xlabel('转速/(r/min)')                              %x 坐标轴标注
5   ylabel('转矩/(N.m)')                                %y 坐标轴标注
6   set(gca,'XTick',0:1000:5000)                        %x 坐标轴数据显示设置
7   set(gca,'YTick',0:40:200)                           %y 坐标轴数据显示设置
8   axis([0 5000 0 200])                                %坐标轴显示范围设置
9   print(gcf,'-r600','-djpeg','图 1-4.jpg')            %保存图形文件
```

输出结果如图 1-4 所示。

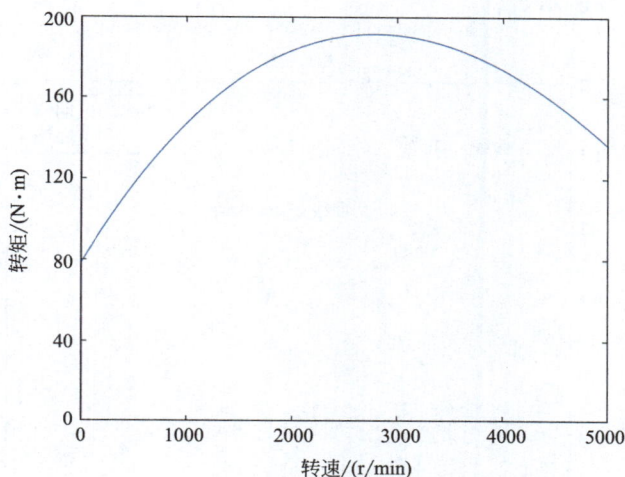

图 1-4　例 1-4 的转矩-转速曲线

3. 图形标注

图形标注主要有以下 3 种方式。

（1）在图形屏幕上开启一个小视窗，依据绘图命令的先后顺序，用对应的字符串区分图形上的曲线。

（2）在图形的指定坐标位置（x，y）处标注单引号括起来的字符串。

（3）在图形的最上端显示说明该图形标题的字符串。

图形标注的命令格式如下。

legend('字符串','字符串',…)：在图形小视窗内标注。

text(x,y,'字符串')：在图形指定位置（x，y）处标注。

title('字符串')：在图形最上端标注。

【例 1-5】　在 $0 \leqslant x \leqslant 2\pi$ 区间内，绘制曲线 $y_1 = 2e^{-0.5x}$ 和 $y_2 = \cos(4\pi x)$，并给图形添加图形标注。

解：在 MATLAB 命令行窗口输入以下程序。

```
1    x=0:pi/100:2*pi;                          %定义 x 取值范围
2    y1=2*exp(-0.5*x);                         %计算 y1
3    y2=cos(4*pi*x);                           %计算 y2
4    plot(x,y1,'r',x,y2,'g--')                 %绘制 y1 和 y2 曲线
5    legend('y1曲线','y2曲线')                  %图形标注
6    text(1.0,1.5,'曲线 y1=2e^{-0.5x}')        %图形 y1 标注
7    text(2.5,1.1,'曲线 y2=cos(4{\pi}x)')      %图形 y2 标注
8    title('y1 和 y2 曲线')                     %图形最上端标注
9    set(gca,'XTick',0:pi/2:2*pi)              %x 坐标轴数据显示设置
10   set(gca,'XTicklabel',{'0','π/2','π','3π/2','2π'})  %x 坐标轴数据显示记号设置
11   set(gca,'YTick',-1:0.5:2)                 %y 坐标轴数据显示设置
12   axis([0 2*pi-1 2])                        %坐标轴显示范围设置
13   print(gcf,'-r600','-djpeg','图 1-5.jpg')  %保存图形文件
```

输出结果如图 1-5 所示。

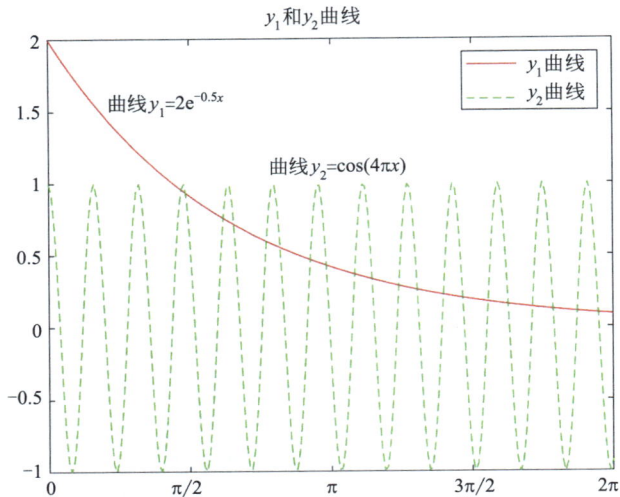

图 1-5　例 1-5 的函数曲线

4. 图形栅格和边框控制

（1）图形栅格控制。在图形上添加或删除栅格的命令格式如下。

grid on：在当前坐标系上添加栅格。

grid off：从当前坐标系上删除栅格。

（2）图形边框控制。图形边框的命令格式如下。

box on：在当前图形上添加边框。

box off：从当前图形上删除边框。

【例 1-6】　绘制 $[0, 2\pi]$ 区间上的 $x_1 = 10\sin t$ 和 $x_2 = 5\cos t$ 曲线，并要求 x_1 曲线的线型为实线，x_2 曲线的线型为虚线；标注坐标轴名称和单位；添加栅格；添加边框。

解： 在 MATLAB 命令行窗口输入以下程序。

```
1    t1=0:pi/20:2*pi;                    %定义 t 取值范围
2    t=180*t1/pi;                        %将弧度转换成角度
3    x1=10*sin(t1);                      %计算 x1
4    plot(t,x1,'r')                      %绘制 x1 曲线
5    hold on                             %保存图形 x1
6    x2=5*cos(t1);                       %计算 x2
7    plot(t,x2)                          %绘制 x2 曲线,线型为虚线
8    xlabel('角度/(°)')                   %横坐标标注
9    ylabel('幅值')                       %纵坐标标注
10   legend('x1曲线','x2曲线')            %添加图形标注
11   grid on                             %添加栅格
12   box on                              %添加边框
13   print(gcf,'-r600','-djpeg','图1-6.jpg')  %保存图形文件
```

输出结果如图 1-6 所示。

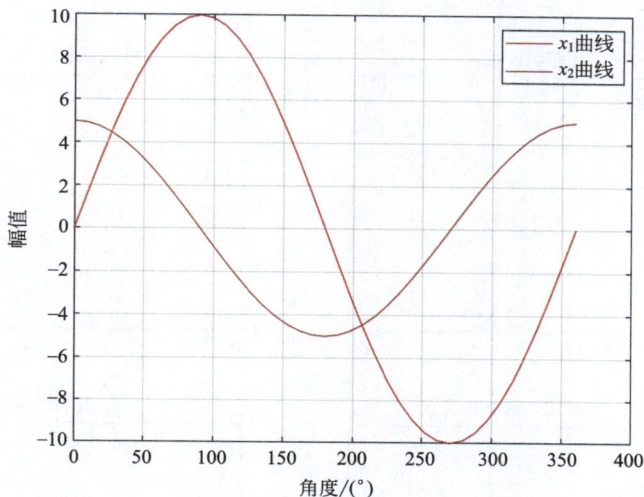

图 1-6 例 1-6 的函数曲线

5. 图形窗口的设置

（1）图形窗口打开。命令格式如下。

figure(n)：设置第 n 个图形窗口。

（2）图形窗口分割。命令格式如下。

subplot(m,n,p)：设置 $m \times n$ 个子窗口。

其中 m 为绘图区的行数；n 为绘图区的列数；p 为图形编号。

【例 1-7】 将图形窗口分割成 2 行 2 列的 4 个子窗口，分别绘制正弦曲线、余弦曲线、反正切曲线和反余切曲线。

解：在 MATLAB 命令行窗口输入以下程序。

1	`x=0:pi/100:2*pi;`	%定义 x 取值范围
2	`y1=sin(x);`	%计算 y_1
3	`subplot(2,2,1)`	%设置 y_1 图形位置
4	`plot(x,y1)`	%绘制 y_1 曲线
5	`title('正弦函数曲线')`	%y_1 图形标注
6	`y2=cos(x);`	%计算 y_2
7	`subplot(2,2,2)`	%设置 y_2 图形位置
8	`plot(x,y2)`	%绘制 y_2 曲线
9	`title('余弦函数曲线')`	%y_2 图形标注
10	`y3=atan(x);`	%计算 y_3
11	`subplot(2,2,3)`	%设置 y_3 图形位置
12	`plot(x,y3)`	%绘制 y_3 曲线
13	`title('反正切函数曲线')`	%y_3 图形标注
14	`y4=acot(x);`	%计算 y_4
15	`subplot(2,2,4)`	%设置 y_4 图形位置
16	`plot(x,y4)`	%绘制 y_4 曲线
17	`title('反余切函数曲线')`	%y_4 图形标注
18	`print(gcf,'-r600','-djpeg','图 1-7.jpg')`	%保存图形文件

输出结果如图 1-7 所示。

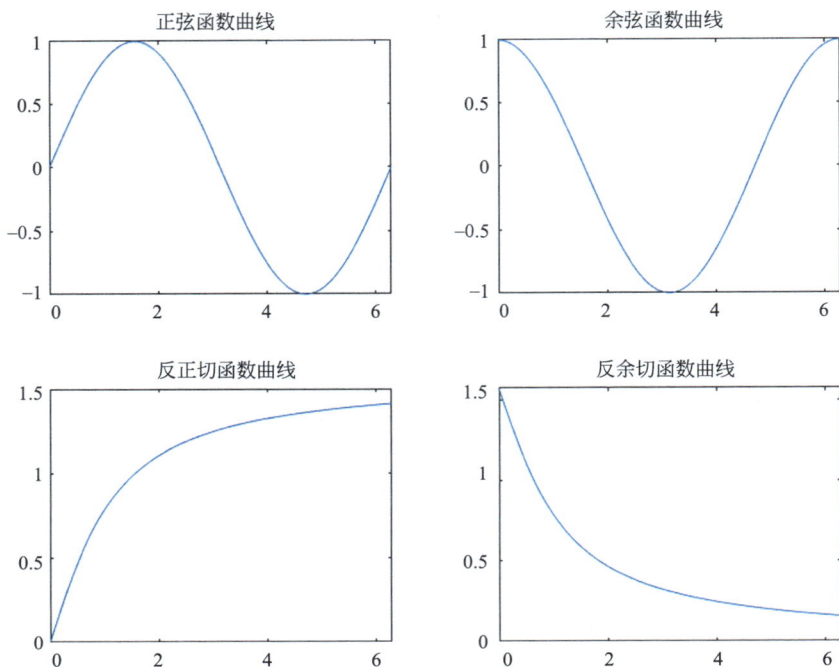

图 1-7 例 1-7 的函数曲线

三、双纵坐标图的绘制

双纵坐标图是指具有两个纵坐标的图形，即把两条不同的曲线绘制在同一坐标中。

双纵坐标图绘制的命令格式如下。

plotyy(x1,y1,x2,y2)：绘制双纵坐标图。

其中 x1、y1 对应一条曲线；x2、y2 对应另一条曲线；y1 对应左纵坐标轴；y2 对应右纵坐标轴。

双纵坐标图返回参数的命令格式如下。

[AX,H1,H2]＝plotyy(x1,y1,x2,y2)：获得坐标轴和图形的句柄。

其中 AX 是坐标轴的句柄，AX(1)为左纵坐标轴的句柄，AX(2)为右纵坐标轴的句柄；H1 为图形 1 的句柄；H2 为图形 2 的句柄。

【例 1-8】 已知 $y_1 = 200\mathrm{e}^{-0.05x}\sin x$，$y_2 = 10\mathrm{e}^{-0.5x}\sin 10x$，绘制双纵坐标图。

解：在 MATLAB 命令行窗口输入以下程序。

```
1   x=0:0.01:20;                          %定义 x 取值范围
2   y1=200 * exp(-0.05 * x). * sin(x);    %计算 y₁
3   y2=10 * exp(-0.5 * x). * sin(10 * x); %计算 y₂
4   [AX,H1,H2]=plotyy(x,y1,x,y2);         %绘制双纵坐标图
5   set(H2,'color','r')                   %设置 y₂ 颜色
6   legend('y1 曲线','y2 曲线')            %曲线标注
7   print(gcf,'-r600','-djpeg','图 1-8.jpg') %保存图形文件
```

输出结果如图 1-8 所示。

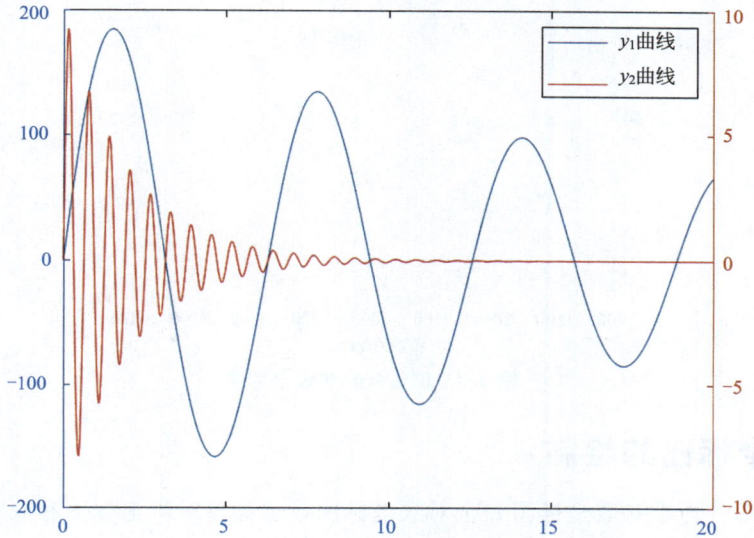

图 1-8 例 1-8 的双纵坐标图

【例 1-9】 某发动机转速与转矩的关系为

$$T_{tq} = 6.711 \times 10^{-10} n^3 - 1.837 \times 10^{-5} n^2 + 0.08672n + 78.25$$

发动机功率为 $P_e = \dfrac{T_{tq} n}{9550}$，发动机转速范围为 $n = 0 \sim 5000 \text{r/min}$，利用双纵坐标图绘制发动机功率、转矩与转速的关系曲线。

解： 在 MATLAB 命令行窗口输入以下程序。

```
1   n=1000:100:5000;                              %定义转速 n 取值范围
2   T=(6.711e-10) * n.^3-(1.837e-5) * n.^2+0.08672 * n+78.25;   %计算转矩
3   P=T. * n. /9550;                              %计算功率
4   [AX,H1,H2]=plotyy(n,P,n,T);                   %绘制功率、转矩与转速关系曲线
5   set(get(AX(1),'ylabel'),'string','功率/kW')   %左纵坐标轴标注
6   set(get(AX(2),'ylabel'),'string','转矩/(N.m)') %右纵坐标轴标注
7   xlabel('转速/(r/min)')                        %横坐标轴标注
8   set(AX(1),'Ylim',[ 0,100])                    %设置左侧坐标轴范围
9   set(AX(2),'Ylim',[100,200])                   %设置右侧坐标轴范围
10  set(AX(1),'yTick',0:50:100)                   %设置左侧坐标轴刻度
11  set(AX(2),'yTick',100:50:200)                 %设置右侧坐标轴刻度
12  text(2000,50,'功率')                          %对功率曲线进行标注
13  text(2000,90,'转矩')                          %对转矩曲线进行标注
14  print(gcf,'-r600','-djpeg','图 1-9. jpg')     %保存图形文件
```

输出结果如图 1-9 所示。

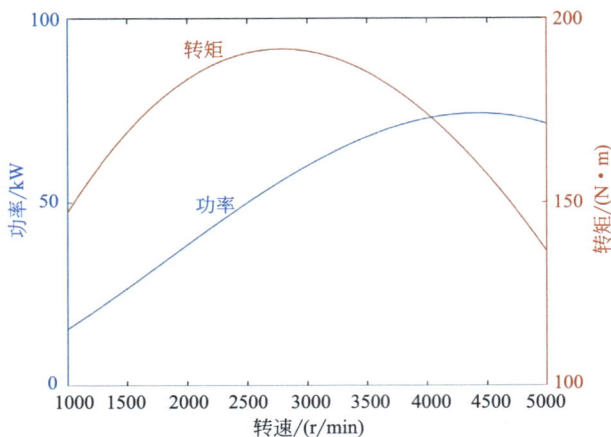

图 1-9　例 1-9 的双纵坐标图

四、对数坐标图的绘制

对数坐标图分为半对数坐标图和全对数坐标图，也称单对数坐标图和双对数坐标图。

（1）半对数坐标图。绘制的命令格式如下。

semilogx(x,y,'选项')：绘制以 x 轴为对数坐标、y 轴为线性坐标的半对数坐标图。

semilogy(x,y,'选项')：绘制以 y 轴为对数坐标、x 轴为线性坐标的半对数坐标图。

其中选项包括颜色、线型和标示符号，也可以缺省。

（2）全对数坐标图。绘制的命令格式如下。

loglog(x,y,'选项')：绘制以 x 轴、y 轴为对数坐标的全对数坐标图。

【例 1-10】　绘制 $y = e^x$ 的全对数坐标图。

解： 在 MATLAB 命令行窗口输入以下程序。

```
1   x=1:0.01:100;              %定义 x 取值范围
2   y=exp(x);                  %计算 y
3   loglog(x,y,'r')            %绘制全对数坐标图
4   print(gcf,'-r600','-djpeg','图 1-10.jpg')   %保存图形文件
```

输出结果如图 1-10 所示。

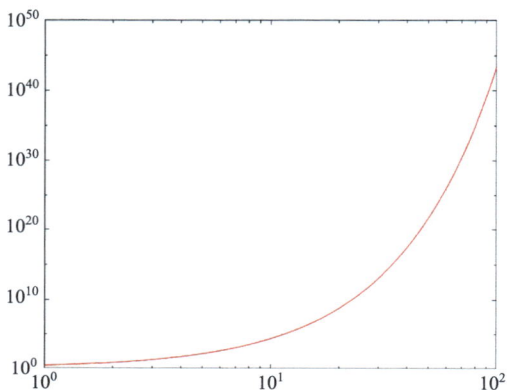

图 1-10　例 1-10 的全对数坐标图

【例 1-11】 绘制 $y=x^3$ 的曲线图、半对数坐标图和全对数坐标图。

解：在 MATLAB 命令行窗口输入以下程序。

```
1    x=1:1:100;                              %定义 x 取值范围
2    y=x.^3;                                 %计算 y
3    subplot(2,2,1)                          %设置曲线图位置
4    plot(x,y)                               %绘制曲线图
5    title('曲线图')                          %曲线图标注
6    subplot(2,2,2)                          %设置 x 半对数坐标图位置
7    semilogx(x,y)                           %绘制 x 半对数坐标图
8    title('x 半对数坐标图')                   %x 半对数坐标图标注
9    subplot(2,2,3)                          %设置 y 半对数坐标图位置
10   semilogy(x,y)                           %绘制 y 半对数坐标图
11   title('y 半对数坐标图')                   %y 半对数坐标图标注
12   subplot(2,2,4)                          %设置全对数坐标图位置
13   loglog(x,y)                             %绘制全对数坐标图
14   title('全对数坐标图')                     %全对数坐标图标注
15   print(gcf,'-r600','-djpeg','图 1-11.jpg') %保存图形文件
```

输出结果如图 1-11 所示。

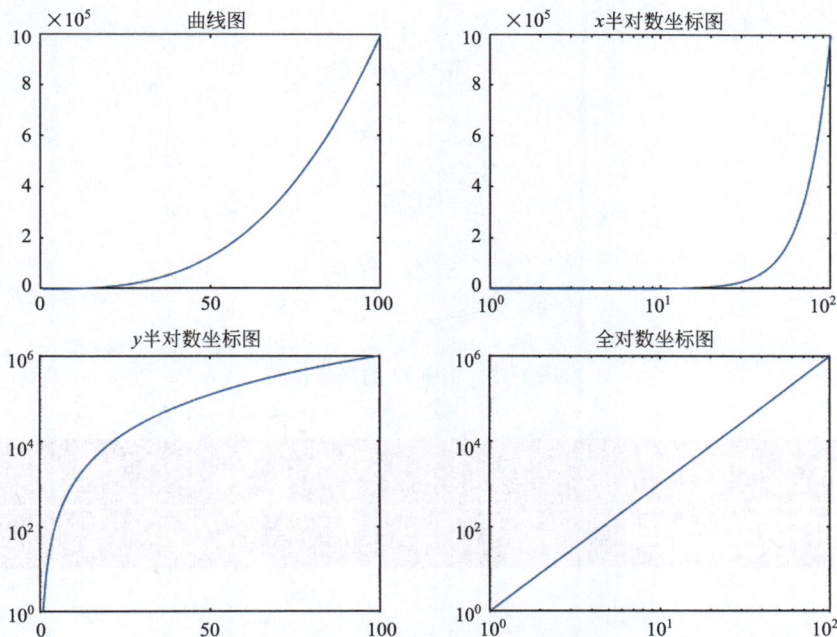

图 1-11　例 1-11 绘制的 4 种图形

五、极坐标图的绘制

极坐标图是指在极坐标系中绘制的图。

极坐标系是指在平面内由极点、极轴和极径组成的坐标系。在平面上取定一点 o，称为

极点，从 o 出发引一条射线 ox，称为极轴，再取定一个单位长度，通常规定角度取逆时针方向为正，这样，平面上任一点 p 的位置就可以用线段 op 的长度 ρ 以及从 ox 到 op 的角度 θ 来确定，有序数对 (ρ,θ) 就称为 p 点的极坐标，ρ 称为 p 点的极径，θ 称为 p 点的极角。

极坐标图绘制的命令格式如下。

polar(theta,rho,'选项')：绘制极坐标图。

其中 theta 为极角；rho 为极径；选项的内容为曲线的颜色、线型和标示符号。

【例 1-12】 在极坐标系中绘制 $x=1-\sin t$ 极坐标图。

解：在 MATLAB 命令行窗口输入以下程序。

```
1   t=-2*pi:0.01:2*pi;          %定义 t 取值范围
2   x=1-sin(t);                 %计算 x
3   polar(t,x,'r')              %绘制极坐标图
4   print(gcf,'-r600','-djpeg','图 1-12.jpg')   %保存图形文件
```

输出结果如图 1-12 所示。

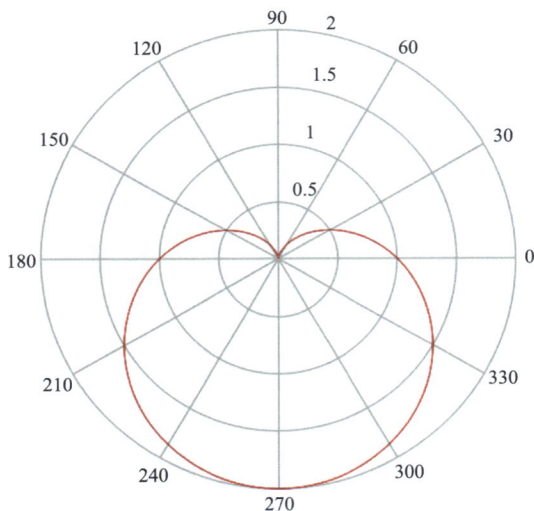

图 1-12 例 1-12 的极坐标图

第二节
三维图形的绘制

一、三维网格图的绘制

三维网格图是指将相邻的数据点用线段连接起来形成的网状曲面。

三维网格图绘制的命令格式如下。

mesh(x,y,z)：绘制三维网格图。

其中 x、y 为网格坐标轴矩阵；z 为网格上的高度矩阵。

【例 1-13】 已知 $z=-x^2-y^2$，x、y 的取值范围都是 $[-20，20]$，绘制三维网格图。

解： 在 MATLAB 命令行窗口输入以下程序。

```
1    xi=-20:0.5:20;                           %定义 xi 值范围
2    yi=-20:0.5:20;                           %定义 yi 值范围
3    [x,y]=meshgrid(xi,yi);                   %生成网格点坐标矩阵
4    z=-x.^2-y.^2;                            %计算 z
5    mesh(x,y,z)                              %绘制三维网格图
6    xlabel('x 轴')                           %x 坐标轴标注
7    ylabel('y 轴')                           %y 坐标轴标注
8    zlabel('z 轴')                           %z 坐标轴标注
9    print(gcf,'-r600','-djpeg','图 1-13.jpg')  %保存图形文件
```

输出结果如图 1-13 所示。

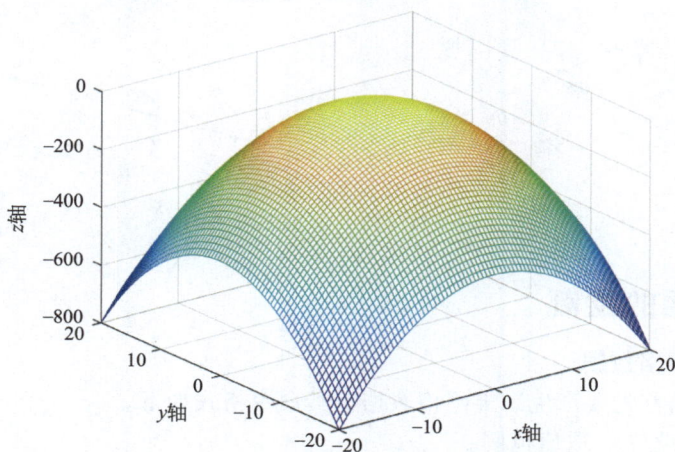

图 1-13　例 1-13 的三维网格图

二、三维曲线的绘制

三维曲线绘制的命令格式如下。

plot3(x,y,z,'选项')：绘制三维曲线。

其中每一组 x、y、z 组成一条曲线的坐标参数；选项的定义为曲线的颜色、线型和标示符号。

当 x、y、z 为同维向量时，则 x、y、z 对应元素构成一条三维曲线；当 x、y、z 为同维矩阵时，则以 x、y、z 对应列元素绘制三维曲线，曲线条数等于矩阵列数。

【例 1-14】 已知 $x=\sin t$，$y=\cos t$，$z=t\sin t\cos t$，绘制三维曲线。

解： 在 MATLAB 命令行窗口输入以下程序。

```
1    t=0:pi/100:20*pi;                        %定义 t 取值范围
2    x=sin(t);                                %计算 x
3    y=cos(t);                                %计算 y
4    z=t.*sin(t).*cos(t);                     %计算 z
```

```
5    plot3(x,y,z)                        %绘制三维曲线
6    xlabel('x 轴')                      %x 坐标轴标注
7    ylabel('y 轴')                      %y 坐标轴标注
8    zlabel('z 轴')                      %z 坐标轴标注
9    print(gcf,'-r600','-djpeg','图 1-14.jpg')   %保存图形文件
```

输出结果如图 1-14 所示。

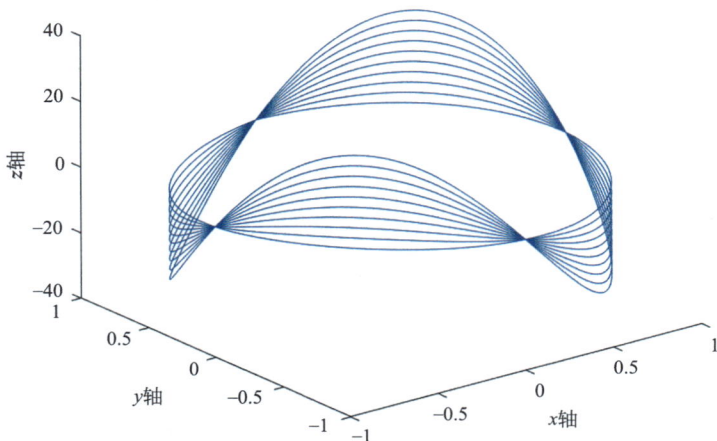

图 1-14　例 1-14 的三维曲线

三、三维曲面的绘制

1. 产生二维网格数据

绘制三维曲面首先要产生二维网格数据，其命令格式如下。

x＝a:d1:b：设置 x 取值范围。

y＝c:d2:d：设置 y 取值范围。

[X,Y]＝meshgrid(x,y)：产生二维网格数据。

其中 a、d1、b 为向量 x 的取值范围；c、d2、d 为向量 y 的取值范围；X 和 Y 为存储网格点 x 和 y 的矩阵。

语句执行后，矩阵 X 的每一行都是向量 x，行数等于向量 y 的元素的个数；矩阵 Y 的每一列都是向量 y，列数等于向量 x 的元素的个数。

2. 绘制三维曲面

绘制三维曲面的命令格式如下。

mesh(x,y,z,c)：绘制三维网格曲面。

surf(x,y,z,c)：绘制三维完整曲面。

三维网格曲面就是将数据点在空间中描出，并连成网格；三维完整曲面就是将数据点所表示的曲面画出。一般情况下，x、y、z 为维数相同的矩阵；x、y 为网格坐标矩阵，z 为网格点上的高度矩阵；c 用于指定在不同高度下的颜色范围。

【例 1-15】　已知 $z＝\sin(x＋\sin y)－x/10$，其中 x 和 y 都在 $[0,4\pi]$ 取值，绘制三维网格曲面和三维完整曲面。

解：在 MATLAB 命令行窗口输入以下程序。

```
1    [x,y]=meshgrid(0:0.25:4*pi);              %定义 x 和 y 取值范围
2    z=sin(x+sin(y))-x/10;                      %计算 z
3    subplot(1,2,1)                             %设置三维网格曲面位置
4    mesh(x,y,z)                                %绘制三维网格曲面
5    xlabel('x 轴')                             %x 坐标轴标注
6    ylabel('y 轴')                             %y 坐标轴标注
7    zlabel('z 轴')                             %z 坐标轴标注
8    title('三维网格曲面')                       %三维网格曲面标注
9    subplot(1,2,2)                             %设置三维完整曲面位置
10   surf(x,y,z)                                %绘制三维完整曲面
11   xlabel('x 轴')                             %x 坐标轴标注
12   ylabel('y 轴')                             %y 坐标轴标注
13   zlabel('z 轴')                             %z 坐标轴标注
14   title('三维完整曲面')                       %三维完整曲面标注
15   print(gcf,'-r600','-djpeg','图 1-15.jpg')   %保存图形文件
```

输出结果如图 1-15 所示。

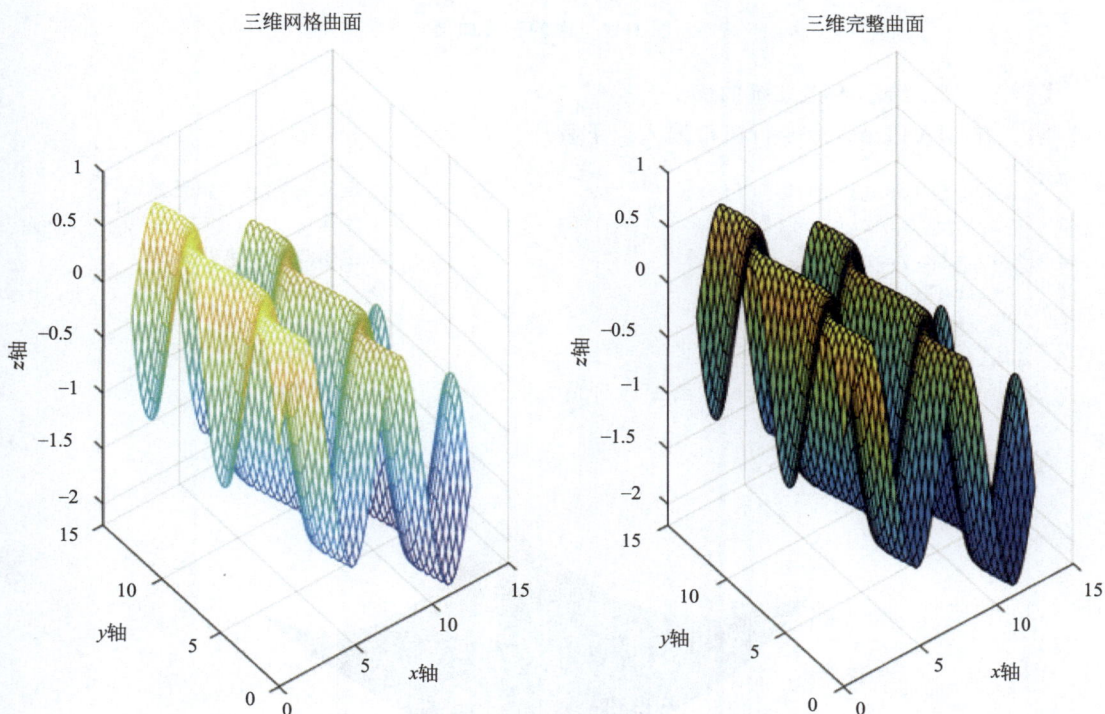

图 1-15　例 1-15 的三维曲面

利用三维曲面函数可以绘制各种复杂曲面。

【例 1-16】　绘制抛物三维曲面。

解：在 MATLAB 命令行窗口输入以下程序。

```
1    [x,y]=meshgrid(-5:0.1:5);              %定义 x 和 y 取值范围
2    z=x.^2+y.^2;                           %计算 z
3    surf(x,y,z)                            %绘制抛物三维曲面
4    xlabel('x 轴')                         %x 坐标轴标注
5    ylabel('y 轴')                         %y 坐标轴标注
6    zlabel('z 轴')                         %z 坐标轴标注
7    print(gcf,'-r600','-djpeg','图 1-16.jpg')   %保存图形文件
```

输出结果如图 1-16 所示。

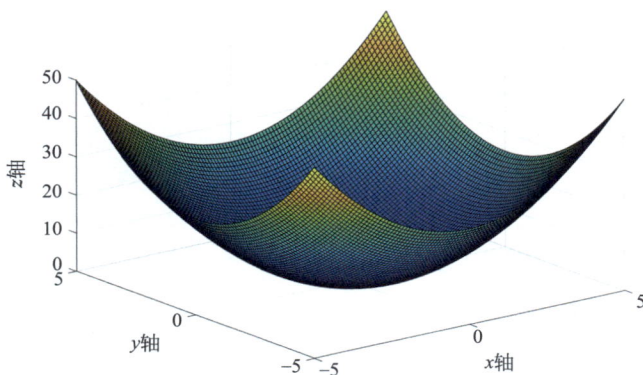

图 1-16　抛物三维曲面

【例 1-17】　绘制圆锥三维曲面。

解：在 MATLAB 命令行窗口输入以下程序。

```
1    [x,y]=meshgrid(-5:0.1:5);              %定义 x 和 y 取值范围
2    z=sqrt(x.^2+y.^2);                     %计算 z
3    surf(x,y,z)                            %绘制圆锥三维曲面
4    xlabel('x 轴')                         %x 坐标轴标注
5    ylabel('y 轴')                         %y 坐标轴标注
6    zlabel('z 轴')                         %z 坐标轴标注
7    print(gcf,'-r600','-djpeg','图 1-17.jpg')   %保存图形文件
```

输出结果如图 1-17 所示。

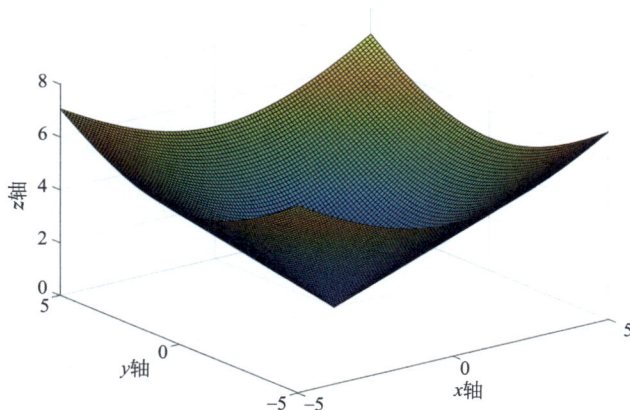

图 1-17　圆锥三维曲面

【例 1-18】 绘制球三维曲面。

解：在 MATLAB 命令行窗口输入以下程序。

```
1   [x,y,z]=sphere(50);                        %生成 50 个单位球面
2   surf(x,y,z)                                %绘制球三维曲面
3   xlabel('x 轴')                             %x 坐标轴标注
4   ylabel('y 轴')                             %y 坐标轴标注
5   zlabel('z 轴')                             %z 坐标轴标注
6   print(gcf,'-r600','-djpeg','图 1-18.jpg')  %保存图形文件
```

输出结果如图 1-18 所示。

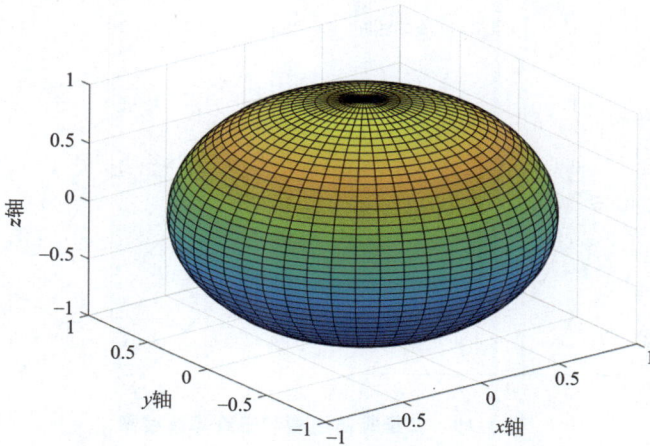

图 1-18　球三维曲面

四、等高线图的绘制

等高线图就是将高度相同的点连成一环线直接投影到平面形成水平曲线，不同高度的环线不会相合。

二维等高线图绘制的基本命令格式如下。

contour(x,y,z)：绘制二维等高线图。

其中 x 和 y 为平面 $z=0$ 上点的已知坐标矩阵；z 为相应点的高度矩阵。

三维等高线图绘制的基本命令格式如下。

contour3(x,y,z)：绘制三维等高线图。

【例 1-19】 已知 $z=x^2+y^2$，绘制二维等高线图和三维等高线图。

解：在 MATLAB 命令行窗口输入以下程序。

```
1   [x,y]=meshgrid(-5:0.1:5,-3:0.1:3);   %从原始数据产生网格数据
2   z=x.^2+y.^2;                          %计算 z
3   subplot(1,2,1)                        %设置二维等高线图位置
4   contour(x,y,z,'ShowText','on')        %绘制二维等高线图
5   title('二维等高线图')                 %二维等高线图标注
6   subplot(1,2,2)                        %设置三维等高线图位置
```

```
7   contour3(x,y,z)                          %绘制三维等高线图
8   title('三维等高线图')                      %三维等高线图标注
9   box on                                   %三维等高线图加边框
10  print(gcf,'-r600','-djpeg','图 1-19.jpg')  %保存图形文件
```

输出结果如图 1-19 所示。

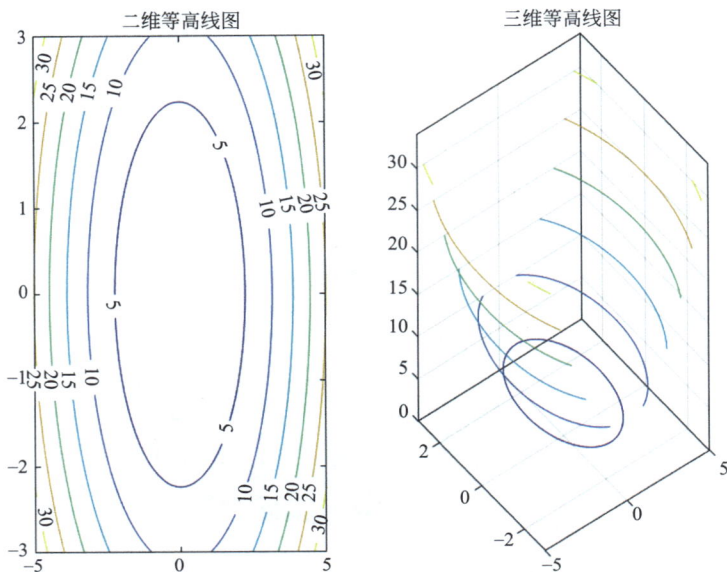

图 1-19　二维等高线图和三维等高线图

第三节
统计图形的绘制

一、直方图的绘制

直方图是一种统计报告图，由一系列高度不等的纵向条纹或线段表示数据分布的情况。直方图绘制的常见命令格式如下。

bar(x,y)：绘制二维竖直方图。

barh(x,y)：绘制二维横直方图。

bar3(x,y)：绘制三维竖直方图。

barh3(x,y)：绘制三维横直方图。

可以对直方图进行修饰。

bar(__,width)：设置条形的相对宽度与控制组中各个条形的间隔。例如，bar(x,y, 0.4)表示将各条形的宽度设置为各条形可用总空间的 40％。

bar(__,color)：设置所有条形的颜色。例如，bar(x,y,'r') 表示红色条形。

【例 1-20】　绘制某年汽车月销量二维直方图和三维直方图。

解： 在 MATLAB 命令行窗口输入以下程序。

```
1   x=[1 2 3 4 5 6 7 8 9 10 11 12];              %月份赋值
2   y = [280.9 171.8 265.6 231.9 228.8 227.4 188.9   %汽车月销量赋值
    210.3 239.4 238.0 254.8 295.8];
3   subplot(1,2,1)                                %设置二维直方图位置
4   bar(x,y)                                       %绘制汽车销量二维直方图
5   xlabel('月份')                                %x 坐标轴标注
6   ylabel('销量/万辆')                           %y 坐标轴标注
7   title('二维直方图')                           %二维直方图标注
8   subplot(1,2,2)                                %设置三维直方图位置
9   bar3(x,y)                                      %绘制汽车销量三维直方图
10  ylabel('月份')                                %x 坐标轴标注
11  zlabel('销量/万辆')                           %y 坐标轴标注
12  title('三维直方图')                           %三维直方图标注
13  print(gcf,'-r600','-djpeg','图 1-20.jpg')     %保存图形文件
```

输出结果如图 1-20 所示。

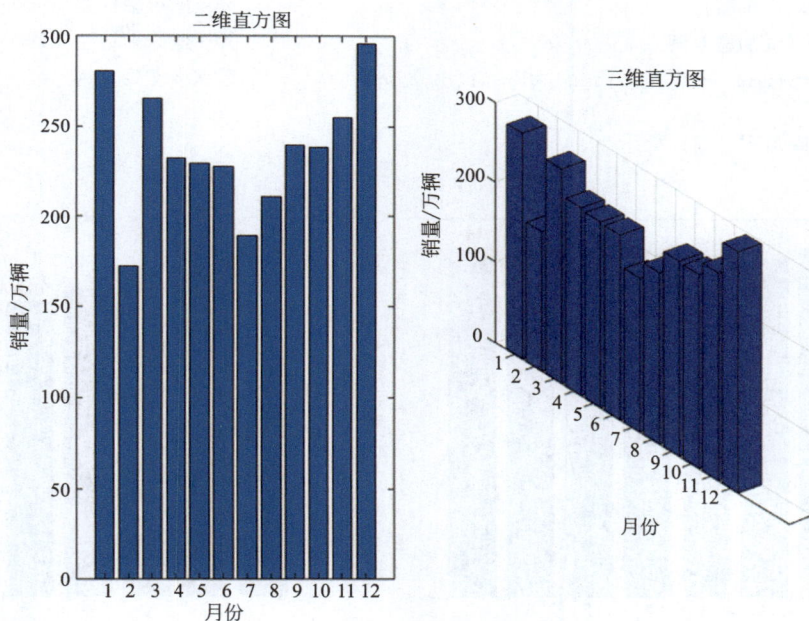

图 1-20 汽车月销量直方图

【例 1-21】 对 7 种车型做最高车速和加速时间试验，试验结果见表 1-2。根据试验结果绘制最高车速直方图和加速时间直方图。

表 1-2 7 种车型的最高车速和 0～100km/s 加速时间

车型编号	1	2	3	4	5	6	7
最高车速/(km/h)	185	179	181	172	185	188	185
0～100km/s 加速时间/s	10.88	13.1	10.1	11.47	10.89	11.46	10.98

解： 在 MATLAB 命令行窗口输入以下程序。

```
1   x=[1 2 3 4 5 6 7];                              %车型编号赋值
2   y=[185 179 181 172 185 188 185];                %汽车最高车速赋值
3   figure(1)                                        %设置图形窗口1
4   bar(x,y)                                          %绘制最高车速直方图
5   for i=1:length(x)                                %变量 i 循环
6   text(i,y(i)+5,num2str(y(i)),'Color','r')         %直方图标注数据
7   end                                              %循环结束
8   xlabel('车型')                                    %x 坐标轴标注
9   ylabel('最高车速/(km/h)')                          %y 坐标轴标注
10  print(gcf,'-r600','-djpeg','图 1-21(a).jpg')      %保存图形文件
11  figure(2)                                        %设置图形窗口2
12  y1=[10.88 13.1 10.1 11.47 10.89 11.46 10.98];    %汽车加速时间赋值
13  bar(x,y1)                                         %绘制加速时间直方图
14  for i=1:length(x)                                %变量 i 循环
15  text(i,y1(i)+5,num2str(y1(i)),'Color','r')       %直方图标注数据
16  end                                              %循环结束
17  xlabel('车型')                                    %x 坐标轴标注
18  ylabel('加速时间/s')                               %y 坐标轴标注
19  print(gcf,'-r600','-djpeg','图 1-21(b).jpg')      %保存图形文件
```

输出结果如图 1-21 所示。

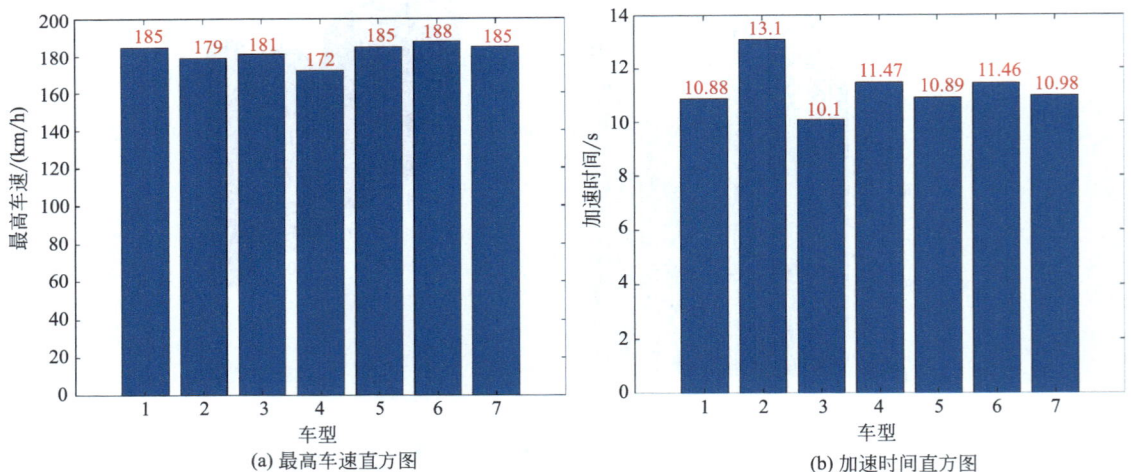

(a) 最高车速直方图　　　　(b) 加速时间直方图

图 1-21　汽车最高车速和加速时间直方图

二、饼状图的绘制

饼状图显示一个数据系列中各项的大小与各项总和的比例。饼状图中的数据点显示为整个饼状图的百分比。

饼状图绘制的基本命令格式如下。

pie(x)：绘制二维饼状图。

pie3(x)：绘制三维饼状图。

饼状图的每个扇区代表 x 中的一个元素；当 x 中的值的个数大于 1 时，转化成 100％的比例进行绘制。

【例 1-22】 绘制二维饼状图和三维饼状图。

解：在 MATLAB 命令行窗口输入以下程序。

```
1   x=[30 48 36 20 13];                          %设置数据
2   subplot(1,2,1)                               %设置二维饼状图位置
3   pie(x)                                       %绘制二维饼状图
4   title('二维饼状图')                          %二维饼状图标注
5   subplot(1,2,2)                               %设置三维饼状图位置
6   pie3(x)                                      %绘制三维饼状图
7   title('三维饼状图')                          %三维饼状图标注
8   print(gcf,'-r600','-djpeg','图1-22.jpg')     %保存图形文件
```

输出结果如图 1-22 所示。

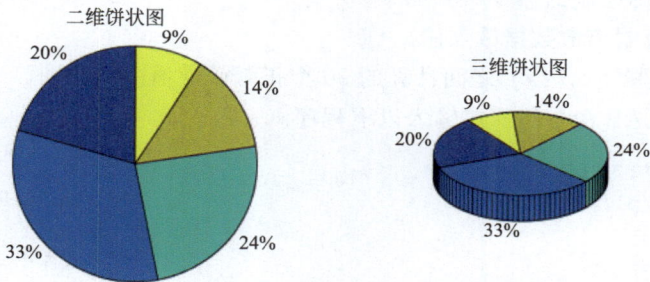

图 1-22　二维饼状图和三维饼状图

三、阶梯图的绘制

阶梯图绘制的命令格式如下。

stairs(x,y)：绘制阶梯图。

【例 1-23】 绘制正弦函数 $x = \sin t$ 的阶梯图。

解：在 MATLAB 命令行窗口输入以下程序。

```
1   t1=0:pi/20:2*pi;                            %定义 t 取值范围
2   t=180*t1/pi;                                %将弧度转换成角度
3   x=sin(t1);                                  %计算 x
4   plot(t,x,'r')                               %绘制 x 曲线
5   hold on                                     %保存图形
6   stairs(t,x)                                 %绘制梯形图
7   xlabel('角度/(°)')                          %x 坐标轴标注
8   ylabel('幅值')                              %y 坐标轴标注
9   print(gcf,'-r600','-djpeg','图1-23.jpg')    %保存图形文件
```

输出结果如图 1-23 所示。

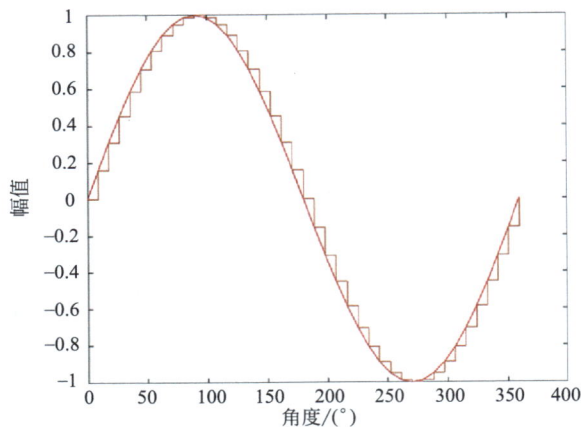

图 1-23　正弦函数阶梯图

四、离散数据散点图的绘制

散点图是指数据点在直角坐标系平面上的分布图，它表示因变量随自变量而变化的大致趋势。离散数据散点图绘制的命令格式如下。

stem(x,y)：绘制离散数据散点图。

【例 1-24】　绘制 [0，2π] 之间计算的 50 个正弦函数值的散点图。

解： 在 MATLAB 命令行窗口输入以下程序。

```
1    t1=0:pi/20:2*pi;                          %定义 t 取值范围
2    t=180*t1/pi;                              %将弧度转换成角度
3    x=sin(t1);                                %计算 x
4    stem(t,x)                                 %绘制散点图
5    xlabel('角度/(°)')                        %x 坐标轴标注
6    ylabel('幅值')                            %y 坐标轴标注
7    print(gcf,'-r600','-djpeg','图 1-24.jpg') %保存图形文件
```

输出结果如图 1-24 所示。

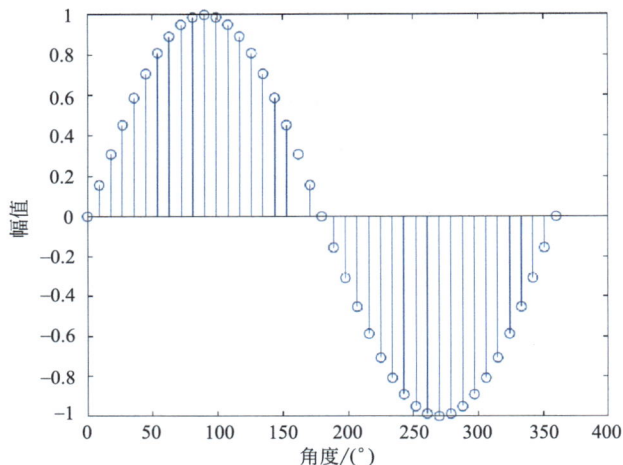

图 1-24　正弦函数散点图

第四节
动画的制作

一、质点动画的制作

质点动画就是产生一个顺着曲线轨迹运动的质点。

质点动画制作的命令格式如下。

comet(x,y)：二维动画。

comet3(x,y,t)：三维动画。

【例 1-25】 制作质点绕圆轨迹运动的动画。

解：在 MATLAB 命令行窗口输入以下程序。

```
1    t=linspace(0,2*pi,10000);          %在 0～2π 之间产生 10000 个点
2    x=cos(t);                          %计算 x
3    y=sin(t);                          %计算 y
4    plot(x,y)                          %绘制曲线
5    hold on                            %保存图形
6    comet(x,y,0.03)                    %制作质点绕圆轨迹运动的动画
7    xlabel('x')                        %x 坐标轴标注
8    ylabel('y')                        %y 坐标轴标注
9    print(gcf,'-r600','-djpeg','图 1-25.jpg')   %保存图形文件
```

输出结果如图 1-25 所示。

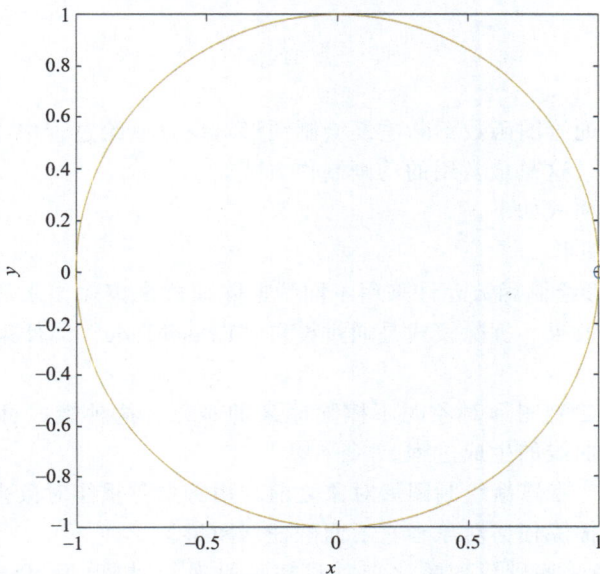

图 1-25　质点绕圆轨迹运动的动画

【例 1-26】 制作质点绕螺旋轨迹运动的动画。

解：在 MATLAB 命令行窗口输入以下程序。

```
1   t=0:pi/500:10*pi;                    %设置 t 的范围
2   x=cos(t);                            %计算 x
3   y=sin(t);                            %计算 y
4   plot3(x,y,t)                         %绘制曲线
5   hold on                              %保存图形
6   comet3(x,y,t,0.03)                   %制作质点绕螺旋轨迹运动的动画
7   xlabel('x轴')                        %x 坐标轴标注
8   ylabel('y轴')                        %y 坐标轴标注
9   zlabel('z轴')                        %z 坐标轴标注
10  print(gcf,'-r600','-djpeg','图 1-26.jpg')   %保存图形文件
```

输出结果如图 1-26 所示。

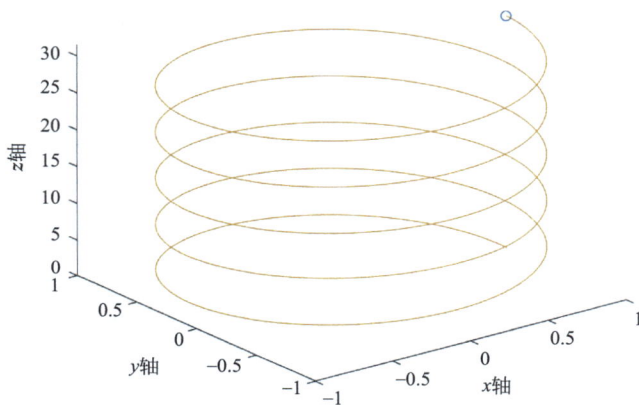

图 1-26　质点绕螺旋轨迹运动的动画

二、擦除动画

使用 MATLAB 的绘图函数不断重复绘制图形对象，重绘过程中递增式地改变图形对象位置将产生动画效果，这是最常用的动画制作方式。

擦除动画的命令格式如下。

drawnow：擦除图形。

MATLAB 的图形绘制函数允许采用不同的擦除模式来擦除原来的对象。不同的擦除模式将产生不同的动画效果。擦除模式是通过设置"EraseMode"属性来完成的，一共有 3 种擦除模式。

（1）none。重新绘制图形对象时不擦除原来的对象，这种模式可动态演示图形的生成过程，如曲线和选择曲线的生成过程。

（2）background。在重新绘制图形对象之前，用背景色重绘对象来达到擦除原来图形对象的目的。该模式会擦除任何对象和它下面的任何图形。

（3）xor。在重新绘制图形对象之前，只擦除原来的对象，不会擦除其他对象或图形。这种模式能产生图形对象移动的效果。

【例 1-27】 制作随时间衰减的正弦函数 $x = e^{-\frac{t}{5}}\sin 2t$。

解： 在 MATLAB 命令行窗口输入以下程序。

```
1   t=0:0.005:10*pi;                        %设置 t 的范围
2   x=sin(2*t).*exp(-t/5);                   %计算 x
3   h=plot(t,x,'EraseMode','xor');           %绘制 x-t 曲线,设置擦除模式
4   set(gcf,'Position',[450,350,350,250])    %更改坐标数据
5   for i=1:200                              %变量 i 从 1 循环到 200
6     y=sin(2*t+i/10).*exp(-t/5);            %计算 y
7     set(h,'ydata',y)                       %设置 y 轴数据用 y
8     drawnow                                %擦除动画
9   end                                      %变量 i 循环结束
10  xlabel('时间/s')                          %x 坐标轴标注
11  ylabel('振幅')                            %y 坐标轴标注
12  print(gcf,'-r600','-djpeg','图1-27.jpg')  %保存图形文件
```

输出结果如图 1-27 所示。

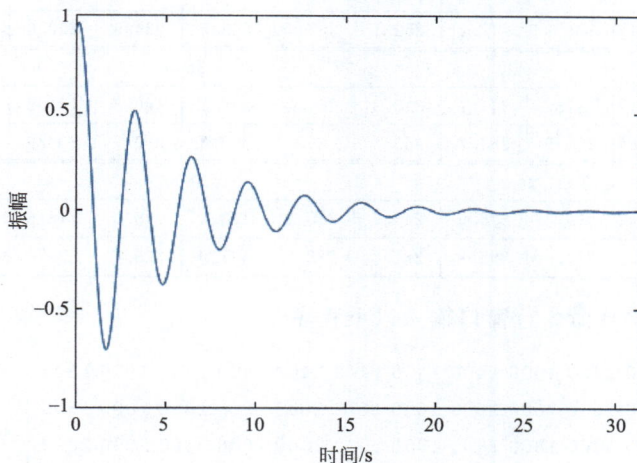

图 1-27　随时间衰减的正弦函数的动画

第五节
应用实例

应用实例一　发动机万有特性曲线的绘制

【例 1-28】 某发动机转速与转矩、燃油消耗率数据见表 1-3，绘制发动机万有特性曲线。

表 1-3　某发动机转速与转矩、燃油消耗率数据

转速/(r/min)	1400									
转矩/(N·m)	399.8	354.1	318.5	278.1	236.2	203.6	185.3	157.2	117.2	80.8
燃油消耗率/[g/(kW·h)]	222.8	220.4	232.4	228.5	227.8	232.6	248.5	245.9	272.4	329.7
转速/(r/min)	1600									
转矩/(N·m)	409.1	365.7	328.3	284.1	243.7	203.2	164.3	123.9	83.5	39.7
燃油消耗率/[g/(kW·h)]	222	221.7	235.4	226.5	230.5	236.8	249.1	276.1	407.9	487
转速/(r/min)	1800									
转矩/(N·m)	408.3	368.3	328.3	289	244.4	208.8	167.7	132.1	89.5	46.1
燃油消耗率/[g/(kW·h)]	226	225.3	226.4	233.9	242.1	283.3	253.9	271.4	323.5	468.6
转速/(r/min)	2000									
转矩/(N·m)	425.6	380.3	332.7	290.9	244.4	205.1	160.2	114.5	68.8	30.7
燃油消耗率/[g/(kW·h)]	206.5	231.1	231.1	233	242	244.9	265	299.8	398	596.8
转速/(r/min)	2200									
转矩/(N·m)	420.7	379.6	334.6	291.6	244.4	202.8	157.5	116	74.1	37.8
燃油消耗率/[g/(kW·h)]	234.7	259.8	235.5	237.6	242.8	292.3	277.9	308.7	396.2	605.9
转速/(r/min)	2400									
转矩/(N·m)	404.6	360.5	322.7	283	243.3	205.5	162.1	124.7	86.8	52.4
燃油消耗率/[g/(kW·h)]	174.2	242.2	252.1	287.4	253.6	264.6	290.6	316.8	378	518.8
转速/(r/min)	2600									
转矩/(N·m)	378	344.7	310.3	264.3	226.1	186.8	154.2	115.3	76.3	34.1
燃油消耗率/[g/(kW·h)]	256.9	253.7	253.5	260	303.8	280.7	300.6	346.6	435.6	812.9
转速/(r/min)	2800									
转矩/(N·m)	315.6	275.5	242.5	210.3	178.5	145.6	118.6	72.6	52.8	22.4
燃油消耗率/[g/(kW·h)]	257.9	295.3	282.4	288.7	301.9	329.7	357	475.4	580.3	1080.1

解： 在 MATLAB 命令行窗口输入以下程序。

```
1   ne=[1400 1400 1400 1400 1400 1400 1400 1400 1400 1400 1600 1600    %转速赋值
        1600 1600 1600 1600 1600 1600 1600 1600 1800 1800 1800 1800
        1800 1800 1800 1800 1800 1800 2000 2000 2000 2000 2000 2000
        2000 2000 2000 2000 2200 2200 2200 2200 2200 2200 2200 2200
        2200 2200 2400 2400 2400 2400 2400 2400 2400 2400 2400 2400
        2600 2600 2600 2600 2600 2600 2600 2600 2600 2600 2800 2800
        2800 2800 2800 2800 2800 2800 2800 2800]';
2   tp=[399.8 354.1 318.5 278.1 236.2 203.6 185.3 157.2 117.2 80.8    %转矩赋值
        409.1 365.7 328.3 284.1 243.7 203.2 164.3 123.9 83.5 39.7
        408.3 368.3 328.3 289 244.4 208.8 167.7 132.1 89.5 46.1
        425.6 380.3 332.7 290.9 244.4 205.1 160.2 114.5 68.8 30.7
        420.7 379.6 334.6 291.6 244.4 202.8 157.5 116 74.1 37.8
        404.6 360.5 322.7 283 243.3 205.5 162.1 124.7 86.8 52.4 378
        344.7 310.3 264.3 226.1 186.8 154.2 115.3 76.3 34.1 315.6
        275.5 242.5 210.3 178.5 145.6 118.6 72.6 52.8 22.4]';
```

3	be= [222. 8 220. 4 232. 4 228. 5 227. 8 232. 6 248. 5 245. 9 272. 4 329. 7 222	%燃油消耗量赋值
	221. 7 235. 4 226. 5 230. 5 236. 8 249. 1 276. 1 407. 9 487 226 225. 3	
	226. 4 233. 9 242. 1 283. 3 253. 9 271. 4 323. 5 468. 6 206. 5 231. 1	
	231. 1 233 242 244. 9 265 299. 8 398 596. 8 234. 7 259. 8 235. 5 237. 6	
	242. 8 292. 3 277. 9 308. 7 396. 2 605. 9 174. 2 242. 2 252. 1 287. 4	
	253. 6 264. 6 290. 6 316. 8 378 518. 8 256. 9 253. 7 253. 5 260 303. 8	
	280. 7 300. 6 346. 6 435. 6 812. 9 257. 9 295. 3 282. 4 288. 7 301. 9	
	329. 7 357 475. 4 580. 3 1080. 1]';	
4	x= [ones(80,1),ne,tp,ne.^2,ne. * tp,tp.^2];	%线性回归曲线拟合
5	[b,bint,r,rint,stats]=regress(be,x);	%线性回归函数
6	n1=linspace(1400,2800,100);	%生成等间隔横坐标
7	t1=linspace(100,600,100);	%生成等间隔纵坐标
8	[n1,t1]=meshgrid(n1,t1);	%生成二维网格矩阵
9	be1=b(1) * ones(100,100)+b(2) * n1+b(3) * t1+b(4) * n1.^2+b(5) * n1. * t1+b(6) * t1.^2;	%计算燃油消耗率
10	figure(1)	%设置图形窗口 1
11	[c1,h1]=contour(n1,t1,be1,12);	%绘制燃油消耗率等高线
12	clabel(c1,h1,'LabelSpacing',2000);	%等高线标注
13	p=clabel(c1,h1);	%等高线句柄函数
14	for n=p'	%循环
15	set(n,'string',sprintf('%. 1f',get(n,'userdata')))	%改变等高线标注
16	end	%循环结束
17	xlabel('转速/(r/min)')	%x 坐标轴标注
18	ylabel('转矩/(N. m)')	%y 坐标轴标注
19	print(gcf,'-r600','-djpeg','图 1-28(a). jpg')	%保存图形文件
20	figure(2)	%设置图形窗口 2
21	mesh(n1,t1,be1)	%绘制三维图
22	xlabel('转速/(r/min)')	%x 坐标轴标注
23	ylabel('转矩/(N. m)')	%y 坐标轴标注
24	zlabel('燃油消耗率/(g/(kW. h))')	%z 坐标轴标注
25	print(gcf,'-r600','-djpeg','图 1-28(b). jpg')	%保存图形文件

输出结果如图 1-28 所示。

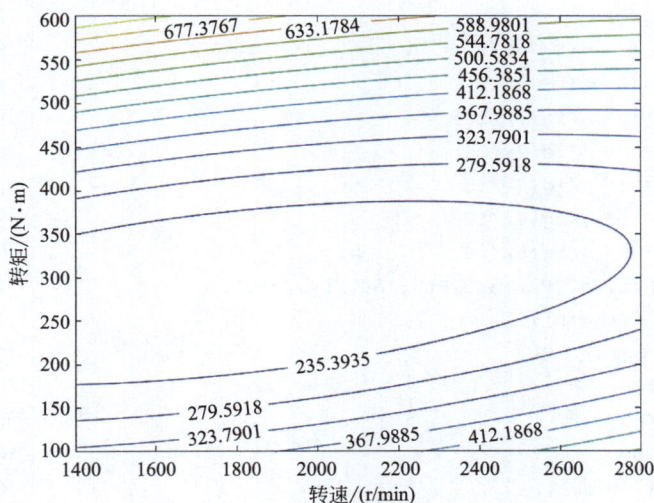

(a) 二维万有特征曲线

图 1-28

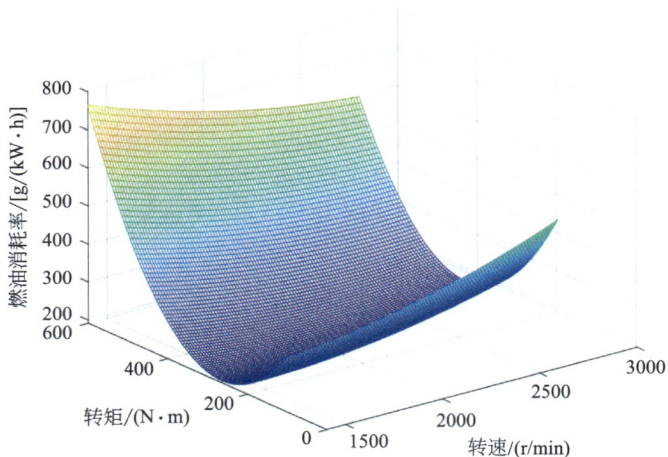

(b) 三维万有特性曲线

图 1-28　发动机万有特性曲线

应用实例二　汽车驱动力曲线的绘制

【例 1-29】 已知发动机转矩与转速的关系为

$$T_{tq} = 2.714 \times 10^{-10} n^3 - 4.225 \times 10^{-6} n^2 + 0.01756n + 65.07$$

汽车变速器五挡传动比分别为 3.769、2.095、1.433、1.079、0.851，主减速器传动比为 4.188，传动系统效率为 0.92，车轮滚动半径为 0.29，绘制汽车驱动力曲线。

解： 在 MATLAB 命令行窗口输入以下程序。

```
1   n=800:10:6800;                                      %定义转速范围
2   Tq=65.07+0.01756*n-(4.225e-6)*n.^2+(2.714e-10)*n.^3;  %计算发动机转矩
3   r=0.29;nt=0.92;i0=4.188;                            %汽车变量赋值
4   ig=[3.769 2.095 1.433 1.079 0.851];                %变速器传动比赋值
5   Ft1=Tq*ig(1)*i0*nt/r;                              %计算一挡驱动力
6   Ft2=Tq*ig(2)*i0*nt/r;                              %计算二挡驱动力
7   Ft3=Tq*ig(3)*i0*nt/r;                              %计算三挡驱动力
8   Ft4=Tq*ig(4)*i0*nt/r;                              %计算四挡驱动力
9   Ft5=Tq*ig(5)*i0*nt/r;                              %计算五挡驱动力
10  ua1=0.377*r*n/ig(1)/i0;                            %计算一挡速度
11  ua2=0.377*r*n/ig(2)/i0;                            %计算二挡速度
12  ua3=0.377*r*n/ig(3)/i0;                            %计算三挡速度
13  ua4=0.377*r*n/ig(4)/i0;                            %计算四挡速度
14  ua5=0.377*r*n/ig(5)/i0;                            %计算五挡速度
15  plot(ua1,Ft1,ua2,Ft2,ua3,Ft3,ua4,Ft4,ua5,Ft5)     %绘制各挡驱动力曲线
16  xlabel('车速/(km/h)')                               %x 轴标注
17  ylabel('汽车驱动力/N')                               %y 轴标注
18  text(35,4100,'一挡')                                %一挡标注
19  text(55,2400,'二挡')                                %二挡标注
20  text(100,1600,'三挡')                               %三挡标注
21  text(140,1200,'四挡')                               %四挡标注
22  text(200,1000,'五挡')                               %五挡标注
23  print(gcf,'-r600','-djpeg','图1-29.jpg')            %保存图形文件
```

输出结果如图 1-29 所示。

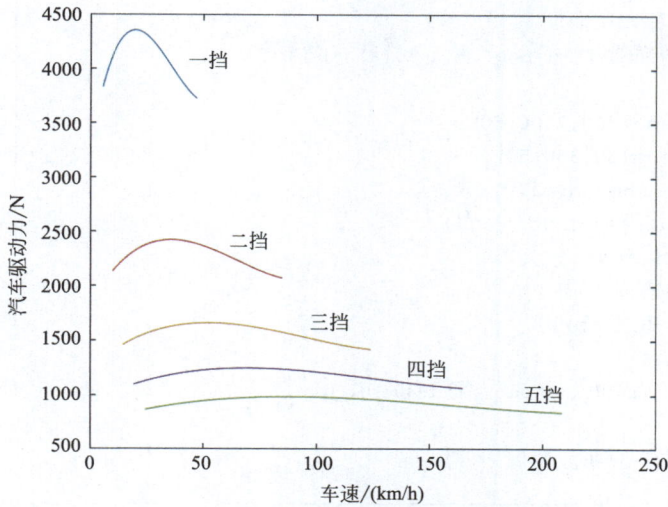

图 1-29　汽车驱动力曲线

应用实例三　电机效率 MAP 图的绘制

【例 1-30】　某电机转速、转矩和效率数据见表 1-4，绘制电机二维 MAP 图和三维 MAP 图。

表 1-4　电机转速、转矩和效率数据

转速/(r/min)	300	300	700	700	700	900	900	900	1500	1500
转矩/(N·m)	138	50	328	138	50	328	138	50	138	50
效率/%	74.8	84.4	74.9	92.2	92.5	79.4	92.7	92.6	92.2	92.1
转速/(r/min)	3000	3000	4000	4000	5000	5000	6000	6000	7000	7000
转矩/(N·m)	138	50	50	30	30	30	50	30	40	30
效率/%	95.2	94.1	93.9	91.5	89.8	88.6	88.2	87.9	84.6	84.1

解：在 MATLAB 命令行窗口输入以下程序。

```
1   n=[300 300 700 700 700 900 900 900 1500 1500 3000 3000 4000 4000      %转速赋值
    5000 5000 6000 6000 7000 7000];
2   T=[138 50 328 138 50 328 138 50 138 50 138 50 50 30 50 30 50 30 40 30];  %转矩赋值
3   nt=[0.748 0.844 0.749 0.922 0.925 0.794 0.927 0.926 0.922 0.921        %效率赋值
    0.952 0.941 0.939 0.915 0.898 0.886 0.882 0.879 0.846 0.841];
4   figure(1)                                                             %设置图形窗口 1
5   n1=linspace(300,7000,1000);                                           %生成等间隔横坐标
6   T1=linspace(30,350,1000);                                             %生成等间隔纵坐标
7   [n1,T1]=meshgrid(n1,T1);                                              %生成二维网格矩阵
8   nt1=griddata(n,T,nt,n1,T1);                                           %插入分散数据拟合
9   pcolor(n1,T1,nt1)                                                     %绘制伪彩色图
10  shading interp                                                        %设置颜色着色属性
11  hold on                                                               %保存图形
12  colorbar                                                              %生成颜色栏
```

```
13    [C,h]=contourf(n1,T1,nt1,7);          %绘制等高线
14    xlabel('转速/(r/min)')                  %x 轴标注
15    ylabel('转矩/(N.m)')                    %y 轴标注
16    print(gcf,'-r600','-djpeg','图 1-30(a).jpg')   %保存图形文件
17    figure(2)                              %设置图形窗口 2
18    n1=linspace(300,7000,50);              %生成等间隔横坐标
19    T1=linspace(30,350,50);                %生成等间隔纵坐标
20    [n1,T1]=meshgrid(n1,T1);               %生成二维网格矩阵
21    nt1=griddata(n,T,nt,n1,T1);            %插值分散数据拟合
22    mesh(n1,T1,nt1)                        %绘制三维图
23    xlabel('转速/(r/min)')                  %x 轴标注
24    ylabel('转矩/(N.m)')                    %y 轴标注
25    zlabel('效率')                          %z 轴标注
26    print(gcf,'-r600','-djpeg','图 1-30(b).jpg')   %保存图形文件
```

输出结果如图 1-30 所示。

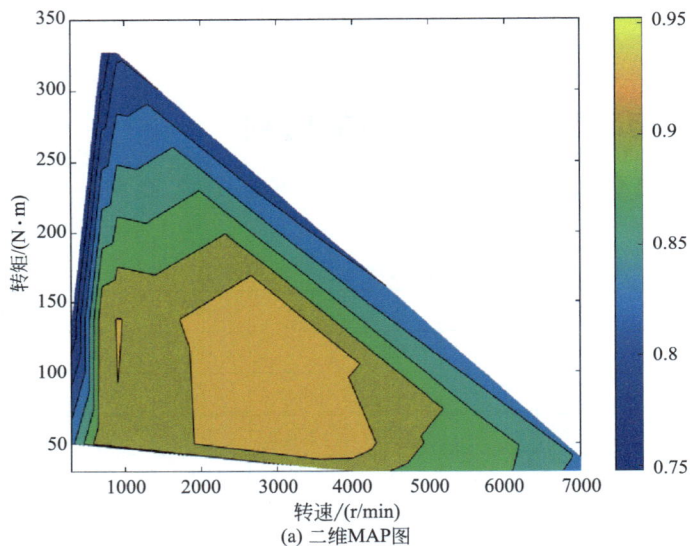

(a) 二维MAP图

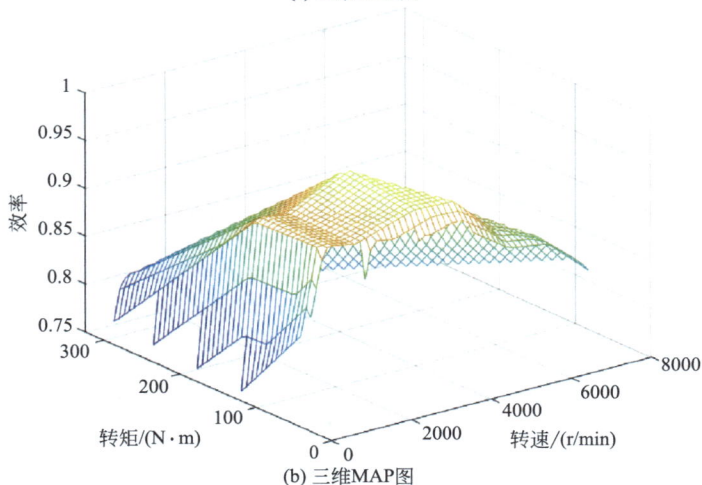

(b) 三维MAP图

图 1-30　电机 MAP 图

练习题

【1-1】 在同一图形上，分别绘制正弦函数 $y_1=\sin x$ 曲线、余弦函数 $y_2=\cos x$ 曲线、反正切函数 $y_3=\arctan x$ 曲线和反余切函数 $y_4=\text{arccot}x$ 曲线，并对曲线线型、颜色、标示符号进行设置，$x=0\sim2\pi$。

【1-2】 设 $x=3\sin t$，$y=\cos 3t$，$t=0\sim2\pi$，要求在 4 个子图中分别用红、绿、蓝、黑 4 种颜色画出 x 曲线和 y 曲线。

【1-3】 已知函数 $y_1=x\sin x$，$y_2=\sin x-x\cos x$，$x=0\sim4$，绘制双纵坐标图。

【1-4】 绘制 $y=2(x+1)^4$ 的曲线图、半对数坐标图和全对数坐标图，$x=0\sim100$。

【1-5】 绘制 $y=5\cos x+6$、$y=\dfrac{10}{\sqrt{x}}$ 的极坐标图。

【1-6】 设 $x=z\sin 3z$，$y=z\cos 3z$，要求在 $z=-45\sim45$ 区间内画出 x、y、z 三维曲线。

【1-7】 设 $z=x^2e^{-x^2-y^2}$，$x=[-2,2]$，$y=[-2,2]$，数据点个数自行定义，绘制三维曲面。

【1-8】 在同一个图形窗口上绘制函数 $z=\cos x\cos y e^{\frac{\sqrt{x^2+y^2}}{4}}$ 的二维等高线图和三维等高线图，其中 x 的 21 个值均匀分布在 $[-5,5]$ 范围内，y 的 31 个值均匀分布在 $[0,10]$ 范围内。

【1-9】 某年前 6 个月汽车产量分别为 236.5 万辆、141 万辆、255.8 万辆、205.2 万辆、184.8 万辆、189.5 万辆，完成以下任务。

（1）在 2 个图形窗口分别绘制各月汽车产量占前 6 个月产量的二维百分比饼状图和三维百分比饼状图。

（2）在第 3 个窗口分别建立散点图、阶梯图和直方图。

【1-10】 某柴油发动机转速与功率数据见表 1-5。

表 1-5　某柴油发动机转速与功率数据

转速/(r/min)	1000	1200	1400	1600	1800	2000	2200	2400
功率/(kW)	33.7	38.6	43.2	48.5	53.8	59.4	65.3	71.3
转速/(r/min)	2600	2800	3000	3200	3400	3600	3800	4000
功率/(kW)	77.2	82.9	88.0	92.3	95.1	96.2	94.9	90.7

利用双纵坐标图，绘制发动机功率与转速关系曲线。

第二章
基于MATLAB的科学计算

第一节
科学计算基础知识

一、变量与常量

1. 变量

变量是数值计算的基本单元，MATLAB 语言中的变量无须事先定义，一个变量以其名称在语句命令中第一次合法出现而定义；运算表达式变量中不允许有未定义的变量，也不需要预先定义变量的类型，MATLAB 会自动生成变量，并根据变量的操作确定其类型。

MATLAB 中的变量按以下规则命名。

（1）变量名区分大小写，因此 A 和 a 是表示不同的变量。

（2）变量名以英文字母开始，第一个字母后面可以使用字母、数字、下划线，但不能使用空格和标点符号。

（3）变量名长度不能超过 31 位。

（4）变量可以用赋值语句初始化，也可以用 input 函数从键盘输入进行初始化。

2. 常量

常量是指在 MATLAB 中已预先定义其数值的变量，默认的常量见表 2-1。

表 2-1　MATLAB 默认常量

名称	说明	名称	说明
pi	圆周率	eps	浮点数的相对误差
inf 或 INF	无穷大	i 或 j	虚数单位
nan 或 NaN	不定值	nargin	函数实际输入参数个数
realman	最大的正实数	nargout	函数实际输出参数个数
realmin	最小的正实数	ans 或 ANS	默认的变量名,以应答最近一次操作运算结果

二、运算符

MATLAB 运算符包括算数运算符、关系运算符和逻辑运算符。

1. 算数运算符

算术运算符是完成基本算术运算的符号,即用来处理四则运算的符号。

MATLAB 的算数运算符见表 2-2。

表 2-2　MATLAB 的算数运算符

算数运算符	功能说明
+	加法运算:两个数相加或两个同阶矩阵相加;如果是一个矩阵和一个数字相加,则这个数字自动扩展为与矩阵同维的一个矩阵
-	减法运算:两个数相减或两个同阶矩阵相减
*	乘法运算:两个数相乘或两个同阶矩阵相乘
/	除法运算:两个数相除或两个可除矩阵相除(A/B 表示 A 乘以 B 的逆)
^	乘幂运算:数的方幂或一个方阵的多少次方
\	左除运算:两个数 $a \backslash b$ 表示 $b \div a$;两个可除矩阵相除($A \backslash B$ 表示 B 乘以 A 的逆)
.*	点乘运算:两个同阶矩阵对应元素相乘
./	点除运算:两个同阶矩阵对应元素相除
.^	点乘幂运算:一个矩阵中各个元素的多少次方
.\	点左除运算:两个同阶矩阵对应元素左除

2. 关系运算符

MATLAB 的关系运算符见表 2-3。

表 2-3　MATLAB 的关系运算符

关系运算符	功能说明	关系运算符	功能说明
>	大于	>=	大于或等于
<	小于	<=	小于或等于
==	等于	~=	不等于

3. 逻辑运算符

MATLAB 的逻辑运算符见表 2-4。

表 2-4　MATLAB 的逻辑运算符

逻辑运算符	功能说明	逻辑运算符	功能说明
&	逻辑与	~	逻辑非
|	逻辑或		

逻辑运算符主要用于逻辑表达式和进行逻辑运算，参与运算的逻辑量以 0 代表"假"，以任意非 0 数代表"真"；逻辑表达式和逻辑函数的值以 0 表示"假"，以 1 表示"真"。

三、操作符

MATLAB 的操作符见表 2-5。

表 2-5　MATLAB 的操作符

操作符	功能说明
;	分号:(1)在命令语句的结尾表示不显示这行语句的执行结果 (2)在矩阵定义中表示一行结束
:	冒号:(1)m:n 产生一个数组$[m,m+1,\cdots,n]$ (2)m:k:n 产生一个数组$[m,m+k,\cdots,n]$ (3)A(:,j)表示取矩阵 A 的第 j 列 (4)A(k,:)表示取矩阵 A 的第 k 行
…	连续点:一个命令语句非常长一行写不完,可以分几行写,此时在行的末尾加上连续点,表示是一个命令语句
%	百分号:在编程时引导注释行,而系统解释执行程序时,%后面的内容不进行处理

四、数学基本函数

MATLAB 的数学基本函数见表 2-6。

表 2-6　MATLAB 的数学基本函数

函数名	中文解释	函数名	中文解释
sin(x)	正弦函数	asin(x)	反正弦函数
cos(x)	余弦函数	acos(x)	反余弦函数
tan(x)	正切函数	atan(x)	反正切函数
exp(x)	以 e 为底的指数	log10(x)	以 10 为底数的对数
log(x)	自然对数	sqrt(x)	开平方
abs(x)	绝对值	round(x)	四舍五入到最近的整数
max(x)	最大值	fix(x)	朝零方向取整
min(x)	最小值	ceil(x)	朝正无穷方向取整
sign(x)	符号函数	floor(x)	朝负无穷方向取整
sum(x)	元素求和	gcd(x,y)	求两整数最大公约数

五、MATLAB 程序流程控制

MATLAB 程序流程主要有顺序、分支和循环结构。

1. 顺序程序结构

顺序程序结构的程序从其首行开始，逐行顺序往下执行，直到其最后一行。

2. 分支程序结构

分支程序结构的程序根据执行条件满足与否，确定执行方向。在 MATLAB 中，分支程序结构主要有以下形式。

（1） if　逻辑表达式

　　　　语句

　　end

如果逻辑表达式是真，则执行语句；如果为假，则跳过语句，向下执行。

【例 2-1】　计算分段函数 $y = \begin{cases} \cos(x+1) + \sqrt{1+x^2} & x = 10 \\ x\sqrt{x+\sqrt{x}} & x \neq 10 \end{cases}$。

解： 在 MATLAB 命令行窗口输入以下程序。

```
1  x=input('请输入 x 值:');            %定义 x 输入值
2  y=x * sqrt(x+sqrt(x));             %计算 y
3  if x==10                           %如果 x 输入值为 10
4     y=cos(x+1)+sqrt(1+x^2);         %重新计算 y
5  end                                %判断结束
6  y                                  %输出 y 值
```

输出结果为

```
请输入 x 值:10
y=10.0543
请输入 x 值:15
y=65.1646
```

（2） if　逻辑表达式

　　　　语句 1

　　else

　　　　语句 2

　　end

如果逻辑表达式是真，则执行语句 1，然后跳过语句 2，向下执行；如果为假，则执行语句 2，然后向下执行。

【例 2-2】　计算分段函数 $y = \begin{cases} x^2 + x - 6 & x < 0 \\ x^2 - 5x + 6 & x \geq 0 \end{cases}$。

解： 在 MATLAB 命令行窗口输入以下程序。

```
1  x=input('请输入 x 值:');            %定义 x 输入值
2  if x< 0                            %如果输入值小于 0
3     y=x^2+x-6;                      %计算 y
4  else                               %如果输入值不小于 0
5     y=x^2-5 * x+6;                  %计算 y
6  end                                %判断结束
7  y                                  %输出 y 值
```

输出结果为

```
请输入 x 值:-1
y=-6
请输入 x 值:1
y=2
```

(3) if   逻辑表达式 1
        语句 1
    elseif 逻辑表达式 2
        语句 2
        …
        end

如果逻辑表达式 1 是真，则执行语句 1；如果是假，则判断逻辑表达式 2。如果逻辑表达式 2 是真，则执行语句 2；如果是假，则继续判断逻辑表达式。直到判断到最后一个逻辑表达式，如果为假则向下执行。

【例 2-3】 输入一个百分制成绩，要求输出成绩等级为优秀、良好、中等、及格和不及格，其中优秀为 90～100，良好为 80～89，中等为 70～79，及格为 60～69，不及格为 60 以下。

解：在 MATLAB 命令行窗口输入以下程序。

```
1    x=input('请输入 x 值:');          %定义 x 输入值
2    if x>=90&x<=100                   %如果输入值为 90～100
3      disp('优秀')                    %输出为优秀
4    elseif x>=80&x<=89                %如果输入值为 80～89
5      disp('良好')                    %输出为良好
6    elseif x>=70&x<=79                %如果输入值为 70～79
7      disp('中等')                    %输出为中等
8    elseif x>=60&x<=69                %如果输入值为 60～69
9      disp('及格')                    %输出为及格
10   elseif x<60                       %如果输入值小于 60
11     disp('不及格')                  %输出为不及格
12   end                              %结束
```

输出结果为

```
请输入 x 值:95
优秀
请输入 x 值:85
良好
请输入 x 值:75
中等
请输入 x 值:65
及格
请输入 x 值:55
不及格
```

MATLAB 编程与汽车仿真应用

3. 循环程序结构

循环程序结构的程序包括一个循环变量，循环变量从最初值开始计数，每循环一次就执行一次循环体内的语句，执行后，循环变量以一定的规律变化，然后再执行循环体内语句，直到循环变量大于循环变量的终止值为止。

（1）for 循环语句。该循环语句一般用于循环次数已经确定的情况，其命令格式如下。

for　循环变量＝起始值：步长：终止值
　　　循环体
end

【例 2-4】　已知 $y=\dfrac{1}{1^2}+\dfrac{1}{2^2}+\dfrac{1}{3^2}+\cdots+\dfrac{1}{n^2}$，当 $n=100$ 时，求 y 值。

解：在 MATLAB 命令行窗口输入以下程序。

```
1   y=0;              %y 赋初值为 0
2   for i=1:100       %设置循环变量
3     y=y+1/i^2;      %计算 y
4   end               %循环结束
5   y                 %输出 y 值
```

输出结果为

```
y=
    1.6350
```

（2）while 循环语句。该循环语句一般用于事先不能确定循环次数的情况，其命令格式如下。

while　表达式
　　　循环体
end

若表达式为真，则执行循环体的内容，执行后再判断表达式是否为真；若不为真，则跳出循环体，向下继续执行。

【例 2-5】　计算从 1 累加到 500 之和。

解：在 MATLAB 命令行窗口输入以下程序。

```
1   sum=0;            %sum 赋初值为 0
2   n=1;              %n 赋值为 1
3   while n< =500     %设置循环表达式
4       sum=sum+n;    %计算 sum
5       n=n+1;        %n 增加 1
6   end               %循环结束
7   sum               %输出结果
```

输出结果为

```
sum=
    125250
```

第二节
数据插值

数据插值是指由有限个原始数据点，构造一个解析表达式，由此计算数据点之间的函数值。MATLAB 中的数据插值方法主要有拉格朗日插值、牛顿插值、三次样条插值、埃尔米特插值、一维数据插值、二维数据插值等。

一、拉格朗日插值

1. 拉格朗日插值的定义

拉格朗日插值是指在节点上给出节点基函数，然后做基函数的线性组合，组合系数为节点函数值的一种插值多项式。

拉格朗日插值多项式可表示为

$$L(x) = \sum_{i=0}^{n} y_i l_i(x) \tag{2-1}$$

式中，$L(x)$ 为拉格朗日插值多项式函数；y_i 为已知函数 $f(x)$ 在 x_i 点处的函数值；$l_i(x)$ 为拉格朗日插值基函数；n 为插值多项式的次数。

拉格朗日插值基函数为

$$l_i(x) = \frac{(x-x_0)(x-x_1)\cdots(x-x_{i-1})(x-x_{i+1})\cdots(x-x_n)}{(x_i-x_0)(x_i-x_1)\cdots(x_i-x_{i-1})(x_i-x_{i+1})\cdots(x_i-x_n)} \tag{2-2}$$

2. 拉格朗日插值的 MATLAB 实现

MATLAB 中没有现成的拉格朗日插值函数，必须编写 M 文件实现拉格朗日插值。

拉格朗日插值多项式和基函数的 MATLAB 程序如下。

```
1   function[C,L,L1,l]=lagranl(X,Y);      %定义拉格朗日插值多项式和基函数
2   m=length(X);                          %将 X 数据个数赋予 m
3   L=ones(m,m);                          %生成 m 行、m 列且所有元素都是 1 的矩阵
4   for k=1:m                             %变量 k 从 1 循环到 m 结束
5     V=1;                                %给 V 赋值 1
6     for i=1:m                           %变量 i 从 1 循环到 m 结束
7       if k~=i                           %如果 k 不等于 i
8         V=conv(V,poly(X(i)))/(X(k)-X(i)); %求卷积
9       end                               %计算结束
10     end                                %变量 i 结束
11   L1(k,:)=V;                           %求基函数系数矩阵
12   l(k,:)=poly2sym(V);                  %求基函数,并转换成符号多项式
13   end                                  %变量 k 结束
14   C=Y * L1;                            %求插值多项式系数
15   L=Y * l;                             %求插值多项式
```

function[C,L,L1,l]＝lagranl(X,Y)为拉格朗日插值多项式和基函数。C为插值多项式系数；L为插值多项式；L1为基函数系数；l为基函数；X、Y为已知数据。

$P＝$ploy(X)为用于求以向量为解的方程或矩阵的特征多项式，可以直接传递多项式方程的系数矩阵。如$X＝[1,2,3]$，则$P＝$poly(X)可以解出$P＝[1-6\ 11-6]$，即求得方程为$x^3-6x^2+11x-6=0$；$P＝$poly$([1,2,3;\ 4,5,6;\ 7,8,0])$可以解出$P＝[1-6-72-27]$，即矩阵$X$特征多项式为$\lambda^3-6\lambda^2-72\lambda-27=0$。

$V＝$conv(u,v)为两个向量u和v的卷积计算，即两个多项式相乘取系数。如$u＝x^2+1$，$v＝2x+7$，即$u＝[1,0,1]$，$v＝[2,7]$，则$V＝$conv$(u,v)＝[2\ 7\ 2\ 7]$，V包含$2x^3+7x^2+2x+7$的多项式系数。

$r＝$poly2sym(V)是把多项式系数向量转换为符号多项式。如$V＝[1,3,2]$，则$r＝$poly2sym$(V)＝x^2+3x+2$。

将求拉格朗日插值多项式和基函数的 MATLAB 程序输入到编辑器中，建立 lagranl.m 文件，并将文件保存到 MATLAB 的工作目录下，即可直接调用此函数使用。

拉格朗日插值及误差估计的 MATLAB 程序如下。

1	`function[y,R]=lagranzi(X,Y,x,M);`	%定义拉格朗日插值和误差函数
2	`n=length(X);`	%将 X 数据个数赋予 n
3	`m=length(x);`	%将 x 数据个数赋予 m
4	`for i=1:m`	%变量 i 从 1 循环到 m 结束
5	`z=x(i);`	%把 x(i) 赋予 z
6	`s=0.0;`	%s 赋值为 0.0
7	`for k=1:n`	%变量 k 从 1 循环到 n 结束
8	`p=1.0;q1=1.0;c1=1.0;`	%p、q_1、c_1 赋值为 1.0
9	`for j=1:n`	%变量 j 从 1 循环到 n 结束
10	`if j~=k`	%如果 k 不等于 j
11	`p=p * (z-X(j))/(X(k)-X(j));`	%求拉格朗日基函数 p
12	`end`	%计算结束
13	`q1=abs(q1 * (z-X(j)));`	%计算 q_1
14	`c1=c1 * j;`	%计算 c_1
15	`end`	%变量 j 循环结束
16	`s=p * Y(k)+s;`	%计算 s
17	`end`	%变量 k 循环结束
18	`y(i)=s;`	%计算插值
19	`R(i)=M * q1/c1;`	%计算误差
20	`end`	%变量 i 循环结束

function[y,R]＝lagranzi(X,Y,x,M)为拉格朗日插值及误差函数。y为插值；R为误差；X、Y为已知数据；x为拟求插值点。

将求拉格朗日插值及误差估计的 MATLAB 程序输入到编辑器中，建立 lagranzi.m 文件，并将文件保存到 MATLAB 的工作目录下，即可直接调用此函数使用。

【例 2-6】已知数据 $X＝[-2.2,-1,0.01,1.0,2.0,3.3,2.2]$，$Y＝[17.1,7.3,1.1,$

$2.0, 17.1, 23.1, 19.3$]，求拉格朗日多项式函数；求 $x=2.8$ 时 y 的近似值，并估算其误差；绘制拉格朗日多项式函数曲线。

解：在 MATLAB 命令行窗口输入以下程序。

1	X=[-2.2,-1,0.01,1.0,2.0,3.3,2.2];	%给 X 赋值
2	Y=[17.1,7.3,1.1,2.0,17.1,23.1,19.3];	%给 Y 赋值
3	[C,L,L1,l]=lagran1(X,Y);	%求拉格朗日多项式函数
4	L=vpa(L,3)	%显示拉格朗日多项式函数，并保留 3 位小数

输出结果为

```
L=
    0.21*x^6-0.87*x^5-1.21*x^4+5.9*x^3+4.48*x^2-7.68*x+1.18
```

拉格朗日多项式函数为

$$L(x)=0.21x^6-0.87x^5-1.21x^4+5.9x^3+4.48x^2-7.68x+1.18$$

在 MATLAB 命令行窗口输入以下程序。

1	X=[-2.2,-1,0.01,1.0,2.0,3.3,2.2];	%给 X 赋值
2	Y=[17.1,7.3,1.1,2.0,17.1,23.1,19.3];	%给 Y 赋值
3	x=linspace(-3,4,50);	%设置 x 取值范围内的点数
4	M=1;	%给 M 赋值
5	[y,R]=lagranzi(X,Y,x,M);	%定义拉格朗日插值函数
6	errorbar(x,y,R,'.g')	%绘制误差棒条
7	hold on	%保存图形
8	plot(X,Y,'or')	%绘制样本点
9	x=2.8;	%给 x 赋值
10	[y,R]=lagranzi(X,Y,x,M)	%求 x 点处的插值
11	x=-3:0.01:4;	%定义 x 取值范围
12	L=0.21*x.^6-0.87*x.^5-1.21*x.^4+5.9*x.^3+4.48*x.^2-7.68*x+1.18;	%拉格朗日多项式函数
13	plot(x,L)	%绘制拉格朗日多项式函数曲线
14	legend('误差','样本点','拉格朗日多项式函数曲线')	%曲线标注
15	print(gcf,'-r600','-djpeg','图 2-1.jpg')	%保存图形文件

输出结果为

```
y=
    21.0578
R=
    0.0045
```

输出图形如图 2-1 所示。

利用插值基函数得到的拉格朗日插值多项式结构紧凑，便于理论分析，易于编程求解。但当插值节点增减时，全部插值基函数均要随之变化，整个公式也将发生变化。

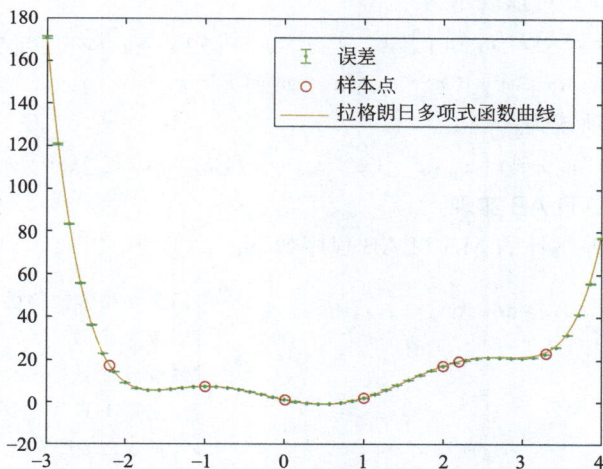

图 2-1　拉格朗日多项式函数曲线及样本点和误差

二、牛顿插值

1. 牛顿插值的定义

牛顿插值法是曲线拟合插值法中的一种，适合在所有的数据都精确的情况下使用。牛顿插值引入了差商的概念，使其在差值节点增加时便于计算。

设函数 $f(x)$ 可以表示为

$$
\begin{aligned}
f(x) = &f(x_0) + f[x_0, x_1](x - x_0) + \\
&f[x_0, x_1, x_2](x - x_0)(x - x_1) + \cdots + \\
&f[x_0, x_1, \cdots, x_n](x - x_0)\cdots(x - x_{n-1}) + \\
&f[x, x_0, \cdots, x_n](x - x_0)(x - x_1)\cdots(x - x_n) \\
= &N_n(x) + R_n(x)
\end{aligned} \tag{2-3}
$$

式中，$f[x_0, x_1] = \dfrac{f(x_1) - f(x_0)}{x_1 - x_0}$ 为 $f(x)$ 的一阶差商；$f[x_0, x_1, x_2] = \dfrac{f[x_0, x_2] - f[x_0, x_1]}{x_2 - x_1}$

为 $f(x)$ 的二阶差商；$f[x_0, x_1, \cdots x_n] = \dfrac{f[x_0, \cdots x_{n-2}, x_n] - f[x_0, x_1, \cdots, x_{n-1}]}{x_n - x_{n-1}}$ 为 $f(x)$

的 n 阶差商；$N_n(x)$ 为牛顿均差插值多项式；$R_n(x)$ 为牛顿均差插值多项式的截断误差。

牛顿均差插值多项式为

$$
\begin{aligned}
N_n(x) = &f(x_0) + f[x_0, x_1](x - x_0) + f[x_0, x_1, x_2](x - x_0)(x - x_1) + \cdots + \\
&f[x_0, x_1, \cdots, x_n](x - x_0)\cdots(x - x_{n-1})
\end{aligned} \tag{2-4}
$$

牛顿均差插值多项式的截断误差为

$$
R_n(x) = f(x) - N_n(x) = f[x, x_0, \cdots, x_n](x - x_0)(x - x_1)\cdots(x - x_n) \tag{2-5}
$$

当 $n = 1$ 时，函数 $f(x)$ 可以表示为

$$
f(x) = f(x_0) + f[x_0, x_1](x - x_0) + f[x, x_0, x_1](x - x_0)(x - x_1)(x - x_1) \tag{2-6}
$$

牛顿一次插值多项式为

$$
N_1(x) = f(x_0) + f[x_0, x_1](x - x_0) = y_0 + \frac{y_0 - y_1}{x_0 - x_1}(x - x_0) \tag{2-7}
$$

当 $n=2$ 时，函数 $f(x)$ 可以表示为

$$f(x)=f(x_0)+f[x_0,x_1](x-x_0)+f[x_0,x_1,x_2](x-x_0)(x-x_1)+$$
$$f[x,x_0,x_1,x_2](x-x_0)(x-x_1)(x-x_2) \tag{2-8}$$

牛顿二次插值多项式为

$$N_2(x)=f(x_0)+f[x_0,x_1](x-x_0)+f[x_0,x_1,x_2](x-x_0)(x-x_1) \tag{2-9}$$

2. 牛顿插值的 MATLAB 实现

牛顿插值及其误差估计的 MATLAB 程序如下。

```
1   function[y,R,A,C,L]=newton(X,Y,x,M)          %定义牛顿插值函数
2   n=length(X);                                  %取 X 个数
3   m=length(x);                                  %取 x 个数
4   for t=1:m                                     %变量 t 从 1 循环到 m 结束
5      z=x(t);                                    %把 x(t)赋予 z
6      A=zeros(n,n);                              %s 生成 n 行、n 列的 0 矩阵
7      A(:,1)=Y';                                 %求 Y 的转置矩阵
8      s=0.0;p=1.0;q1=1.0;c1=1.0;                 %s 赋值为 0,p、q1、c1 赋值为 1.0
9         for j=2:n                               %变量 j 从 2 循环到 n 结束
10           for i=j:n                            %变量 i 从 j 循环到 n 结束
11              A(i,j)=(A(i,j-1)-A(i-1,j-1))/(X(i)-   %计算差商矩阵
                X(i-j+1));
12           end                                  %变量 i 循环结束
13           q1=abs(q1*(z-X(j-1)));               %计算 q1
14           c1=c1 * j;                           %计算 c1
15        end                                     %变量 j 循环结束
16     C=A(n,n);                                  %矩阵 A(n,n)赋予 C
17     q1=abs(q1*(z-X(n)));                       %计算 q1
18     for k=(n-1):-1:1                           %变量 k 从 n-1 循环到 1 结束
19        C=conv(C,poly(X(k)));                   %conv 求积
20        d=length(C);                            %取 C 的个数
21        C(d)=C(d)+A(k,k);                       %计算 C
22     end                                        %变量 k 循环结束
23     y(t)=polyval(C,z);                         %计算插值
24     R(t)=M * q1/c1;                            %计算误差
25  end                                           %变量 t 循环结束
26  L=poly2sym(C);                                %求牛顿插值多项式
27  L=vpa(L,3)                                    %显示牛顿插值多项式函数,保留 3 位小数
```

function[y,R,A,C,L]=newton(X,Y,x,M) 为牛顿插值函数。y 为插值；R 为误差；A 为差商矩阵；C 为牛顿插值多项式系数；L 为牛顿插值多项式；X、Y 为已知数据；x 为拟插值点。

y=polyval(C,z) 为多项式曲线求值函数。C 为多项式拟合系数；z 为一数据、向量或矩阵；y 为根据 z 和多项式拟合系数算出的值。

将求牛顿插值及误差估计的 MATLAB 程序输入到编辑器中，建立 newton.m 文件，并

将文件保存到 MATLAB 的工作目录下，即可直接调用此函数使用。

【例 2-7】 已知数据 $X=[0,0.523,0.785,1.047,1.57]$，$Y=[0,0.5,0.707,0.866,1]$，用牛顿插值及误差估计的 MATLAB 函数求 $x=0.698$ 时 y 的近似值，并估算其误差；绘制牛顿多项式函数曲线。

解： 在 MATLAB 命令行窗口输入以下程序。

1	`X=[0,0.523,0.785,1.047,1.57];`	%给 X 赋值
2	`Y=[0,0.5,0.707,0.866,1];`	%给 Y 赋值
3	`x=linspace(0,3.14,50);`	%设置 x 取值范围内的点数
4	`M=1;`	%给 M 赋值
5	`[y,R,A,C,L]=newton(X,Y,x,M);`	%定义牛顿插值函数
6	`errorbar(x,y,R,'.g')`	%绘制误差棒条
7	`hold on`	%保存图形
8	`plot(X,Y,'or')`	%绘制样本点
9	`x=0.698;`	%给 x 赋值
10	`[y,R]=newton(X,Y,x,M)`	%求 x 点处的插值
11	`x=0:0.01:3.14;`	%定义 x 取值范围
12	`L=0.025*x.^4-0.191*x.^3+0.00587*x.^2+1.0*x;`	%牛顿多项式函数
13	`plot(x,L)`	%绘制牛顿多项式函数曲线
14	`legend('误差','样本点','牛顿多项式函数曲线')`	%曲线标注
15	`print(gcf,'-r600','-djpeg','图 2-2.jpg')`	%保存图形文件

输出结果为

```
y=
    0.643
R=
    2.6951e-05
```

输出图形如图 2-2 所示。

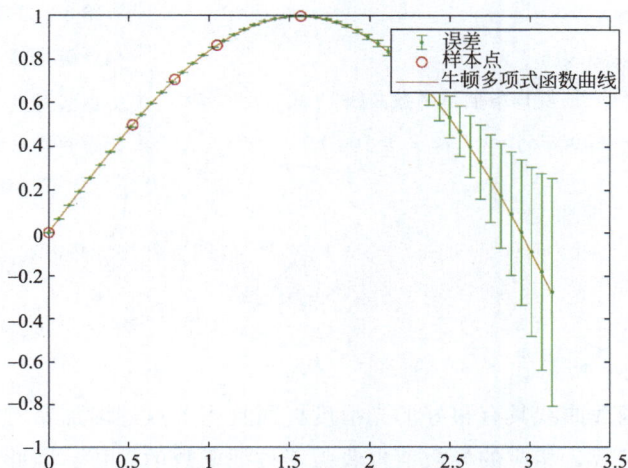

图 2-2   牛顿多项式函数曲线及样本点和误差

牛顿插值的优点在于它比拉格朗日插值计算量小，便于程序设计，而且具有递进性，每增加一个节点，牛顿插值多项式只增加一项，克服了拉格朗日插值的缺点。

三、三次样条插值

1. 三次样条插值的定义

三次样条插值是通过一系列形值点的一条光滑曲线，数学上通过求解三弯矩（二阶导数）方程组得出曲线函数组的过程。

给定区间 $[a，b]$ 的一个划分 $a=x_0<x_1<\cdots<x_{n-1}<x_n=b$，如果函数 $S(x)$ 满足

（1）在每一小区间上是三次多项式；

（2）在每个节点上具有二阶连续导数；

（3）$S(x_i)=y_i$。

则称 $S(x)$ 是 $f(x)$ 在该区间上关于该划分的一个三次样条函数。

2. 三次样条插值的 MATLAB 实现

三次样条插值函数的命令格式如下。

yi＝spline(x,y,xi)

其中 yi 为获得的插值；x、y 分别为已知样本点，xi 为插值节点。

【例 2-8】 已知数据 $x=[1,2,3,4,5,6,7,8,9,10,11,12]$，$y=[5,8,9,15,25,29,31,30,22,25,27,24]$，用三次样条插值法求 $x=5.5$ 时 y 的近似值；绘制三次样条插值函数曲线。

解：在 MATLAB 命令行窗口输入以下程序。

```
1   x=1:12;                                    %给 x 赋值
2   y=[5,8,9,15,25,29,31,30,22,25,27,24];      %给 y 赋值
3   xi=1:0.1:12;                               %设置 x 取值范围
4   yi=spline(x,y,xi);                         %计算插值
5   plot(x,y,'+',xi,yi,'r')                    %绘制插值函数曲线
6   xi=5.5;                                     %给 xᵢ 赋值
7   yi=spline(x,y,xi)                          %计算插值 yᵢ
8   legend('样本点','三次样条插值函数曲线')        %曲线标注
9   print(gcf,'-r600','-djpeg','图 2-3.jpg')    %保存图形文件
```

输出结果为

```
yi＝
    27.6830
```

输出图形如图 2-3 所示。

三次样条插值函数曲线具有很好的光滑度，而且当节点逐渐加密时，其函数值在整体上能很好地逼近被插函数，相应的导数值也收敛于被插函数的导数，因此三次样条插值在计算机辅助设计中有广泛的应用。

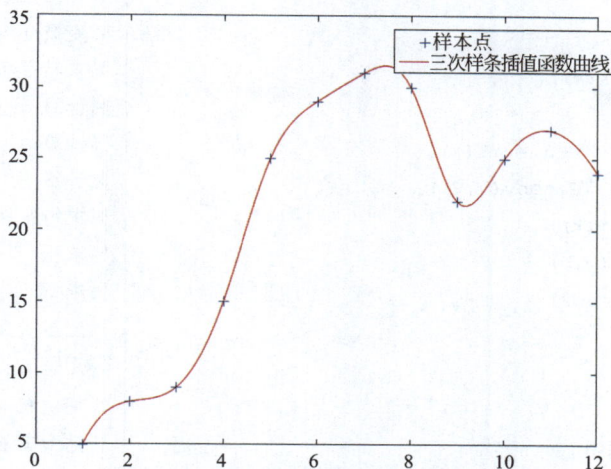

图 2-3　三次样条插值函数曲线和样本点

四、埃尔米特插值

1. 埃尔米特插值的定义

埃尔米特插值是指在给定的节点处，不但要求插值多项式的函数值与原函数值相同，同时还要求插值多项式的一阶直至指定阶的导数值也与被插函数的相应阶导数值相同。

设函数 $f(x)$ 在 $[a,b]$ 上有一阶连续导数，且 $n+1$ 个互异点 $x_0, x_2, x_2, \cdots, x_n \in [a,b]$，如果存在至多为 $2n+1$ 阶的多项式 $H_{2n+1}(x)$ 满足

$$\begin{cases} H_{2n+1}(x_j) = f(x_j) \\ H'(x_j) = f'(x_j) \end{cases} \qquad (j=0,1,2,\cdots,n) \qquad (2\text{-}10)$$

则称 $H_{2n+1}(x)$ 为函数 $f(x)$ 在点 $x_0, x_2, x_2, \cdots, x_n$ 的 $2n+1$ 阶埃尔米特插值多项式。

2. 埃尔米特插值的 MATLAB 实现

埃尔米特插值及其误差估计的 MATLAB 程序如下。

```
1    function[y,R,Hc,Hk,wcgs,Cw]=hermite(X,Y,Y1,x,M)    %定义埃尔米特插值函数
2    n=length(X);                                        %取 X 个数
3    m=length(x);                                        %取 x 个数
4    for t=1:m                                           %变量 t 从 1 开始循环，到 m 结束
5    z=x(t);                                             %把 x(t)赋予 z
6    H=0;                                                %H 赋值为 0
7    q=1;c1=1;                                           %q、c₁ 赋值为 1
8    for k=1:n                                           %变量 k 从 1 开始循环到 n 结束
9        s=0;                                            %s 赋值为 0
10       V=1;                                            %v 赋值为 1
11       for i=1:n                                       %变量 i 从 1 开始循环到 n 结束
12           if k ～=i                                    %如果 k 不等于 i
13               s=s+(1/(X(k)-X(i)));                    %计算 s
14               V=conv(V,poly(X(i)))/(X(k)-X(i));       %计算 v
```

15	`        end`	%计算结束
16	`    end`	%变量 i 循环结束
17	`    h=poly(X(k));`	%求特征多项式
18	`    g=([0 1]-2 * h * s);`	%计算 g
19	`    G=g * Y(k)+h * Y1(k);`	%计算 G
20	`    H=H+conv(G,conv(V,V));`	%计算 H
21	`    b=poly(X(k));`	%求特征多项式
22	`    b2=conv(b,b);`	%求积
23	`    q=conv(q,b2);`	%求积
24	`end`	%变量 k 循环结束
25	`Hc=H;`	%矩阵 H 赋予 H_c
26	`Hk=poly2sym(H);`	%把 H 转换成符号多项式
27	`Q=poly2sym(q);`	%把 q 转换成符号多项式
28	`for i=1 : 2 * n`	% 变量 i 从 1 循环到 2n 结束
29	`    c1=c1 * i;`	%计算 c_1
30	`end`	%变量 i 循环结束
31	`wcgs=M * Q / c1;`	%计算误差
32	`Cw=M * q / c1;`	%计算误差系数
33	`y(t)=polyval(Hc,x(t));`	%求埃尔米特插值函数
34	`R(t)=polyval(Cw,x(t));`	%求误差函数
35	`end`	%变量 t 循环结束
36	`y=vpa(Hk,3)`	%显示埃尔米特插值多项式函数

function[y,R,Hc,Hk,wcgs,Cw]=hermite(X,Y,Y1,x,M) 为埃尔米特插值函数。y 为向量 x 处的插值；R 为插值误差；Hc 为埃尔米特插值多项式系数；Hk 为埃尔米特插值多项式；wcgs 为误差公式；Cw 为误差系数向量；X、Y 为已知数据；Y1 是 Y 的导数；x 为拟插值点，M 在 $[a,b]$ 上满足 $|f\sim(2n+2)(x)|\leqslant M$，$f\sim(2n+2)(x)$ 表示 f(x) 的 2n+2 阶导数。

将求埃尔米特插值及误差估计的 MATLAB 程序输入到编辑器中，建立 hermite.m 文件，并将文件保存到 MATLAB 的工作目录下，即可直接调用此函数使用。

【例 2-9】 给定函数 $f(x)$ 在点 $x_0=\pi/6$、$x_1=\pi/4$、$x_2=\pi/2$ 处的函数值分别为 $f(x_0)=0.5$、$f(x_1)=0.7071$、$f(x_2)=1$，导数分别为 $f'(x_0)=0.866$、$f'(x_1)=0.7071$、$f'(x_2)=0$，用埃尔米特插值法求 $x=2\pi/9$ 时 y 的近似值；绘制埃尔米特插值函数曲线。

解： 在 MATLAB 命令行窗口输入以下程序。

1	`X=[pi/6,pi/4,pi/2];`	%给 X 赋值
2	`Y=[0.5,0.7071,1];`	%给 Y 赋值
3	`Y1=[0.866,0.7071,0];`	%给 Y_1 赋值
4	`M=1;`	%给 M 赋值
5	`x=2 * pi/9;`	%给 x 赋值
6	`[y,R,Hc,Hk,wcgs,Cw]=hermite(X,Y,Y1,x,M)`	%求埃尔米特插值函数

输出埃尔米特插值函数为

y=0.00503 * x^5+0.00917 * x^4-0.177 * x^3+0.00638 * x^2+0.998 * x+2.29e-4

在 MATLAB 命令行窗口输入以下程序。

```
1   X=[pi/6,pi/4,pi/2];                              %给 X 赋值
2   Y=[0.5,0.7071,1];                                %给 Y 赋值
3   plot(X,Y,'or')                                   %绘制样本点
4   hold on                                          %保存图形
5   x=0:0.01:3.14;                                   %设置 x 取值范围
6   y=0.00503*x.^5+0.00917*x.^4-0.177*x.^3+          %埃尔米特插值函数
    0.00638*x.^2+0.998*x+2.29e-4;
7   plot(x,y)                                        %绘制埃尔米特插值函数曲线
8   legend('样本点','埃尔米特插值函数曲线')           %曲线标注
9   x=2*pi/9;                                         %给 x 赋值
10  y=0.00503*x.^5+0.00917*x.^4-0.177*x.^3+          %计算插值
    0.00638*x.^2+0.998*x+2.29e-4
11  print(gcf,'-r600','-djpeg','图 2-4.jpg')         %保存图形文件
```

输出结果为

y=
    0.6429

输出图形如图 2-4 所示。

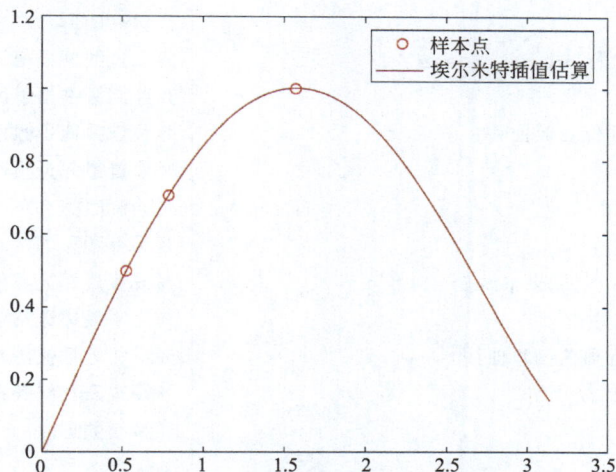

图 2-4　埃尔米特插值函数曲线和样本点

五、一维数据插值

1. 一维数据插值的定义

已知平面上的离散点数据集，即已知在点集 X 上对应的函数值 Y，构造一个解析函数（其图形为一曲线），通过这些点并能够求出这些点之间的值，这一过程称为一维插值。

MATLAB 中的一维插值方法有 4 种，分别是线性插值（linear）、最邻近插值（nearest）、三次样条插值（spline）和立方插值（pchip）。

线性插值是指插值的结果是一条条线段；最邻近插值是指如果 x_i 离 x 最近，则 y_i 离 y 最近；三次样条插值如前所述，所得图形为光滑曲线，并且是二阶光滑的；立方插值是指进行保形分段三次插值，插值是分段进行的，所以不会出现三次样条插值曲线上下振动的情况。

2. 一维数据插值的 MATLAB 实现

一维数据插值在 MATLAB 中有插值函数，可直接调用。一维数据插值的命令格式如下。

$$yi = interp1(x,y,xi,'method')$$

其中 yi 为插值结果；x、y 为原始数据点；xi 为想要插值的数据点；method 为插值方法，可以选择线性插值（linear）、最邻近插值（nearest）、三次样条插值（spline）和立方插值（pchip）。

注意：所有的插值方法都要求 x 是单调的，并且 xi 不能超过 x 的范围。

【例 2-10】 对正弦函数 $y = \sin x$ 进行一维数据插值。

解：在 MATLAB 命令行窗口输入以下程序。

```
1    x=0:0.1:2*pi;                        %定义 x 范围
2    y=sin(x);                            %计算 y
3    xi=linspace(0,2*pi,50);              %设置 x 取值范围内的点数
4    subplot(2,2,1)                       %设置线性插值函数曲线位置
5    plot(x,y,'*')                        %绘制数据点
6    hold on                              %保存图形
7    yi1=interp1(x,y,xi,'linear');        %设置线性插值
8    plot(xi,yi1)                         %绘制线性插值函数曲线
9    title('线性插值函数曲线')             %线性插值函数曲线标注
10   subplot(2,2,2)                       %设置最邻近插值函数曲线位置
11   plot(x,y,'*')                        %绘制数据点
12   hold on                              %保存图形
13   yi2=interp1(x,y,xi,'nearest');       %设置最邻近插值
14   plot(xi,yi2)                         %绘制最邻近插值函数曲线
15   title('最邻近插值函数曲线')           %最邻近插值函数曲线标注
16   subplot(2,2,3)                       %设置三次样条插值函数曲线位置
17   plot(x,y,'*')                        %绘制数据点
18   hold on                              %保存图形
19   yi3=interp1(x,y,xi,'spline');        %设置三次样条插值
20   plot(xi,yi3)                         %绘制三次样条插值函数曲线
21   title('三次样条插值函数曲线')         %三次样条插值函数曲线标注
22   subplot(2,2,4)                       %设置立方插值函数曲线
23   plot(x,y,'*')                        %绘制数据点
24   hold on                              %保存图形
25   yi4=interp1(x,y,xi,'pchip');         %设置立方插值
26   plot(xi,yi4)                         %绘制立方插值函数曲线
27   title('立方插值函数曲线')             %立方插值函数曲线标注
28   print(gcf,'-r600','-djpeg','图 2-5.jpg')   %保存图形文件
```

输出结果如图 2-5 所示。

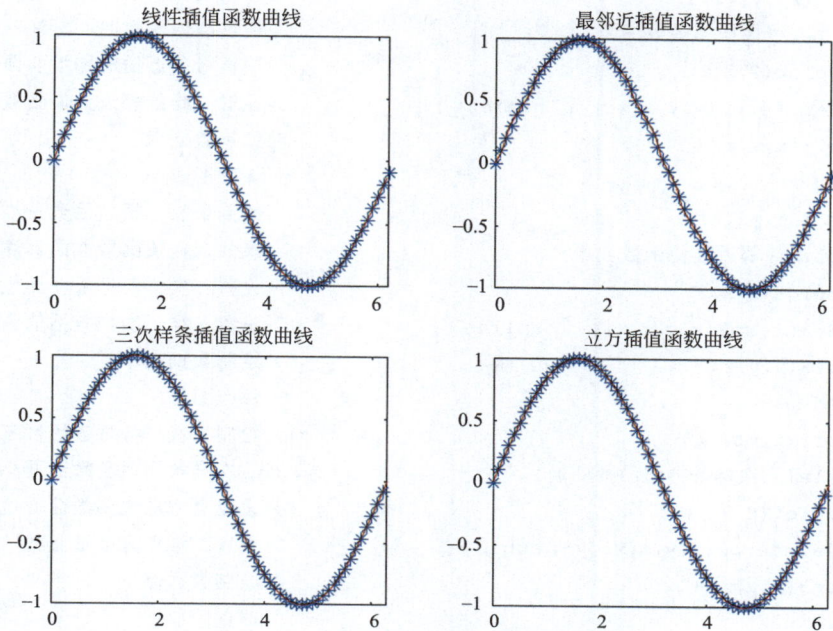

图 2-5　正弦函数一维插值函数曲线

六、二维数据插值

1. 二维数据插值的定义

已知点集在三维空间中的点的插值就是二维插值问题，在图像处理中有广泛的应用。

MATLAB 中的二维插值方法有 4 种，分别是线性插值（linear）、最邻近插值（nea-rest）、三次样条插值（spline）和立方插值（pchip）。

2. 二维数据插值的 MATLAB 实现

二维数据插值在 MATLAB 中有插值函数，可直接调用。二维数据插值的命令格式如下。

zi＝interp2(x,y,z,xi,,yi,'method')

其中 x、y、z 为原始数据点；xi、yi 为想要插值的数据点；method 为插值方法；zi 为插值结果。

【例 2-11】　对函数 $z＝y\cos x－x\sin y$ 进行二维数据插值。

解：在 MATLAB 命令行窗口输入以下程序。

```
1  x=-2*pi:pi/10:2*pi;                  %定义 x 范围
2  [x,y]=meshgrid(x);                   %生成采样点网格
3  z=y*cos(x)-x*sin(y);                 %计算 z
4  xi=linspace(-2*pi,2*pi,50);          %设置 x 取值范围内的点数
5  [xi,yi]=meshgrid(xi);                %生成采样点网格
6  subplot(2,2,1)                       %设置线性插值函数曲面位置
7  zi1=interp2(x,y,z,xi,yi,'linear');   %设置二维线性插值函数
8  plot3(x,y,z,'*')                     %绘制数据点
```

9	hold on	%保存图形
10	surf(xi,yi,zi1)	%绘制线性插值函数三维曲面图
11	title('线性插值函数曲面')	%线性插值函数曲面标注
12	subplot(2,2,2)	%设置最邻近插值函数曲面位置
13	zi2=interp2(x,y,z,xi,yi,'nearest');	%设置二维最邻近插值函数
14	plot3(x,y,z,'*')	%绘制数据点
15	hold on	%保存图形
16	surf(xi,yi,zi2)	%绘制最邻近插值函数三维曲面图
17	title('最邻近插值函数曲面')	%最邻近插值函数曲面标注
18	subplot(2,2,3)	%设置三次样条插值曲面位置
19	zi3=interp2(x,y,z,xi,yi,'spline');	%设置二维三次样条插值函数
20	plot3(x,y,z,'*')	%绘制数据点
21	hold on	%保存图形
22	surf(xi,yi,zi3)	%绘制三次样条插值函数三维曲面图
23	title('三次样条插值函数曲面')	%三次样条插值函数曲面标注
24	subplot(2,2,4)	%设置立方插值函数曲面位置
25	zi4=interp2(x,y,z,xi,yi,'cubic');	%设置二维立方插值函数
26	plot3(x,y,z,'*')	%绘制数据点
27	hold on	%保存图形
28	surf(xi,yi,zi4)	%绘制立方插值函数三维曲面图
29	title('立方插值函数曲面')	%立方插值函数曲面标注
30	print(gcf,'-r600','-djpeg','图 2-6.jpg')	%保存图形文件

输出结果如图 2-6 所示。

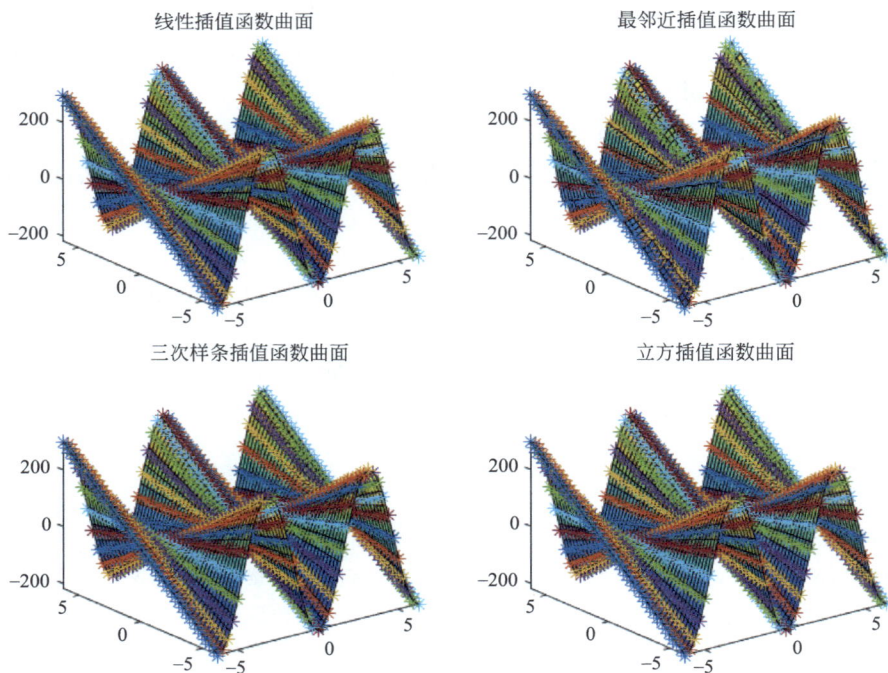

图 2-6　二维插值函数曲面

第三节
数据拟合

数据拟合又称曲线拟合，是一种把现有数据通过数学方法形成一个数学表达式的方式。科学和工程问题可以通过诸如采样、实验等方法获得若干离散的数据，根据这些数据，往往希望得到一个连续的函数（也就是曲线）或者更加密集的离散方程与已知数据相吻合，这个过程就称为拟合。MATLAB 的曲线拟合主要有两种方式，一是利用曲线拟合函数，二是利用曲线拟合工具箱（Curve Fitting Toolbox）。

一、多项式曲线拟合

1. 多项式曲线拟合的定义

多项式曲线拟合就是利用多项式函数拟合数据点。多项式函数为

$$y = a_0 + a_1 x + \cdots + a_m x^m = \sum_{i=0}^{m} a_i x^i \qquad (2\text{-}11)$$

令 $A = \begin{bmatrix} a_0 \\ a_1 \\ \vdots \\ a_m \end{bmatrix}$，$X = \begin{bmatrix} 1 & x_1 & \cdots & x_1^m \\ 1 & x_2 & \cdots & x_2^m \\ \vdots & \vdots & \ddots & \vdots \\ 1 & x_n & \cdots & x_n^m \end{bmatrix}$，则多项式函数可转化为线性代数形式，即

$$y = XA \qquad (2\text{-}12)$$

2. 多项式曲线拟合的 MATLAB 实现

多项式曲线拟合函数的命令格式如下。

p＝polyfit(x,y,m)

其中 p 为拟合多项式输出系数；x、y 为输入同长度的数组；m 为拟合多项式系数。

多项式曲线求值的函数格式如下。

y＝polyval(p,x)

y＝polyval(p,x)表示为返回对应自变量 x 在给定系数 p 的多项式的值。

【例 2-12】 对 $2\ln(1+x)$ 在 ［0，1］ 的采样数据进行多项式拟合，并分别绘制拟合曲线和理论曲线。

解：在 MATLAB 命令行窗口输入以下程序。

```
1   x=0:0.1:1;              %定义 x 范围
2   y=2*log(1+x);           %计算 y
3   p=polyfit(x,y,3)        %3 阶多项式拟合
```

输出结果为

```
p=
    0.2158   -0.7947    1.9651    0.0009
```

拟合多项式为

$$0.2158-0.7947x+1.9651x^2+0.0009x^3$$

在 MATLAB 命令行窗口输入以下程序。

```
1  xi=0:0.01:1;                          %定义 x 范围
2  yi=polyval(p,xi);                     %多项式求值
3  plot(x,y,'ro')                        %绘制观测数据点
4  hold on                               %保存图形
5  plot(xi,yi,'k')                       %绘制拟合曲线
6  plot(xi,2*log(1+ xi),'g')             %绘制理论曲线
7  xlabel('x');ylabel('y')               %坐标轴标注
8  legend('采样数据','拟合曲线','理论曲线')   %曲线标注
9  print(gcf,'-r600','-djpeg','图 2-7.jpg')  %保存图形文件
```

输出结果如图 2-7 所示。

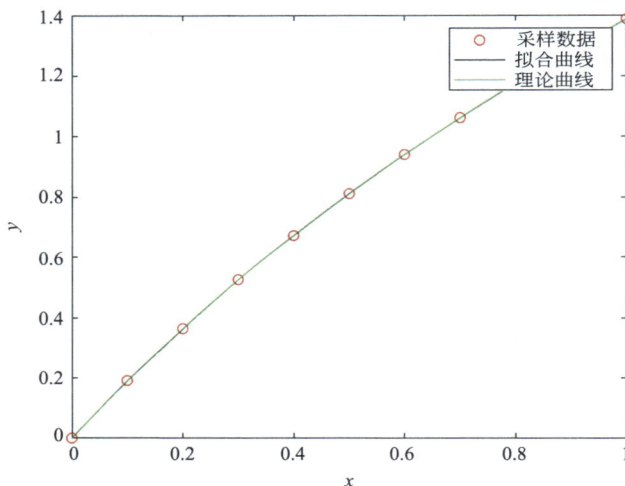

图 2-7　拟合曲线和理论曲线

二、曲线拟合工具箱

MATLAB 有一个功能强大的曲线拟合工具箱 cftool，使用方便，能实现多种类型的线性、非线性曲线拟合。

1. 曲线拟合工具箱拟合类型

MATLAB 的曲线拟合工具箱提供以下拟合类型。

（1）Custom Equations：用户自定义函数拟合。如果用户选择"Custom Equations"，则弹出自定义函数等式窗口，有 Linear Equations（线性等式）和 General Equations（一般等式）构造等式两种标签。用户根据自己需要定义函数类型，如选择"General Equations"标签，输入函数类型 y=a*x*x+b*x，设置参数 a、b 的上下限，然后点击 OK。

（2）Exponential：指数函数拟合。指数函数拟合有 2 种类型，分别是 a*exp(b*x)和 a*exp(b*x)+c*exp(d*x)，即 $y=ae^{bx}$ 和 $y=ae^{bx}+ce^{dx}$。

（3）Fourier：傅里叶函数拟合。有 7 种类型，基础型是 a0+a1*cos(x*w)+b1*sin

MATLAB 编程与汽车仿真应用

(x*w)，即 $y = a_0 + a_1\cos(xw) + b_1\sin(xw)$。

其他 6 种类型分别是

a0＋a1 * cos(x * w)＋b1 * sin(x * w)＋a2 * cos(2 * x * w)＋b2 * sin(2 * x * w)

a0＋a1 * cos(x * w)＋b1 * sin(x * w)＋a2 * cos(2 * x * w)＋b2 * sin(2 * x * w)＋a3 * cos(3 * x * w)＋b3 * sin(3 * x * w)

$\vdots$

a0＋a1 * cos(x * w)＋b1 * sin(x * w)＋…＋a8 * cos(8 * x * w)＋b8 * sin(8 * x * w)

（4）Gaussian：高斯函数拟合。有 8 种类型，基础型是 a1 * exp(−((x−b1)/c1)^2)，即 $y = a_1\exp\left(-\left(\dfrac{x-b_1}{c_1}\right)^2\right)$。

其他 7 种类型分别是

a1 * exp(-((x-b1)/c1)^2)＋a2 * exp(-((x-b2)/c2)^2)

a1 * exp(-((x-b1)/c1)^2)＋a2 * exp(-((x-b2)/c2)^2)＋a3 * exp(-((x-b3)/c3)^2)

$\vdots$

a1 * exp(-((x-b1)/c1)^2)＋a2 * exp(-((x-b2)/c2)^2)＋…＋a8 * exp(-((x-b8)/c8)^2)

（5）Interpolant：插值拟合。有 4 种类型，分别是线性插值（linear）、最邻近插值（nearest neighbor）、三次样条插值（cubicspline）、保形插值（shape-preserving）。

（6）Polynomial：多项式函数拟合。有 9 种类型，自由度分别是 1、2、3、…、9，分别代表一次式(linear)、二次式(quadratic)、三次式(cubic)、…、9 次式(9th degree)，即

p1 * x＋p2

p1 * x^2＋p2 * x＋p3

p1 * x^3＋p2 * x^2＋p3 * x＋p4

$\vdots$

p1 * x^9＋p2 * x^8＋p3 * x^7＋…＋p9 * x＋p10

（7）Power：幂函数拟合。有 2 种类型，分别是 a * x^b 和 a * x^b＋c，即 $y = ax^b$ 和 $y = ax^b + c$。

（8）Rational：有理函数拟合。有 30 种类型，其中分子有 6 种类型，分别是常数（constant）、一次式(linear)、二次式(quadratic)、三次式(cubic)、四次式(4th degree)、五次式(5th degree)；分母有 5 种类型，分别是一次式(linear)、二次式(quadratic)、三次式(cubic)、四次式(4th degree)、五次式(5th degree)。例如分子选常数型，分母选一次式，则有理函数为 $y = \dfrac{b}{x+a}$。

（9）Smoothing Spline：平滑样条拟合。默认的平滑参数由拟合的数据集来决定，参数是 0 产生一个分段线性多项式拟合；参数是 1 产生一个分段三次多项式拟合。

（10）Sum of Sin Functions：正弦函数拟合。有 8 种类型，基础型是 a1 * sin(b1 * x＋c1)，即 $y = a_1\sin(b_1 x + c_1)$。

其他 7 种类型分别是

a1 * sin(b1 * x＋c1)＋a2 * sin(b2 * x＋c2)

a1 * sin(b1 * x＋c1)＋a2 * sin(b2 * x＋c2)＋a3 * sin(b3 * x＋c3)

$\vdots$

$a1 * \sin(b1 * x + c1) + a2 * \sin(b2 * x + c2) + \cdots + a8 * \sin(b8 * x + c8)$

（11）Weibull：韦布尔拟合。只有 1 种类型，$a * b * x \verb|^|(b-1) * \exp(-a * x \verb|^| b)$，即 $y = abx^{b-1}e^{-ax^b}$。

2. 曲线拟合工具箱拟合步骤

利用曲线拟合工具箱拟合的步骤如下。

（1）启动曲线拟合工具箱。启动曲线拟合工具箱的命令格式如下。

```
x=[a1,a2,a3,a4,…];
y=[b1,b2,b3,b4,…];
cftool
```

其中 a1、a2、a3、a4 和 b1、b2、b3、b4 都是具体数据。

在 MATLAB 界面的命令行窗口，输入要拟合的数据和 cftool，回车，启动曲线拟合工具箱，进入曲线拟合工具箱界面"Curve Fitting Tool"，如图 2-8 所示。

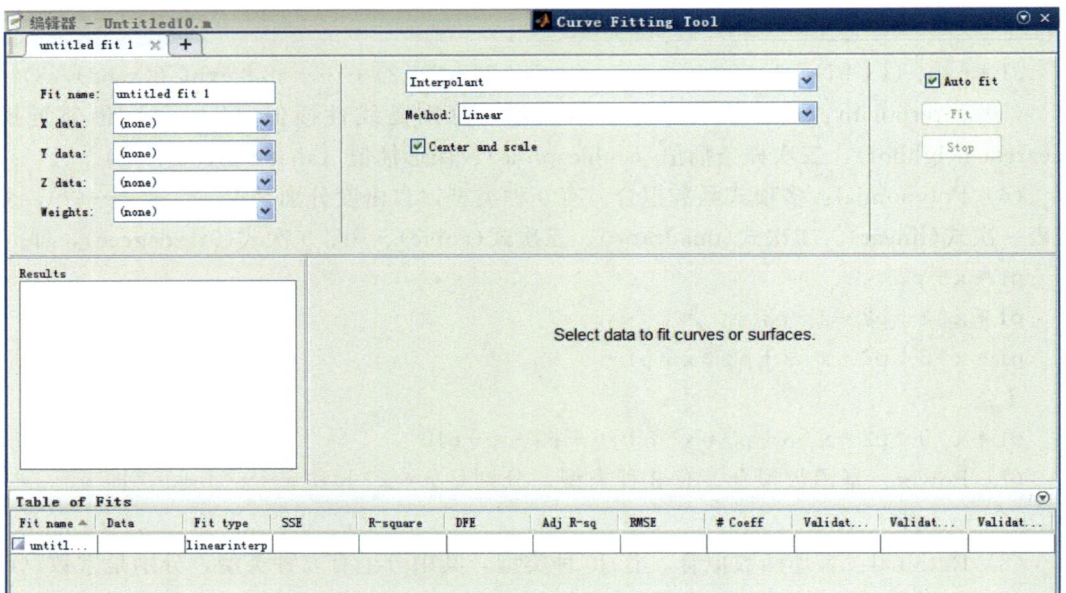

图 2-8　曲线拟合工具箱界面

（2）导入数据。利用"X data"和"Y data"下拉菜单读入 x、y 数据；如果是三维数据，还需要利用"Z data"的下拉菜单读入数据 z。

（3）选择拟合曲线类型。从以下拟合函数中选择拟合曲线类型。

◆ Custom Equations：用户自定义函数。

◆ Exponential：指数函数。

◆ Fourier：傅里叶函数。

◆ Gaussian：高斯分布函数。

◆ Interpolant：插值函数。

◆ Polynomial：多项式函数。

◆ Power：幂函数。

◆ Rational：有理函数。

◆ Smoothing Spline：平滑样条。

◆ Sum of Sin Functions：正弦函数。

◆ Weibull：韦布尔函数。

例如，选择多项式函数"Polynomial"，再选择拟合阶数"3"。

（4）查看拟合结果。选择拟合函数和拟合阶数后，系统自动完成拟合。拟合结果在结果窗口中显示；拟合曲线在曲线窗口中显示，如图 2-9 所示。

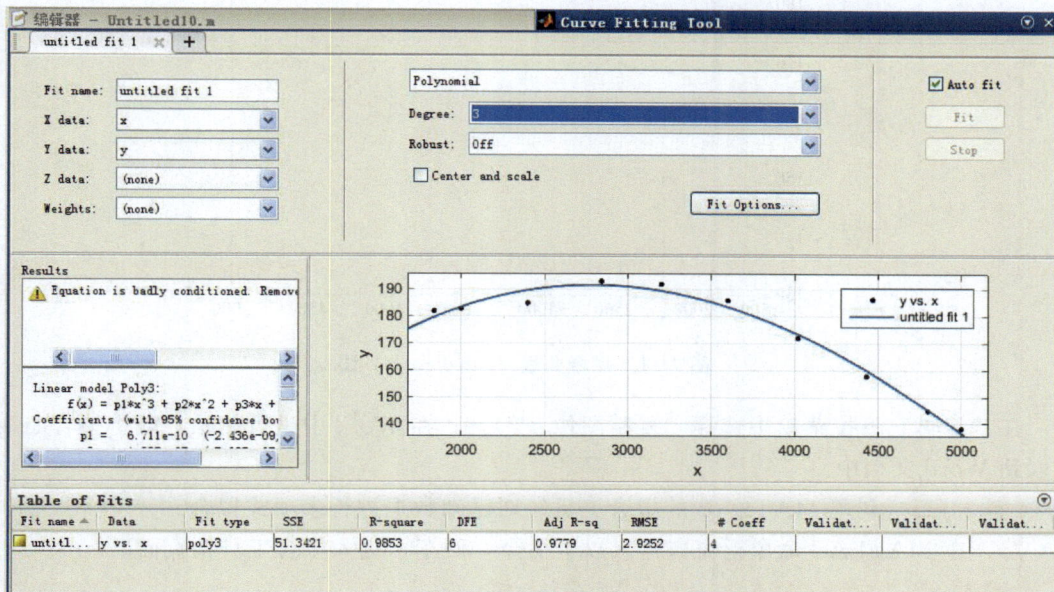

图 2-9　曲线拟合结果

拟合结果包括曲线拟合表达式和曲线拟合效果。

曲线拟合效果包括以下内容。

◆ SSE：误差平方和，越接近 0，曲线拟合效果越好。

◆ R-square：复相关系数，越接近 1，曲线拟合效果越好。

◆ Adj R-sq：调整自由度以后的残差的平方，数值越接近 1，曲线拟合的效果越好。

◆ RMSE：均方根误差。

（5）导出拟合曲线。在"Fit"下拉菜单中选择"Save to Workspace"，出现图 2-10 所示对话框。可以修改保存的名字，也可以选择默认，不修改。

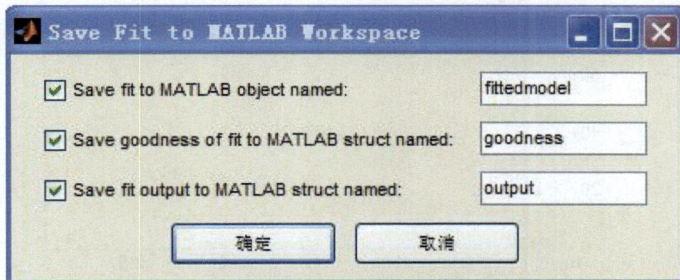

图 2-10　对话框

点击"确定"，在命令窗口中输入"plot（fittedmodel1）"，回车，出现曲线图，如图 2-11 所示。注意：plot 括号中的名称与图 2-10 对话框中"Save fit to MATLAB object named："后面的名称要一致。

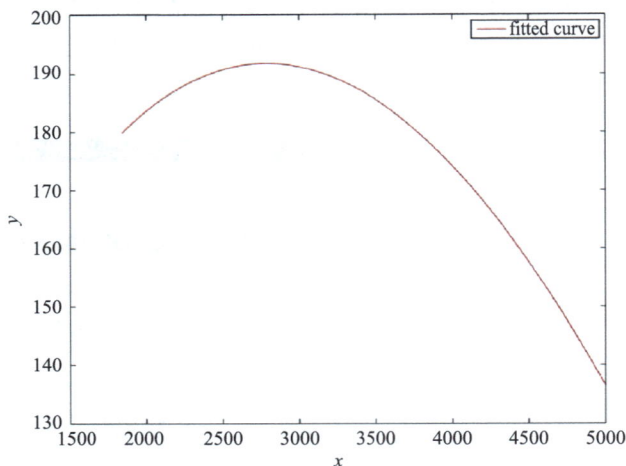

图 2-11　拟合曲线（fitted curve）图

在"编辑"下拉菜单中选择"复制图像（F）"，在 Word 中进行粘贴，就将拟合曲线图导入到 Word 文档中。

【例 2-13】　利用 MATLAB 的拟合工具箱对已知数据进行多项式拟合。

解：在 MATLAB 命令行窗口输入以下命令，回车，进入拟合工具箱页面。

```
x=[0,0.3,0.6,0.9,1.2,1.5,1.8,2.1,2.4,2.7,3.0];
y=[2.0,2.378,3.944,7.346,13.232,22.25,35.048,52.274,74.576,102.602,137.0];
cftool
```

（1）用户自定义函数拟合。利用"X data"和"Y data"下拉菜单读入 x、y 数据；选择用户自定义函数"Custom Equations"，设置自定义函数为 y＝a＊x＊x＋b＊x＋c，得到拟合曲线如图 2-12 所示。

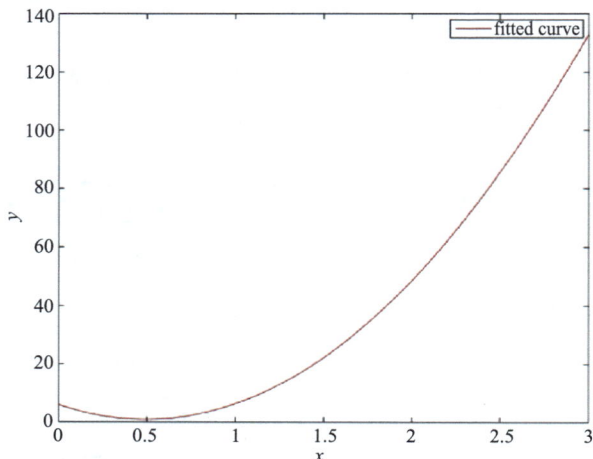

图 2-12　自定义函数拟合曲线

拟合曲线表达式为

$$y = 21x^2 - 20.59x + 5.888$$

SSE 为 72.06；R-square 为 0.9966；Adj R-sq 为 0.9957；RMSE 为 3.001。

（2）指数函数拟合。选择指数函数"Exponential"，得到拟合曲线如图 2-13 所示。

拟合曲线表达式为

$$y = 4.135e^{1.177x}$$

SSE 为 139.7；R-square 为 0.9933；Adj R-sq 为 0.9926；RMSE 为 3.939。

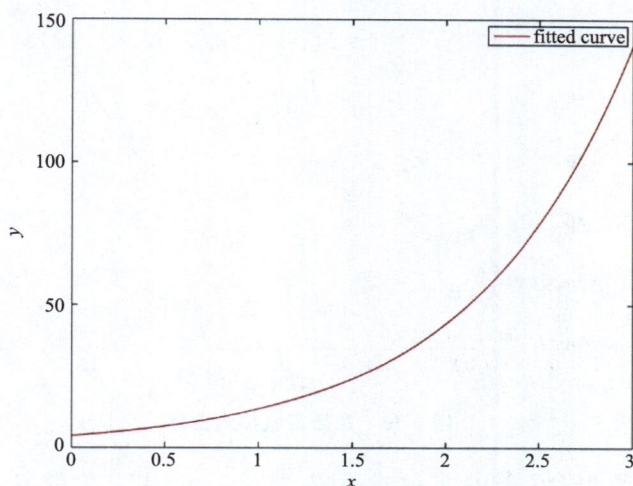

图 2-13　指数函数拟合曲线

（3）傅里叶函数拟合。选择傅里叶函数"Fourier"，得到拟合曲线如图 2-14 所示。

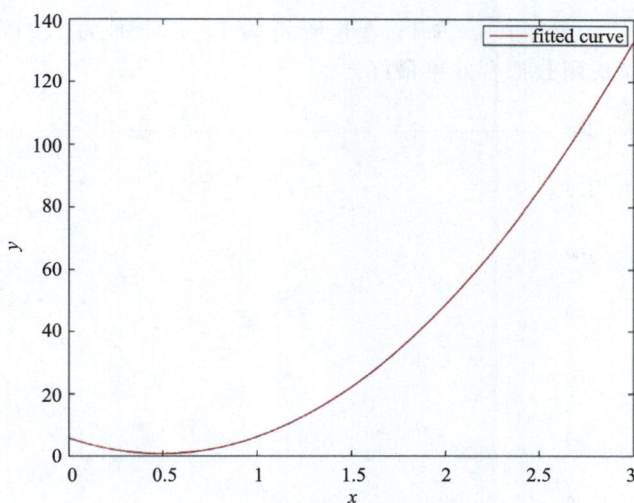

图 2-14　傅里叶函数拟合曲线

拟合曲线表达式为

$$y = 2.654 \times 10^7 - 2.654 \times 10^7 \cos(0.001258x) - 1.637 \times 10^4 \sin(0.001258x)$$

SSE 为 72.06；R-square 为 0.9966；Adj R-sq 为 0.9951；RMSE 为 3.208。

（4）高斯分布函数拟合。选择高斯函数"Gaussian"，得到拟合曲线如图 2-15 所示。
拟合曲线表达式为

$$y = 308.7\mathrm{e}^{-\left(\frac{x-4.876}{2.079}\right)^2}$$

SSE 为 2.174；R-square 为 0.9999；Adj R-sq 为 0.9999；RMSE 为 0.5213。

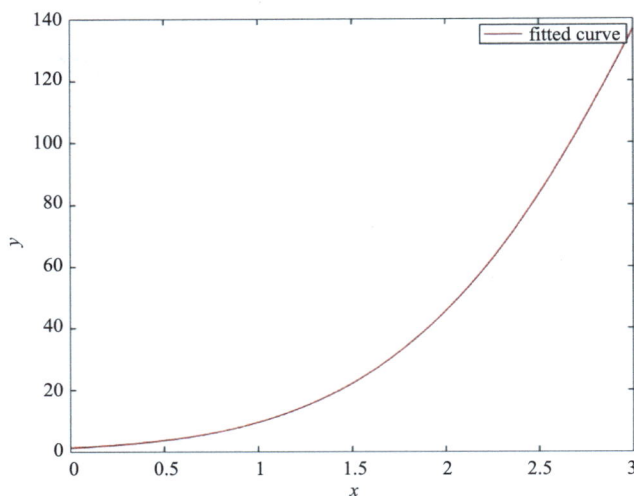

图 2-15　高斯函数拟合曲线

（5）多项式函数拟合。选择多项式函数"Polynomial"，阶数取 3，得到拟合曲线如图 2-16 所示。
拟合曲线表达式为

$$y = 4x^3 + 3x^2 - 1.072\mathrm{e}^{-14}x + 2$$

SSE 为 $1.215\mathrm{e}^{-27}$；R-square 为 1；Adj R-sq 为 1；RMSE 为 $1.317\mathrm{e}^{-14}$。
可以看出，多项式函数拟合效果最好。

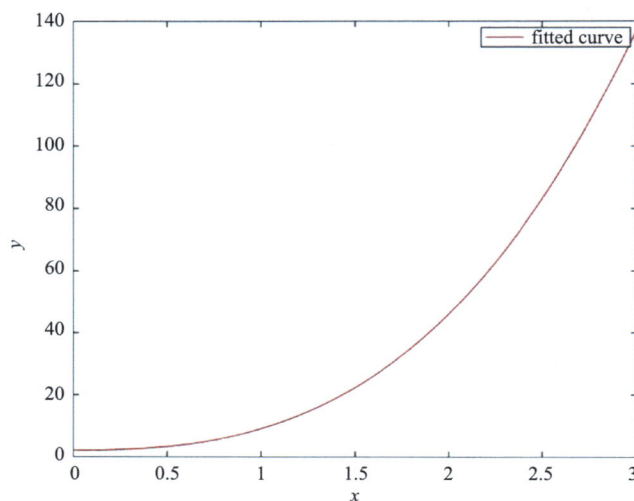

图 2-16　多项式函数拟合曲线

第四节 矩阵运算

矩阵是一个按照长方阵列排列的复数或实数集合，由 $m \times n$ 个数 a_{ij} 排成的 m 行、n 列的数表称为 m 行 n 列的矩阵，简称 $m \times n$ 矩阵。这 $m \times n$ 个数称为矩阵 A 的元素；数 a_{ij} 位于矩阵 A 的第 i 行第 j 列，称为矩阵 A 的 (i, j) 元素。元素是实数的矩阵称为实矩阵；元素是复数的矩阵称为复矩阵；行数与列数都等于 n 的矩阵称为 n 阶矩阵或 n 阶方阵。

当矩阵只有一行或一列时，称为行向量或列向量。

一、矩阵创建与提取

1. 直接输入创建

直接输入创建矩阵的命令格式如下。

A=[a1,a2,a3,…;b1,b2,b3,…;…]

其中 a1，a2，a3，…为第一行元素；b1，b2，b3，…为第二行元素；依此类推。

直接输入矩阵必须注意以下事项。

（1）必须使用方括号。

（2）当一行输不完时可以使用续行。

（3）行与行之间用分号分隔。

（4）同行元素用空格或逗号分隔。

（5）该方法只适合创建小型矩阵。

【例 2-14】 直接输入创建矩阵。

解： 在 MATLAB 命令行窗口输入以下程序。

```
1    A=[1,2,3;4,5,6;7,8,9]              %输入矩阵元素
```

输出结果为

```
A=
     1     2     3
     4     5     6
     7     8     9
```

2. 由函数创建

对于一些特殊矩阵，可以由函数创建。MATLAB 常用特殊矩阵生成函数见表 2-7。

表 2-7 MATLAB 常用特殊矩阵生成函数

函数	功能说明	函数	功能说明
zeros()	生成元素全为 0 的矩阵	randn()	生成正态分布随机矩阵
ones()	生成元素全为 1 的矩阵	magic()	生成魔方矩阵
rand()	生成均匀分布随机矩阵	diag()	生成对角矩阵

函数	功能说明	函数	功能说明
triu()	生成上三角矩阵	hilb()	生成希尔伯特矩阵
tril()	生成下三角矩阵	vander()	生成范德蒙矩阵
eye()	生成单位矩阵	hankel()	生成汉克尔矩阵
company()	生成伴随矩阵	hadamard()	生成哈达玛矩阵

【例 2-15】 利用函数创建常用特殊矩阵。

解： 在 MATLAB 命令行窗口输入以下程序。

```
1    A1= zeros(3,3)              %创建全 0 矩阵
2    A2= ones(3,3)              %创建全 1 矩阵
3    A3= rand(3,3)              %创建均匀分布随机矩阵
4    A4= randn(3,3)             %创建正态分布随机矩阵
5    A5= eye(3,3)               %创建单位矩阵
6    A6= magic(3)               %创建魔方矩阵
7    X= [1,2,3];                %生成向量 X
8    A7= diag(X)                %创建向量 X 的对角矩阵
9    X1= [1,2,3;4,5,6;7,8,9];   %生成矩阵 X1
10   A8= triu(X1)               %创建矩阵 X1 的上三角矩阵
11   A9= tril(X1)               %创建矩阵 X1 的下三角矩阵
```

输出结果为

```
A1=
     0      0      0
     0      0      0
     0      0      0
A2=
     1      1      1
     1      1      1
     1      1      1
A3=
     0.4984    0.5853    0.2551
     0.9597    0.2238    0.5060
     0.3404    0.7513    0.6991
A4=
     1.1006   -1.4916    2.3505
     1.5442   -0.7423   -0.6156
     0.0859   -1.0616    0.7481
A5=
     1      0      0
     0      1      0
     0      0      1
```

```
A6=
     8      1      6
     3      5      7
     4      9      2
A7=
     1      0      0
     0      2      0
     0      0      3
A8=
     1      2      3
     0      5      6
     0      0      9
A9=
     1      0      0
     4      5      0
     7      8      9
```

3. 矩阵提取

（1）提取矩阵所有元素。命令格式如下。

A＝X(:)：依次提取矩阵 X 的每一列元素，将矩阵 X 拉伸为一个列向量。

（2）提取矩阵的第 k 行元素。命令格式如下。

A＝X(k,:)

（3）提取矩阵的第 k 列元素。命令格式如下。

A＝X(:,k)

（4）提取矩阵的行和列元素。命令格式如下。

A＝X(i1:i2,j1:j2)

其中 i1 和 i2 表示提取矩阵 X 的第 $i1\sim i2$ 行元素，j1 和 j2 表示提取矩阵 X 的第 $j1\sim j2$ 列元素，构成新的矩阵。

（5）提取矩阵的指定行元素。命令格式如下。

A＝X([a b c d],:)

其中 a、b、c、d 表示提取矩阵 X 的第 a、b、c、d 行元素，构成新的矩阵。

（6）提取矩阵的指定列元素。命令格式如下。

A＝X(:,[e f g h])

其中 e、f、g、h 表示提取矩阵 X 的第 e、f、g、h 列元素，构成新的矩阵。

【例 2-16】 利用 $X=[1,2,3;4,5,6;7,8,9]$ 创建 3×3 矩阵，并对矩阵的元素进行提取。

解：在 MATLAB 命令行窗口输入以下程序。

```
1   X=[1,2,3;4,5,6;7,8,9]              %输入矩阵元素
2   A1=X(:)                           %提取矩阵所有元素
3   A2=X(1,:)                         %提取矩阵第 1 行元素
4   A3=X(:,1)                         %提取矩阵第 1 列元素
5   A4=X(2:3,2:3)                     %提取第 2～3 行、第 2～3 列元素
6   A5=X([2 3],:)                     %提取第 2、3 行元素
7   A6=X(:,[2 3])                     %提取第 2、3 列元素
```

输出结果为

```
X=
    1    2    3
    4    5    6
    7    8    9
A1=
    1 4 7 2 5 8 3 6 9
A2=
    1    2    3
A3=
    1    4    7
A4=
    5    6
    8    9
A5=
    4    5    6
    7    8    9
A6=
    2    3
    5    6
    8    9
```

二、矩阵基本运算

矩阵基本运算的操作符号见表 2-8。

表 2-8　矩阵基本运算的操作符号

操作符号	功能说明	操作符号	功能说明
+	矩阵加法	\	矩阵的右除
-	矩阵减法	/	矩阵的左除
*	矩阵乘法	'	矩阵转置
^	矩阵的幂	^(-1)或 inv()	矩阵求逆

【例 2-17】 已知矩阵 $A = \begin{bmatrix} 1 & 2 & 3 \\ 3 & 4 & 6 \\ 4 & 6 & 5 \end{bmatrix}$，$B = \begin{bmatrix} 10 & 15 & 12 \\ 20 & 14 & 30 \\ 16 & 35 & 18 \end{bmatrix}$，对矩阵进行基本计算。

解： 在 MATLAB 命令行窗口输入以下程序。

```
1    A=[1,2,3;3,4,6;4,6,5];              %输入矩阵 A 元素
2    B=[10,15,12;20,14,30;16,35,18];     %输入矩阵 B 元素
3    C1=A+B                              %矩阵加法计算
4    C2=A-B                              %矩阵减法计算
5    C3=A*B                              %矩阵乘法计算
6    C4=A/B                              %矩阵除法计算
7    C5=A^2                              %矩阵幂的计算
8    C6=A'                               %矩阵转置计算
9    C7=inv(A)                           %逆矩阵计算
```

输出结果为

```
C1＝
     11   17   15
     23   18   36
     20   41   23
C2＝
     -9   -13   -9
    -17   -10  -24
    -12   -29  -13
C3＝
     98   148  126
    206   311  264
    240   319  318
C4＝
    -1.8590   0.4359   0.6795
    -2.0128   0.5513   0.7564
     0.1966   0.0470   0.0684
C5＝
     19   28   30
     39   58   63
     42   62   73
C6＝
     1    3    4
     2    4    6
     3    6    5
C7＝
    -2.0000   1.0000        0
     1.1250  -0.8750   0.3750
     0.2500   0.2500  -0.2500
```

三、矩阵函数运算

矩阵函数运算的常用函数名见表 2-9。

表 2-9　矩阵函数运算的常用函数名

函数名	功能说明	函数名	功能说明
det()	矩阵行列式	norm()	矩阵的范数
logm()	矩阵对数	eig()	矩阵的特征向量和特征值
expm()	矩阵指数	poly()	矩阵特征方程的根
sqrtm()	矩阵平方根	rot90()	矩阵逆时针旋转 90°
rank()	矩阵的秩	flipud()	矩阵上下翻转
trace()	矩阵的迹	fliplr()	矩阵左右翻转

矩阵的秩是指矩阵线性无关的行数和列数。

矩阵的迹等于矩阵的对角线元素之和，也等于矩阵的特征值之和。

矩阵的范数是用来度量矩阵在某种意义下的长度。

设 A 是 n 阶方阵，如果数 λ 和 n 维非零向量 x 使关系式 $Ax = \lambda x$ 成立，那么这样的数 λ 称为矩阵 A 的特征值，非零向量 x 称为 A 的对应于特征值 λ 的特征向量。

矩阵特征方程 $|\lambda E - A| = 0$ 的根称为矩阵 A 的特征值。

【例 2-18】 已知矩阵 $A = \begin{bmatrix} 7 & 3 & -2 \\ 3 & 4 & -1 \\ -2 & -1 & 3 \end{bmatrix}$，对矩阵进行函数运算。

解：在 MATLAB 命令行窗口输入以下程序。

```
1    A=[7,3,-2;3,4,-1;-2,-1,3];          %输入矩阵 A 元素
2    A1=det(A)                           %计算矩阵行列式
3    A2=logm(A)                          %计算矩阵对数
4    A3=expm(A)                          %计算矩阵指数
5    A4=sqrtm(A)                         %计算矩阵平方根
6    A5=rank(A)                          %计算矩阵的秩
7    A6=trace(A)                         %计算矩阵的迹
8    A7=norm(A)                          %计算矩阵的范数
9    [b,c]=eig(A)                        %计算矩阵特征向量和特征值
10   A8=poly(A)                          %计算矩阵特征方程的根
11   A9=rot90(A)                         %矩阵逆时钟旋转 90°
12   A10=flipud(A)                       %矩阵上下翻转
13   A11=fliplr(A)                       %矩阵左右翻转
```

输出结果为

```
A1=
    46.0000
A2=
    1.7257    0.6126   -0.4200
    0.6126    1.1478   -0.1580
   -0.4200   -0.1580    0.9551

A3=
    1.0e+03 *
    9.7557       5.9028   -3.8454
    5.9028       3.5835   -2.3267
   -3.8454      -2.3267    1.5261
A4=
    2.5224    0.6617   -0.4465
    0.6617    1.8768   -0.1991
   -0.4465   -0.1991    1.6616
A5=
    3
```

A6＝

    14

A7＝

    9.6056

b＝

    0.5774   -0.0988   -0.8105

   -0.5774   0.6525   -0.4908

    0.5774   0.7513   0.3197

c＝

    2.0000   0   0

    0   2.3944   0

    0   0   9.6056

A8＝

    1.0000   -14.0000   47.0000   -46.0000

A9＝

   -2   -1   3

    3   4   -1

    7   3   -2

A10＝

   -2   -1   3

    3   4   -1

    7   3   -2

A11＝

   -2   3   7

   -1   4   3

    3   -1   -2

四、矩阵分解运算

矩阵分解常用于方程求解，矩阵分解运算的常用函数名见表 2-10。

表 2-10　矩阵分解运算的常用函数名

函数名	功能说明	函数名	功能说明
eig()	矩阵的特征值分解	svd()	矩阵的奇异值分解
qr()	矩阵的 QR 分解	chol()	矩阵的 cholesky 分解
schur()	矩阵的 Schur 分解	lu()	矩阵的 LU 分解

矩阵的 QR 分解就是将 $m \times n$ 的矩阵 A 分解为 $m \times n$ 的矩阵 Q 和 $n \times n$ 的上三角矩阵 R 的乘积，且 $Q^{\mathrm{T}}Q = I$，即 $A = QR$。

矩阵的 Schur 分解就是将复方阵 A 分解为 $A = ULU^{\mathrm{T}}$，其中 U 为酉矩阵，L 为上（下）三角矩阵，其对角线元素为矩阵 A 的特征值。

矩阵的奇异值分解就是将 $m×n$ 的矩阵 A 分解为 $A=USV^{\mathrm{T}}$，其中 U 为 $m×m$ 的酉矩阵，V 为 $n×n$ 的酉矩阵，S 为 $m×n$ 的矩阵。

矩阵的 cholesky 分解是把矩阵 A 表示为上三角矩阵的转置与其本身的乘积，即 $A=R^{\mathrm{T}}R$。

矩阵的 LU 分解是将任意一个方阵 A 分解为一个交换下三角矩阵 L 和一个上三角矩阵 U 的乘积，即 $A=LU$。

【例 2-19】 已知矩阵 $A=\begin{bmatrix} 6 & 2 & 1 \\ 2 & 3 & 1 \\ 1 & 1 & 1 \end{bmatrix}$，对矩阵进行分解运算。

解：在 MATLAB 命令行窗口输入以下程序。

```
1  A=[6,2,1;2,3,1;1,1,1];      %输入矩阵 A 元素
2  L=eig(A)                    %矩阵的特征值分解
3  [Q,R]=qr(A)                 %矩阵的 QR 分解
4  [U,L1]=schur(A)             %矩阵的 Schur 分解
5  [U1,S,V]=svd(A)             %矩阵的奇异值分解
6  R=chol(A)                   %矩阵的 cholesky 分解
7  [L2,U2]=lu(A)               %矩阵的 LU 分解
```

输出结果为

```
L=
    0.5789     2.1331     7.2880
Q=
   -0.9370     0.3424    -0.0685
   -0.3123    -0.9096    -0.2741
   -0.1562    -0.2354     0.9593
R=
   -6.4031    -2.9673    -1.4056
    0         -2.2793    -0.8026
    0          0          0.6167
U=
   -0.0432    -0.4974    -0.8664
   -0.3507     0.8196    -0.4531
    0.9355     0.2843    -0.2098
L1=
    0.5789     0          0
    0          2.1331     0
    0          0          7.2880
U1=
   -0.8664     0.4974    -0.0432
   -0.4531    -0.8196    -0.3507
   -0.2098    -0.2843     0.9355
```

```
S=
      7.2880    0          0
      0         2.1331     0
      0         0          0.5789
V=
     -0.8664    0.4974    -0.0432
     -0.4531   -0.8196    -0.3507
     -0.2098   -0.2843     0.9355
R=
      2.4495    0.8165     0.4082
      0         1.5275     0.4364
      0         0          0.8018
L2=
      1.0000    0          0
      0.3333    1.0000     0
      0.1667    0.2857     1.0000
U2=
      6.0000    2.0000     1.0000
      0         2.3333     0.6667
      0         0          0.6429
```

第五节
极限与级数运算

一、极限运算

1. 单变量的函数极限

单变量函数极限为 $L = \lim\limits_{x \to x_0} f(x)$，求单变量函数极限的命令格式如下。

L＝limit(f,x,x0)

其中 L 为函数极限；f 为单变量函数；x 为变量；x0 为极限点，可以是无穷大（inf）或负无穷大（-inf）。

如果求单变量函数的左极限或右极限，则命令格式如下。

L＝limit(f,x,x0,'left')：求左极限。

L＝limit(f,x,x0,'right')：求右极限。

【例 2-20】 求 $\lim\limits_{x \to \infty} x \left(1 + \dfrac{a}{x}\right)^x \sin \dfrac{b}{x}$ 的极限。

解：在 MATLAB 命令行窗口输入以下程序。

```
1   syms x a b;                        %定义变量
2   f=x*(1+a/x)^x*sin(b/x);            %函数表达式
3   L=limit(f,x,inf)                   %求极限
```

输出结果为

```
L=
    b*exp(a)
```

【例 2-21】 求 $\lim\limits_{x \to 0^+} \dfrac{e^{x^3}-1}{1-\cos\sqrt{x-\sin x}}$ 的极限。

解：在 MATLAB 命令行窗口输入以下程序。

```
1   syms x;                                    %定义变量
2   f=(exp(x^3)-1)/(1-cos(sqrt(x-sin(x))));    %函数表达式
3   L= limit(f,x,0,'right')                    %求极限
```

输出结果为

```
L=
    12
```

2. 多变量的函数极限

多变量函数极限为 $L = \lim\limits_{\substack{x \to x_0 \\ y \to y_0}} f(x, y)$，求多变量函数极限的命令格式如下。

L=limit(limit(f,x,x0),y,y0)
L=limit(limit(f,y,y0),x,x0)

如果 x0 或 y0 不是确定的值，而是另一个变量的函数，如 $x \to g(y)$，则上述的极限求取顺序不能交换。

【例 2-22】 求二元函数 $\lim\limits_{\substack{x \to 0 \\ y \to 0}} \dfrac{x^2+y^2}{\sqrt{x^2+y^2+1}-1}$ 的极限。

解：在 MATLAB 命令行窗口输入以下程序。

```
1   syms x y a;                          %定义变量
2   f=(x^2+y^2)/(sqrt(x^2+y^2+1)-1);     %函数表达式
3   L=limit(limit(f,x,0),y,0)            %求极限
```

输出结果为

```
L=
    2
```

【例 2-23】 求二元函数 $\lim\limits_{\substack{x \to 1/\sqrt{y} \\ y \to \infty}} e^{-1/(x^2+y^2)}\dfrac{\sin^2 x}{x^2}$ 的极限。

解：在 MATLAB 命令行窗口输入以下程序。

```
1  syms x y a;                              %定义变量
2  f=exp(-1/(y^2+x^2))*sin(x)^2/x^2;        %函数表达式
3  L=limit(limit(f,x,1/sqrt(y)),y,inf)      %求极限
```

输出结果为

```
L=
   1
```

二、级数运算

1. 常数项级数

如果给定一个数列 $x_1,x_2,x_3,\cdots x_n,\cdots$，则由这个数列构成的表达式 $x_1+x_2+x_3+\cdots+x_n+\cdots$ 称为常数项无穷级数，简称常数项级数，记为 $\sum\limits_{n=1}^{\infty}x_n$。

常数项级数的命令格式如下。

r＝symsum(s,v,a,b)

其中 r 为返回的级数和；s 为级数的通项；v 为级数自变量，如果函数 s 中只有一个变量，则 v 可以省略；a、b 为级数求和的起始项和终止项。

【例 2-24】 求常数项级数 $r=\sum\limits_{n=1}^{\infty}\dfrac{2n-1}{2^n}$ 的和。

解：在 MATLAB 命令行窗口输入以下程序。

```
1  syms n;                  %定义变量
2  f=(2*n-1)/2^n;           %级数表达式
3  r=symsum(f,n,1,inf)      %求级数
```

输出结果为

```
r=
   3
```

2. 泰勒级数

泰勒级数的形式为 $\sum\limits_{n=0}^{\infty}a_nx^n=x_0+a_1x+a_2x^2+\cdots+a_nx^n+\cdots$，其中 a_0、a_1、a_2 … a_n、…称为泰勒级数的系数。

泰勒级数展开的命令格式如下。

r＝taylor(f,n,x,a)

其中 r 为泰勒多项式；f 是待展开的函数表达式；n 是展开项数，缺省时展开至 5 次幂；x 是 f 中的变量；a 是函数的展开点，缺省为 0。

【例 2-25】 将函数 e^x 分别展开为关于 x 和 $x-1$ 的泰勒多项式。

解：在 MATLAB 命令行窗口输入以下程序。

```
1    syms x;                        %定义变量
2    r1=taylor(exp(x),x)            %求关于 x 的泰勒多项式
3    r2=taylor(exp(x),x,1)          %求关于 x-1 的泰勒多项式
```

输出结果为

```
r1＝
    x^5/120＋x^4/24＋x^3/6＋x^2/2＋x＋1
r2＝
    exp(1)＋exp(1)＊(x-1)＋(exp(1)＊(x-1)^2)/2＋(exp(1)＊(x-1)^3)/6＋(exp(1)＊
(x-1)^4)/24＋(exp(1)＊(x-1)^5)/120
```

3. 傅里叶级数

傅里叶级数的形式为 $f(x)=\dfrac{a_0}{2}+\sum\limits_{k=1}^{\infty}(a_k\cos kx+b_k\sin kx)$，其中 a_0、a_k、b_k （$k=1$,

2,3,…） 称为傅里叶系数。

傅里叶系数分别为

$$a_0=\frac{1}{\pi}\int_{-\pi}^{\pi}f(x)\mathrm{d}x$$

$$a_k=\frac{1}{\pi}\int_{-\pi}^{\pi}f(x)\cos kx\,\mathrm{d}x$$

$$b_k=\frac{1}{\pi}\int_{-\pi}^{\pi}f(x)\sin kx\,\mathrm{d}x$$

【例 2-26】 求函数 $f(x)=x^2$ 在 ［$-\pi$，π］ 上的傅里叶级数。

解： 在 MATLAB 命令行窗口输入以下程序。

```
1    syms x k;                            %定义变量
2    f=x^2;                               %函数表达式
3    a0=int(f,x,-pi,pi)/pi                %求傅里叶系数 a0
4    ak=int(f＊cos(k＊x),x,-pi,pi)/pi      %求傅里叶系数 ak
5    bk=int(f＊sin(k＊x),x,-pi,pi)/pi      %求傅里叶系数 bk
```

输出结果为

```
a0＝
    (2＊pi^2)/3
ak＝
    (2＊(pi^2＊k^2＊sin(pi＊k)-2＊sin(pi＊k)＋2＊pi＊k＊cos(pi＊k)))/(pi＊k^3)
bk＝
    0
```

函数 $f(x)=x^2$ 在 ［$-\pi$，π］ 上的傅里叶级数为

$$f(x)=\frac{\pi^2}{3}+\sum_{k=1}^{\infty}\frac{2}{\pi k^3}(\pi^2 k^2\sin\pi k-2\sin\pi k+2\pi k\cos kx)$$

第六节
导数与积分运算

一、导数运算

在一元函数中，导数为函数的变化率，其几何意义是曲线在一点处的切线斜率。

求导数的基本命令格式如下。

dy＝diff(y)：求一阶导数。

dy＝diff(y,n)：求 n 阶导数。

其中 dy 是求导的输出结果；y 是被求导的函数，是符号表达式；n 是指定求导的阶数，缺省为求一阶导数。

导数运算包括求函数的一阶导数、求参数方程所确定的函数的一阶导数、求隐函数的一阶导数、求多个一元函数的一阶导数、求一元函数的多阶导数等。

1. 求函数的一阶导数

【例 2-27】 求 $y=\dfrac{\sin x}{x}$ 的一阶导数。

解：在 MATLAB 命令行窗口输入以下程序。

```
1   syms x;                        %定义变量
2   y=sin(x)/x;                    %函数表达式
3   dy_dx=diff(y)                  %求一阶导数
```

输出结果为

```
dy_dx＝
    cos(x)/x-sin(x)/x＾2
```

也就是 $\dfrac{\mathrm{d}y}{\mathrm{d}x}=\dfrac{\cos x}{x}-\dfrac{\sin x}{x^2}$。

2. 求参数方程所确定的函数的一阶导数

【例 2-28】 设参数方程 $\begin{cases} x=a(t-\sin t) \\ y=a(1-\cos t) \end{cases}$，求一阶导数 $\dfrac{\mathrm{d}y}{\mathrm{d}x}$。

解：在 MATLAB 命令行窗口输入以下程序。

```
1   syms a t;                      %定义变量
2   x=a*(t-sin(t));                %x 表达式
3   dx_dt=diff(x);                 %求 x 对 t 的一阶导数
4   y=a*(1-cos(t));                %y 表达式
5   dy_dt=diff(y);                 %求 y 对 t 的一阶导数
6   dy_dx=dy_dt/dx_dt              %求 y 对 x 的一阶导数
```

输出结果为

```
dy_dx=
            sin(t)/(1-cos(t))
```

也就是 $\dfrac{\mathrm{d}y}{\mathrm{d}x}=\dfrac{\sin t}{1-\cos t}$。

3. 求隐函数的一阶导数

【例 2-29】 设 $\ln x+\mathrm{e}^{-\frac{y}{x}}=\mathrm{e}$，求一阶导数 $\dfrac{\mathrm{d}y}{\mathrm{d}x}$。

解： 设 $F(x,y)=\ln x+\mathrm{e}^{-\frac{y}{x}}-\mathrm{e}$，先求 $\dfrac{\mathrm{d}F}{\mathrm{d}x}$、$\dfrac{\mathrm{d}F}{\mathrm{d}y}$，再求 $\dfrac{\mathrm{d}y}{\mathrm{d}x}=\dfrac{\mathrm{d}F}{\mathrm{d}x}\bigg/\dfrac{\mathrm{d}F}{\mathrm{d}y}$。

在 MATLAB 命令行窗口输入以下程序。

```
1  syms x y;                      %定义变量
2  F=log(x)+exp(-y/x)-exp(1);     %F 表达式
3  dF_dx=diff(F,x);               %求 F 对 x 的一阶导数
4  dF_dy=diff(F,y);               %求 F 对 y 的一阶导数
5  dy_dx=dF_dx/dF_dy              %求 y 对 x 的一阶导数
```

输出结果为

```
dy_dx=
            -x * exp(y/x) * (1/x+(y * exp(-y/x))/x^2)
```

也就是 $\dfrac{\mathrm{d}y}{\mathrm{d}x}=-x\,\mathrm{e}^{\frac{y}{x}}\left(\dfrac{1}{x}+\dfrac{y\,\mathrm{e}^{-\frac{y}{x}}}{x^2}\right)$。

4. 求多个一元函数的一阶导数

【例 2-30】 求函数（1）$y=(x^2+x+2)^{\frac{3}{2}}$；（2）$y=x^3\ln x$ 的一阶导数。

解： 在 MATLAB 命令行窗口输入以下程序。

```
1  syms x;                   %定义变量
2  y1=(x^2+x+2)^(3/2);       %函数 1 表达式
3  y2=x^3 * log(x);          %函数 2 表达式
4  dy_dx=diff([y1,y2])       %求一阶导数
```

输出结果为

```
dy_dx=
            [(3 * (2 * x+1) * (x^2+x+2)^(1/2))/2,3 * x^2 * log(x)+x^2]
```

也就是（1）$\dfrac{\mathrm{d}y}{\mathrm{d}x}=\dfrac{3(2x+1)\sqrt{x^2+x+2}}{2}$；（2）$\dfrac{\mathrm{d}y}{\mathrm{d}x}=3x^2\ln x+x^2$。

5. 求一元函数的多阶导数

【例 2-31】 求 $y=\dfrac{x+2}{2\sqrt{x}}\ln x$ 的二阶导数。

解： 在 MATLAB 命令行窗口输入以下程序。

```
1    syms x;                                    %定义变量
2    y=(x+2)*log(x)/(2*sqrt(x));                %函数表达式
3    d2y_dx2=diff(y,2)                          %求二阶导数
```

输出结果为

d2y_dx2=
    1/x^(3/2)-log(x)/(2*x^(3/2))-(x+2)/x^(5/2)+(3*log(x)*(x+2))/(8*x^(5/2))

也就是 $\dfrac{\mathrm{d}^2 y}{\mathrm{d}x^2}=\dfrac{1}{x\sqrt{x}}-\dfrac{\ln x}{2x\sqrt{x}}-\dfrac{x+2}{x^2\sqrt{x}}+\dfrac{3x+6}{8x^2\sqrt{x}}\ln x$。

二、偏导数运算

在多元函数中，偏导数反映的是函数沿坐标轴正方向的变化率。

求偏导数的基本命令格式如下。

diff(f(x,y),x)：求 $f(x,y)$ 对 x 的一阶偏导数 $\dfrac{\partial f}{\partial x}$。

diff(f(x,y),x,n)：求 $f(x,y)$ 对 x 的 n 阶偏导数 $\dfrac{\partial^n f}{\partial x^n}$。

MATLAB 求雅克比矩阵的命令格式如下。

jacobian(f(x,y,z),g(x,y,z),h(x,y,z),[x,y,z])

产生的雅克比矩阵为

$$J=\begin{bmatrix} \dfrac{\partial f}{\partial x} & \dfrac{\partial f}{\partial y} & \dfrac{\partial f}{\partial z} \\[2mm] \dfrac{\partial g}{\partial x} & \dfrac{\partial g}{\partial y} & \dfrac{\partial g}{\partial z} \\[2mm] \dfrac{\partial h}{\partial x} & \dfrac{\partial h}{\partial y} & \dfrac{\partial h}{\partial z} \end{bmatrix}$$

偏导数运算包括求多元函数的一阶偏导数、求多元函数的二阶偏导数、求隐函数的一阶偏导数等。

1. 求多元函数的一阶偏导数

【例 2-32】 设 $u=\sqrt{x^2+y^2+z^2}$，求 u 的一阶偏导数。

解：在 MATLAB 命令行窗口输入以下程序。

```
1    syms x y z;                                %定义变量
2    u=sqrt(x^2+y^2+z^2);                       %函数表达式
3    du_dx=diff(u,x)                            %求对 x 的一阶偏导数
4    du_dy=diff(u,y)                            %求对 y 的一阶偏导数
5    du_dz=diff(u,z)                            %求对 z 的一阶偏导数
```

输出结果为

```
du_dx=
     x/(x^2+y^2+z^2)^(1/2)
du_dy=
     y/(x^2+y^2+z^2)^(1/2)
du_dz=
     z/(x^2+y^2+z^2)^(1/2)
```

也就是$\dfrac{\partial u}{\partial x}=\dfrac{x}{\sqrt{x^2+y^2+z^2}}$；$\dfrac{\partial u}{\partial y}=\dfrac{y}{\sqrt{x^2+y^2+z^2}}$；$\dfrac{\partial u}{\partial z}=\dfrac{z}{\sqrt{x^2+y^2+z^2}}$。

2. 求多元函数的二阶偏导数

【例 2-33】 设 $z=x^6-3y^4+2x^2y^2$，求 $\dfrac{\partial^2 z}{\partial x^2}$、$\dfrac{\partial^2 z}{\partial y^2}$、$\dfrac{\partial^2 z}{\partial x \partial y}$。

解：在 MATLAB 命令行窗口输入以下程序。

1	`syms x y;`	%定义变量
2	`z=x^6-3*y^4+2*x^2*y^2;`	%函数表达式
3	`dz_dx=diff(z,x,2)`	%求对 x 的二阶偏导数
4	`dz_dy=diff(z,y,2)`	%求对 y 的二阶偏导数
5	`dz_dxdy=diff(diff(z,x),y)`	%求对 z 的二阶偏导数

输出结果为

```
dz_dx=
       30*x^4+4*y^2
dz_dy=
       4*x^2-36*y^2
dz_dxdy=
       8*x*y
```

也就是$\dfrac{\partial^2 z}{\partial x^2}=30x^4+4y^2$；$\dfrac{\partial^2 z}{\partial y^2}=4x^2-36y^2$；$\dfrac{\partial^2 z}{\partial x \partial y}=8xy$。

3. 求隐函数的一阶偏导数

【例 2-34】 设 $\sin(xy)+\cos(yz)+\tan(xz)=0$，求 $\dfrac{\partial z}{\partial x}$、$\dfrac{\partial z}{\partial y}$。

解：在 MATLAB 命令行窗口输入以下程序。

1	`syms x y z;`	%定义变量
2	`F=sin(x*y)+cos(y*z)+tan(x*z);`	%函数表达式
3	`a=jacobian(F,[x,y,z]);`	%求雅克比矩阵
4	`dz_dx=a(1)/a(3)`	%求对 x 的一阶偏导数
5	`dz_dy=a(2)/a(3)`	%求对 y 的一阶偏导数

输出结果为

```
dz_dx=
        (z*(tan(x*z)^2+1)+y*cos(x*y))/(x*(tan(x*z)^2+1)-y*sin(y*z))
dz_dy=
        (x*cos(x*y)-z*sin(y*z))/(x*(tan(x*z)^2+1)-y*sin(y*z))
```

也就是 $\dfrac{\partial z}{\partial x}=\dfrac{z(\tan^2(xz)+1)+y\cos xy}{x(\tan^2(xz)+1)-y\sin yz}$；$\dfrac{\partial z}{\partial y}=\dfrac{x\cos xy-z\sin yz}{x(\tan^2(xz)+1)-y\sin yz}$。

三、积分运算

积分运算的命令格式如下。

int(fun)：计算函数 fun 关于默认变量的不定积分。

int(fun,x)：计算函数 fun 关于变量 x 的不定积分。

int(fun,x,a,b)：计算函数 fun 关于变量 x 从 a 到 b 的定积分。

【例 2-35】 计算不定积分 $\displaystyle\int\left(x^5+x^3-\dfrac{\sqrt{x}}{4}\right)\mathrm{d}x$ 的值。

解：在 MATLAB 命令行窗口输入以下程序。

```
1    syms x;                       %定义变量
2    y=x^5+x^3-sqrt(x)/4;          %函数表达式
3    int(y)                        %求不定积分
```

输出结果为

```
ans=
        x^4/4-x^(3/2)/6+x^6/6
```

也就是 $\dfrac{x^4}{4}-\dfrac{x\sqrt{x}}{6}+\dfrac{x^6}{6}$。

【例 2-36】 计算定积分 $\displaystyle\int_0^1\dfrac{x\mathrm{e}^x}{(1+x)^2}\mathrm{d}x$ 的值。

解：在 MATLAB 命令行窗口输入以下程序。

```
1    syms x;                       %定义变量
2    y=x*exp(x)/(1+x)^2;           %函数表达式
3    int(y,0,1)                    %求定积分
```

输出结果为

```
ans=
        exp(1)/2 - 1
```

也就是 $\dfrac{\mathrm{e}}{2}-1$。

【例 2-37】 计算定积分 $\displaystyle\int_{-\infty}^{\infty}\dfrac{1}{x^2+2x+3}\mathrm{d}x$ 的值。

解：在 MATLAB 命令行窗口输入以下程序。

```
1   syms x;                          %定义变量
2   y=1/(x^2+2*x+3);                 %函数表达式
3   int(y,-inf,inf)                  %求定积分
```

输出结果为

```
ans＝
    (pi*2^(1/2))/2
```

也就是 $\dfrac{\pi\sqrt{2}}{2}$。

【例 2-38】 计算二重积分 $\iint\limits_{D}(x^2+y)\mathrm{d}x\mathrm{d}y$，其中 D 为曲线 $y^2=x$ 和 $x^2=y$ 所围成的区域。

区域 D 可用不等式表示为

$$x^2\leqslant y\leqslant\sqrt{x}\ ,0\leqslant x\leqslant 1$$

解：在 MATLAB 命令行窗口输入以下程序。

```
1   syms x y;                        %定义变量
2   f=x^2+y;                         %函数表达式
3   int(int(f,y,x^2,sqrt(x)),x,0,1)  %求定积分
```

输出结果为

```
ans＝
    33/140
```

【例 2-39】 球面方程为 $x^2+y^2+z^2=1$，计算曲面积分 $\iint\limits_{S}xyz\mathrm{d}x\mathrm{d}y$ 。

解：先把三重积分转化成二重积分，积分区域为 x、y 平面内的第一象限部分。

$$\iint\limits_{S}xyz\mathrm{d}x\mathrm{d}y=\int_{0}^{1}\int_{0}^{\sqrt{1-x^2}}xy\sqrt{1-x^2-y^2}\,\mathrm{d}y\mathrm{d}x$$

在 MATLAB 命令行窗口输入以下程序。

```
1   syms x y z;                         %定义变量
2   f=x*y*sqrt(1-x^2-y^2);              %计算 y
3   int(int(f,y,0,sqrt(1-x^2)),x,0,1)   %求定积分
```

输出结果为

```
ans＝
    1/15
```

一、线性方程组求解

1. 求解线性方程

线性方程的表达式为

$$a_0x^n + a_1x^{n-1} + \cdots + a_{n-1}x + a_n = 0 \tag{2-13}$$

求解线性方程的命令格式如下。

r＝roots(C)

其中 r 为线性方程的根；行向量 C 的元素是线性方程的系数，按线性方程次数降序排列，如果 C 中含有 $n+1$ 个元素，则线性方程为 n 次；roots 可以求得线性方程的所有根。

【例 2-40】 求线性方程 $x^3 = x^2 + 1$ 的根。

解：在 MATLAB 命令行窗口输入以下程序。

```
1   C=[1,-1,0,-1];                         %矩阵 C 赋值
2   r=roots(C)                             %求方程的根
```

输出结果为

```
r＝
    1.4656＋0.0000i
    -0.2328＋0.7926i
    -0.2328-0.7926i
```

2. 求解线性方程组

线性方程组为

$$\begin{cases} a_{11}x_1 + a_{12}x_2 + \cdots + a_{1n}x_n = b_1 \\ a_{21}x_1 + a_{22}x_2 + \cdots + a_{2n}x_n = b_2 \\ \quad\quad\vdots \\ a_{m1}x_1 + a_{m2}x_2 + \cdots + a_{mn}x_n = b_m \end{cases} \tag{2-14}$$

线性方程组写成矩阵形式为

$$AX = B \tag{2-15}$$

式中，$A = [a_{ij}]_{m \times n}$；$X = [x_1, x_2, \cdots, x_n]^{\mathrm{T}}$；$B = [b_1, b_2, \cdots, b_m]^{\mathrm{T}}$。

如果秩 $(A) \neq$ 秩 $(A，B)$，则线性方程组无解。

如果秩 $(A) =$ 秩 $(A，B) = n$，则线性方程组存在唯一解。

如果秩 $(A) =$ 秩 $(A，B) < n$，则线性方程组存在无穷多解。

利用 MATLAB 求矩阵 A 的秩的命令格式如下。

r＝rank(A)：求矩阵 A 的秩。

利用 MATLAB 求线性方程组的特解的命令格式如下。

X1＝A\B：求线性方程组的特解。

$AX＝0$ 称为齐次线性方程组；它的解为基础解，利用 MATLAB 求基础解的命令格式为

Y＝null(A)：求基础解。

线性方程组的通解是齐次方程组的基础解和 $AX＝B$ 的一个特解之和。

线性方程组分为定解方程组、不定方程组、超定方程组、奇异方程组等。

（1）定解方程组：是指方程变量个数与方程数相等，而且有唯一解。

【例 2-41】 求定解方程组 $\begin{cases} x+2y=1 \\ 3x-2y=4 \end{cases}$ 的解。

解：在 MATLAB 命令行窗口输入以下程序。

```
1  A=[1,2;3,-2];                    %矩阵 A 赋值
2  B=[1;4];                         %矩阵 B 赋值
3  x=A\B                            %求解
```

输出结果为

```
x＝
     1.2500   -0.1250
```

此解为定解方程组的唯一解。

（2）不定方程组：是指方程未知量的个数大于方程个数的方程组。

【例 2-42】 求不定方程组 $\begin{cases} x+2y+2z=5 \\ 3x-2y+3z=6 \end{cases}$ 的解。

解：在 MATLAB 命令行窗口输入以下程序。

```
1  A=[1,2,2;3,-2,3];               %矩阵 A 赋值
2  B=[5;6];                         %矩阵 B 赋值
3  x=A\B                            %求解
```

输出结果为

```
x＝
     0   0.3000   2.2000
```

此解为不定方程组的一特解。

（3）超定方程组：是指方程个数大于未知量个数的方程组。

【例 2-43】 求超定方程组 $\begin{cases} x+2y=3 \\ 3x-2y=4 \\ x-y=1 \end{cases}$ 的解。

解：在 MATLAB 命令行窗口输入以下程序。

```
1  A=[1,2;3,-2;1,-1];              %矩阵 A 赋值
2  B=[3;4;1];                       %矩阵 B 赋值
3  x=A\B                            %求解
```

输出结果为

```
x=
    1.7432  0.6351
```

此解为超定方程组的一最小二乘近似解。

（4）奇异方程组：是指方程组系数矩阵为奇异矩阵（行列式为 0）的方程组。

【例 2-44】　求奇异方程组 $\begin{cases} x+2y=1 \\ -2x-4y=-2 \end{cases}$ 的解。

解：奇异方程组不能直接求解，需要增加方程 $0x+0y=0$。

在 MATLAB 命令行窗口输入以下程序。

```
1  A=[1,2;-2,-4;0,0];          %矩阵 A 赋值
2  B=[1;-2;0];                 %矩阵 B 赋值
3  x=A\B                       %求解
```

输出结果为

```
x=
    0  0.5
```

此解为奇异方程组的一个解。

3. 求线性方程组的通解

【例 2-45】　求线性方程组 $\begin{cases} x_1-x_2+x_3-x_4=1 \\ -x_1+x_2+x_3-x_4=1 \\ 2x_1-2x_2-x_3+x_4=-1 \end{cases}$ 的通解。

解：在 MATLAB 命令行窗口输入以下程序。

```
1  A=[1,-1,1,-1;-1,1,1,-1;2,-2,-1,1];   %矩阵 A 赋值
2  B=[1;1;-1];                          %矩阵 B 赋值
3  x0=A\B                               %求特解
4  xx=null(A)                           %求基础解
```

输出结果为

```
x0=
    0    0    1    0
xx=
   -0.7071      0
   -0.7071      0
   -0.0000  0.7071
   -0.0000  0.7071
```

线性方程组的通解为

$$\begin{bmatrix} x_1 \\ x_2 \\ x_3 \\ x_4 \end{bmatrix} = \begin{bmatrix} 0 \\ 0 \\ 1 \\ 0 \end{bmatrix} + c_1 \begin{bmatrix} -0.7071 \\ -0.7071 \\ 0 \\ 0 \end{bmatrix} + c_2 \begin{bmatrix} 0 \\ 0 \\ 0.7071 \\ 0.7071 \end{bmatrix}$$

其中 c_1、c_2 为任意实数。

4. 判断线性方程组是否有解

【例 2-46】 判断下列线性方程组是否有解，若有解，求出其解。

$$(1) \begin{cases} 2x_1 - 2x_2 + 3x_3 = 5 \\ -x_1 + x_2 - 2x_3 = 3 \\ x_1 - x_2 + x_3 = 4 \end{cases}$$

解： 在 MATLAB 命令行窗口输入以下程序。

```
1  A=[2,-2,3;-1,1,-2;1,-1,1];          %矩阵 A 赋值
2  B=[5;3;4];                          %矩阵 B 赋值
3  r1=rank(A)                          %求秩
4  r2=rank([A,B])                      %求秩
```

输出结果为

```
r1=
    2
r2=
    3
```

由于 $r_1 \neq r_2$，所以此线性方程组无解。

$$(2) \begin{cases} 2x_1 - 2x_2 + 3x_3 = 5 \\ -x_1 + x_2 - 2x_3 = 3 \\ 2x_1 - 3x_2 + x_3 = 0 \end{cases}$$

解： 在 MATLAB 命令行窗口输入以下程序。

```
1  A=[2,-2,3;-1,1,-2;2,-3,1];          %矩阵 A 赋值
2  B=[5;3;0];                          %矩阵 B 赋值
3  r1=rank(A)                          %求秩
4  r2=rank([A,B])                      %求秩
```

输出结果为

```
r1=
    3
r2=
    3
```

由于 $r_1 = r_2 = n$，所以该线性方程组存在唯一解。

在 MATLAB 命令行窗口输入以下程序。

```
1   A=[2,-2,3;-1,1,-2;2,-3,1];        %矩阵 A 赋值
2   B=[5;3;0];                         %矩阵 B 赋值
3   x=A\B                              %求解
```

输出结果为

```
x=
    46   27   -11
```

$$(3) \begin{cases} 2x_1 - 2x_2 + 3x_3 = 5 \\ -x_1 + x_2 - 2x_3 = 3 \\ x_1 - x_2 + x_3 = 8 \end{cases}$$

解：在 MATLAB 命令行窗口输入以下程序。

```
1   A=[2,-2,3;-1,1,-2;1,-1,1];        %矩阵 A 赋值
2   B=[5;3;8];                         %矩阵 B 赋值
3   r1=rank(A)                         %求秩
4   r2=rank([A,B])                     %求秩
```

输出结果为

```
r1=
    2
r2=
    2
```

由于 r1＝r2＜n，所以该线性方程组有无穷多个解。
在 MATLAB 命令行窗口输入以下程序。

```
1   A=[2,-2,3;-1,1,-2;1,-1,1];        %矩阵 A 赋值
2   B=[5;3;8];                         %矩阵 B 赋值
3   x0=A\B                             %求特解
4   xx=null(A)                         %求基础解
```

运行后，无法解出特解。需要增加一个方程 $0x_1 + 0x_2 + 0x_3 = 0$。
在 MATLAB 命令行窗口输入以下程序。

```
1   A=[2,-2,3;-1,1,-2;1,-1,1;0,0,0];  %矩阵 A 赋值
2   B=[5;3;8;0];                       %矩阵 B 赋值
3   x0=A\B                             %求特解
4   xx=null(A)                         %求基础解
```

输出结果为

此线性方程组的通解为

$$\begin{bmatrix} x_1 \\ x_2 \\ x_3 \end{bmatrix} = \begin{bmatrix} 0 \\ -19 \\ -11 \end{bmatrix} + c \begin{bmatrix} 0.7071 \\ 0.7071 \\ 0 \end{bmatrix}$$

其中 c 为任意实数。

二、非线性方程组求解

1. 求解非线性方程

求解非线性方程的命令格式如下。

x＝fzero(fun,x0)

此函数的作用是求函数 fun 在 x0 附近的零值点；x 为所求解；fun 是函数句柄或匿名函数。

【例 2-47】 求非线性方程 $\cos x = x e^x$ 的根。

解： 在 MATLAB 命令行窗口输入以下程序。

```
1  f=@(x)cos(x)-x*exp(x);          %定义函数
2  x=fzero(f,x)                    %求方程的根
```

输出结果为

2. 求解非线性方程组

求解非线性方程组的命令格式如下。

x＝fsolve('fun',x0)

fun 是用于定义需求解的非线性方程组的函数文件名；x0 是求根过程的初始值。

【例 2-48】 求非线性方程组 $\begin{cases} \sin x + y^2 + \ln z = 7 \\ 3x + 2^y - z^3 + 1 = 0 \\ x + y + z = 5 \end{cases}$ 的解，初始值为 $[1,1,1]$。

解： 把非线性方程组 $\begin{cases} \sin x + y^2 + \ln z = 7 \\ 3x + 2^y - z^3 + 1 = 0 \\ x + y + z = 5 \end{cases}$ 改写成 $\begin{cases} y(1) = \sin x(1) + x(2)^2 + \ln x(3) - 7 \\ y(2) = 3x(1) + 2^{x(2)} - x(3)^3 + 1 \\ y(3) = x(1) + x(2) + x(3) - 5 \end{cases}$

在 MATLAB 编辑器窗口输入以下程序，并保存文件名为 fun.m。

```
1  function y=fun(x)                    %定义函数
2  y(1)=sin(x(1))+x(2)^2+log(x(3))-7;   %设置第1个方程
3  y(2)=3*x(1)+2^x(2)-x(3)^3+1;         %设置第2个方程
4  y(3)=x(1)+x(2)+x(3)-5;               %设置第3个方程
```

在 MATLAB 命令行窗口输入以下程序。

```
1  x0=[1,1,1];                         %设置初值
2  x=fsolve('fun',x0)                  %求方程的根
```

输出结果为

```
x=
    0.5991    2.3959    2.0050
```

【例 2-49】 求非线性方程组 $\begin{cases} x-0.6\sin x-0.3\cos y=0 \\ y-0.6\cos x+0.3\sin y=0 \end{cases}$ 的解，初始值为 $[0.5,0.5]$。

解：在 MATLAB 编辑器窗口输入以下程序，并保存文件名为 myfun.m。

```
1  function q=myfun(p)                 %定义函数
2  x=p(1);                             %设置 x
3  y=p(2);                             %设置 y
4  q(1)=x-0.6*sin(x)-0.3*cos(y);       %设置第 1 个方程
5  q(2)=y-0.6*cos(x)+0.3*sin(y);       %设置第 2 个方程
```

在 MATLAB 命令行窗口输入以下程序。

```
1  x0=[0.5,0.5];                       %设置初值
2  x=fsolve('myfun',x0)                %求方程的根
```

输出结果为

```
x=
    0.6354    0.3734
```

三、常微分方程（组）求解

微分方程是指描述未知函数的导数与自变量之间的关系的方程。未知函数是一元函数的微分方程称为常微分方程。

1. 求解常微分方程的解析解

求解常微分方程的命令格式如下。

dsolve('eq','cond','v')

其中 eq 为常微分方程表达式；cond 为初始条件或边界条件；v 为独立变量，缺省的独立变量为 t。

在表达常微分方程时，用字母 D 表示求微分，D2、D3 分别表示求二阶微分和三阶微分。任何 D 后所跟的字母为因变量，自变量可以指定或由系统规则选定为省略。

【例 2-50】 求微分方程 $\begin{cases} \dfrac{d^2 y}{dx^2}+4\dfrac{dy}{dx}+29y=0 \\ y(0)=0, y'(0)=15 \end{cases}$ 的特解和通解。

解：在 MATLAB 命令行窗口输入以下程序。

```
1  y1=dsolve('D2y+4*Dy+29*y=0','y(0)=0,Dy(0)=15')   %求常微分方程特解
2  y2=dsolve('D2y+4*Dy+29*y=0')                      %求常微分方程通解
```

输出结果为

y1＝
    3 * sin(5 * t) * exp(-2 * t)
y2＝
    C2 * cos(5 * t) * exp(-2 * t)＋C3 * sin(5 * t) * exp(-2 * t)

也就是特解为 $y_1 = 3e^{-2t}\sin 5t$；通解为 $y_2 = c_2 e^{-2t}\cos 5t + c_3 e^{-2t}\sin 5t$，$c_2$、$c_3$ 为任意实数。

2. 求解常微分方程组的解析解

求解常微分方程组的命令格式如下。

dsolve('eq1','eq2',…,'eqn','cond','v')

其中 eq1、eq2、…、eqn 分别为常微分方程表达式。

如果没有初始条件，则求出通解；如果有初始条件，则求出特解。

【例 2-51】 求微分方程组 $\begin{cases} \dfrac{\mathrm{d}x}{\mathrm{d}t} = 2x - 3y + 3z \\ \dfrac{\mathrm{d}y}{\mathrm{d}t} = 4x - 5y + 3z \\ \dfrac{\mathrm{d}z}{\mathrm{d}t} = 4x - 4y + 2z \end{cases}$ 的通解。

解：在 MATLAB 命令行窗口输入以下程序。

```
1  syms x y z t;                                                              %定义变量
2  [x,y,z]=dsolve('Dx=2*x-3*y+3*z','Dy=4*x-5*y+3*z','Dz=4*x-4*y+2*z');       %求微分方程通解
3  x=simplify(x)                                                             %输出简单形式
4  y=simplify(y)                                                             %输出简单形式
5  z=simplify(z)                                                             %输出简单形式
```

输出结果为

x＝
    exp(-t) * (C4＋C6 * exp(3 * t))
y＝
    exp(-2 * t) * (C5＋C4 * exp(t)＋C6 * exp(4 * t))
z＝
    exp(-2 * t) * (C5＋C6 * exp(4 * t))

也就是通解为 $\begin{cases} x = e^{-t}(c_4 + c_6 e^{3t}) \\ y = e^{-2t}(c_5 + c_4 e^t + c_6 e^{4t}) \\ z = e^{-2t}(c_5 + c_6 e^{4t}) \end{cases}$，$c_4$、$c_5$、$c_6$ 为任意实数。

【例 2-52】 求微分方程组 $\begin{cases} \dfrac{\mathrm{d}x}{\mathrm{d}t} + 5x + y = e^t \\ \dfrac{\mathrm{d}y}{\mathrm{d}t} - x - 3y = 0 \end{cases}$ 在初始条件 $x(0) = 0$、$y(0) = 0$ 下的特解。

解： 在 MATLAB 命令行窗口输入以下程序。

```
1   syms x y t;                                              %定义变量
2   [x,y]=dsolve('Dx+5*x+y=exp(t)','Dy-x-3*y=0','x(0)=0,y(0)=0');   %求常微分方程通解
3   x=simplify(x)                                            %输出简单形式
4   y=simplify(y)                                            %输出简单形式
```

输出结果为

```
x=
    -(exp(-t*(15^(1/2)+1))*(30*exp(2*15^(1/2)*t)-60*exp(t*(15^(1/2)
+2))-7*15^(1/2)*exp(2*15^(1/2)*t)+7*15^(1/2)+30))/330
y=
    exp(-t*(15^(1/2)+1))*(exp(2*15^(1/2)*t)/22-exp(t*(15^(1/2)+2))/
11+(15^(1/2)*exp(2*15^(1/2)*t))/165-15^(1/2)/165+1/22)
```

也就是特解为
$$\begin{cases} x=-\dfrac{1}{330}(\mathrm{e}^{-(\sqrt{15}+1)t}(30\mathrm{e}^{2\sqrt{15}t}-60\mathrm{e}^{(\sqrt{15}+2)t}-7\sqrt{15}\,\mathrm{e}^{2\sqrt{15}t}+7\sqrt{15}+30)) \\ y=\mathrm{e}^{-(\sqrt{15}+1)t}\left(\dfrac{\mathrm{e}^{2\sqrt{15}t}}{22}-\dfrac{\mathrm{e}^{(\sqrt{15}+2)t}}{11}+\dfrac{\sqrt{15}\,\mathrm{e}^{2\sqrt{15}t}}{165}-\dfrac{\sqrt{15}}{165}+\dfrac{1}{22}\right) \end{cases}$$

3. 求解常微分方程的数值解

当难以求得微分方程的解析解时，可以求其数值解。Matlab 中求微分方程数值解的函数有 7 个：ode45，ode23，ode113，ode15s，ode23s，ode23t，ode23tb，其中 ode45 是大部分场合首选的算法。

对常微分方程进行数值求解的命令格式如下。

[t,x]=solver('f',ts,x0,options)

其中 t 是自变量值；x 是函数值；solver 可以选择 ode45，ode23，ode113，ode15s，ode23s，ode23t，ode23tb；ts 为自变量的初值和终值；x0 为函数的初值；options 用于设定误差限。

【例 2-53】 求微分方程 $\dfrac{\mathrm{d}^2 y}{\mathrm{d}t^2}-7(1-y^2)\dfrac{\mathrm{d}y}{\mathrm{d}t}+y=0$ 在初始条件 $y(0)=1$、$y'(0)=0$ 下的解，并画出解的图。

解： 设 $x_1=y$，$x_2=\dfrac{\mathrm{d}y}{\mathrm{d}t}$，将二阶方程化成一阶方程组
$$\begin{cases} \dfrac{\mathrm{d}x_1}{\mathrm{d}t}=x_2 & x_1(0)=1 \\ \dfrac{\mathrm{d}x_1}{\mathrm{d}t}=7(1-x_1^2)x_2-x_1 & x_2(0)=0 \end{cases}$$

在 MATLAB 编辑器窗口输入以下程序，并保存文件名为 vdp.m。

```
1   function fy=vdp(t,x)                        %定义函数
2   fy=[x(2);7*(1-x(1)^2)*x(2)-x(1)];           %设置矩阵方程
```

在 MATLAB 命令行窗口输入以下程序。

```
1    y0=[1;0];                                    %设置初值
2    [t,x]=ode45(@vdp,[0,40],y0);                 %求数值解
3    y=x(:,1);                                    %提取 y 值
4    plot(t,y)                                     %绘制解的图
5    xlabel('t')                                   %x 坐标轴标注
6    ylabel('y')                                   %y 坐标轴标注
7    print(gcf,'-r600','-djpeg','图 2-17.jpg')     %保存图形文件
```

输出结果如图 2-17 所示。

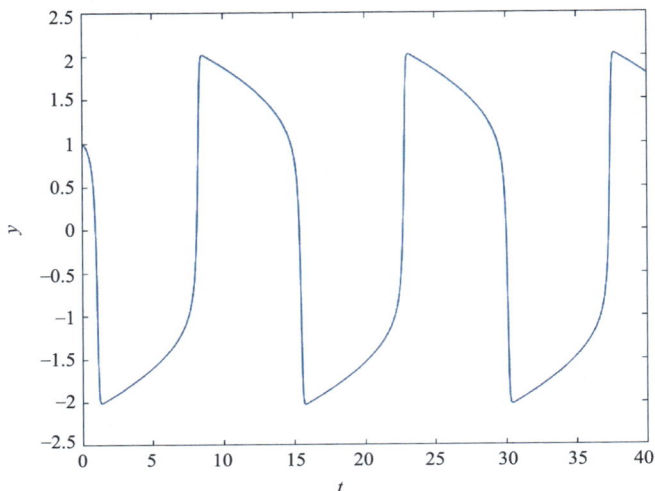

图 2-17　微分方程的数值解

四、偏微分方程（组）求解

偏微分方程（PDE）是指含有未知函数及其偏导数的方程，描述自变量、未知函数及其偏导数之间的关系。偏微分方程的自变量个数有两个或两个以上。

偏微分方程分为线性偏微分方程和非线性偏微分方程，常常有几个解而且涉及额外的边界条件。

MATLAB 提供两种方法求解偏微分方程，一种是利用偏微分方程求解函数，另一种是利用偏微分方程工具箱。偏微分方程求解函数可以求解一般的偏微分方程组，具有较大的通用性，但只支持命令行调用；偏微分方程工具箱可以求解特殊的偏微分方程，但具有较大的局限性，只能求解二阶偏微分方程，并且不能求解偏微分方程组。

1. 直接求解一般偏微分方程（组）

直接求解一般偏微分方程（组）的命令格式如下。

SOL＝pdepe(m,@pdefun,@pdeic,@pdebc,x,t)

其中 SOL 为输出参数，是一个三维数组；m 为参数；@pdefun 为问题描述函数；@pdeic 为初值条件；@pdebc 为边界条件；x、t 为自变量。

问题描述函数@pdefun 必须换成下面的标准形式

$$c\left(x,t,u,\frac{\partial u}{\partial x}\right)\frac{\partial u}{\partial t}=x^{-m}\frac{\partial}{\partial x}\left[x^{m}f\left(x,t,u,\frac{\partial u}{\partial x}\right)\right]+s\left(x,t,u,\frac{\partial u}{\partial x}\right) \tag{2-16}$$

PDE 就可以编写下面的入口函数：

[c,f,s]＝pdefun(x,t,u,du)

其中 x、t、u 是对应于式（2-16）的相关参数和自变量；du 是 u 的一阶导数；由给定的输入变量就可表示出 c、f、s 三个函数。

初值条件描述函数@pdeic 必须化为下面的形式

$$u(x,t_0)=u_0 \tag{2-17}$$

初值条件用函数描述为

u0＝pdeic(x)

边界条件描述函数@pdebc 必须化为下面的形式

$$p(x,t,u)+q(x,t,u).*f\left(x,t,u,\frac{\partial u}{\partial x}\right)=0 \tag{2-18}$$

边界条件用函数描述为

[pa,qa,pb,qb]＝pdebc(x,t,u,du)

其中 a 表示下边界；b 表示上边界。

2. 偏微分方程工具箱

MATLAB 的偏微分方程工具箱（PDE toolbox）可以比较规范地求解各种常见的二阶偏微分方程。

【例 2-54】 求偏微分方程组$\begin{cases}\dfrac{\partial u_1}{\partial t}=0.024\dfrac{\partial^2 u_1}{\partial x^2}-F(u_1-u_2)\\[3mm]\dfrac{\partial u_2}{\partial t}=0.17\dfrac{\partial^2 u_2}{\partial x^2}-F(u_1-u_2)\end{cases}$ 的解。

其中 $F(x)=\mathrm{e}^{5.73x}-\mathrm{e}^{-11.46x}$，且满足初值条件 $u_1(x,0)=1,u_2(x,0)=0$ 及边界条件 $u_1(1,t)=1$、$u_2(0,t)=0$、$\dfrac{\partial u_1}{\partial x}(0,t)=0$、$\dfrac{\partial u_2}{\partial x}(1,t)=0$。

解：将偏微分方程组写成式（2-16）形式为

$$\begin{bmatrix}1\\1\end{bmatrix}\frac{\partial}{\partial t}\begin{bmatrix}u_1\\u_2\end{bmatrix}=\frac{\partial}{\partial x}\begin{bmatrix}0.024\dfrac{\partial u_1}{\partial x}\\[3mm]0.17\dfrac{\partial u_2}{\partial x}\end{bmatrix}+\begin{bmatrix}-F(u_1-u_2)\\F(u_1-u_2)\end{bmatrix}$$

由此可见，$m=0$，且 $c=\begin{bmatrix}1\\1\end{bmatrix}$，$f=\begin{bmatrix}0.024\dfrac{\partial u_1}{\partial x}\\[3mm]0.17\dfrac{\partial u_2}{\partial x}\end{bmatrix}$，$s=\begin{bmatrix}-F(u_1-u_2)\\F(u_1-u_2)\end{bmatrix}$。

在 MATLAB 编辑器窗口输入以下目标 PDE 函数程序，并保存文件名为 pdefun.m。

```
1   function [c,f,s]=pdefun(x,t,u,du)        %定义 PDE 函数
2   c=[1;1];                                 %设置矩阵 c
3   f=[0.024*du(1);0.17*du(2)];              %设置矩阵 f
4   temp=u(1)-u(2);                          %赋值
5   s=[-1;1].*(exp(5.73*temp)-exp(-11.46*temp));  %设置矩阵 s
```

将初值条件改写成

$$\begin{bmatrix} u_1 \\ u_2 \end{bmatrix} = \begin{bmatrix} 1 \\ 0 \end{bmatrix}$$

在 MATLAB 编辑器窗口中输入以下初值条件函数程序，并保存文件名为 pdeic.m。

```
1  function u0=pdeic(x)        %定义初值条件函数
2  u0=[1;0];                   %赋予初值
```

下边界和上边界条件分别改写成

$$\begin{bmatrix} 0 \\ u_2 \end{bmatrix} + \begin{bmatrix} 1 \\ 0 \end{bmatrix} . * f = \begin{bmatrix} 0 \\ 0 \end{bmatrix}$$

$$\begin{bmatrix} u_1 - 1 \\ 0 \end{bmatrix} + \begin{bmatrix} 0 \\ 1 \end{bmatrix} . * f = \begin{bmatrix} 0 \\ 0 \end{bmatrix}$$

在 MATLAB 编辑器窗口输入以下初值条件函数程序，并保存文件名为 pdebc.m。

```
1  function [pa,qa,pb,qb]=pdebc(xa,ua,xb,ub,t)   %定义初值条件函数
2  pa=[0;ua(2)];                                 %赋予初值
3  qa=[1;0];                                     %赋予初值
4  pb=[ub(1)-1;0];                               %赋予初值
5  qb=[0;1];                                     %赋予初值
```

在 MATLAB 文件命令行窗口输入以下程序。

```
1   x=0:0.05:1;                               %设置 x 范围
2   t=0:0.05:2;                               %设置 t 范围
3   m=0;                                      %m 赋值
4   sol=pdepe(m,@ pdefun,@ pdeic,@ pdebc,x,t);  %求解偏微分方程
5   figure(1)                                 %设置图形窗口 1
6   surf(x,t,sol(:,:,1));                     %绘制 u1 曲面
7   xlabel('x')                               %x 坐标轴标注
8   ylabel('t')                               %y 坐标轴标注
9   zlabel('u1')                              %z 坐标轴标注
10  print(gcf,'-r600','-djpeg','图 2-18(a).jpg')  %保存图形文件
11  figure(2)                                 %设置图形窗口 2
12  surf(x,t,sol(:,:,2));                     %绘制 u2 曲面
13  xlabel('x')                               %x 坐标轴标注
14  ylabel('t')                               %y 坐标轴标注
15  zlabel('u2')                              %z 坐标轴标注
16  print(gcf,'-r600','-djpeg','图 2-18(b).jpg')  %保存图形文件
```

输出结果如图 2-18 所示。

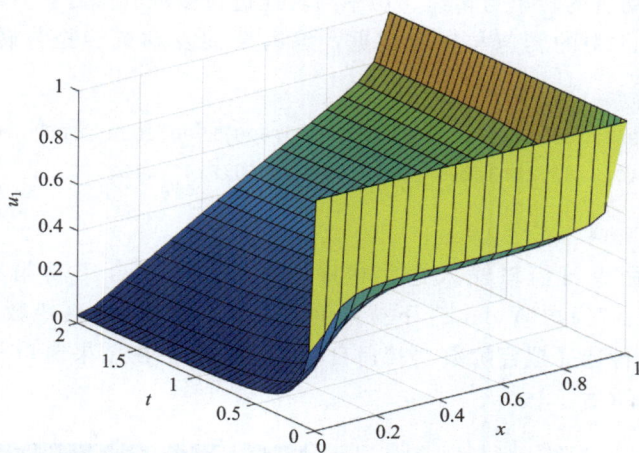

(a) u_1解

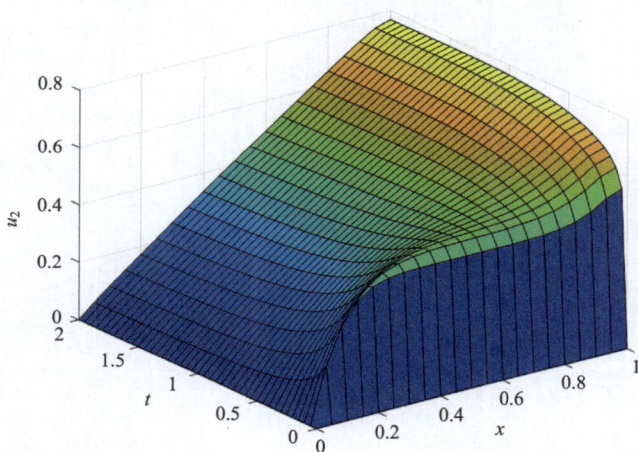

(b) u_2解

图 2-18　偏微分方程组的解

第八节
应用实例

应用实例一　发动机试验数据曲线拟合及绘图

【例 2-55】 某柴油发动机转速与转矩、功率数据见表 2-11。

表 2-11　某柴油发动机转速与转矩、功率数据

转速/(r/min)	1100	1200	1300	1400	1500	1600	1700	1800	1900	2000	2100
转矩/(N·m)	2638	2710	2733	2713	2658	2576	2474	2360	2242	2127	2022
功率/kW	304	341	372	398	418	432	440	445	446	445	444

分别对柴油发动机的转矩与转速、功率与转速进行多项式拟合，并绘制曲线。

解：利用表 2-11 中的转速与转矩数据，编写柴油发动机转矩与转速关系曲线拟合的 MATLAB 程序如下。

```
1  n=[1100,1200,1300,1400,1500,1600,1700,1800,1900,2000,2100];   ％转速赋值
2  T=[2638,2710,2733,2713,2658,2576,2474,2360,2242,2127,2022];   ％转矩赋值
3  cftool                                                          ％调用曲线拟合工具箱
```

在 MATLAB 命令行窗口输入这些程序，进入曲线拟合工具箱界面 "Curve Fitting Tool"；利用 "X data" 和 "Y data" 下拉菜单读入转速数据 n 和转矩数据 T；选择多项式函数 "Polynomial"，再选择拟合阶数 "3"；自动拟合，就会在结果窗口和曲线窗口显示出拟合结果，如图 2-19 所示。

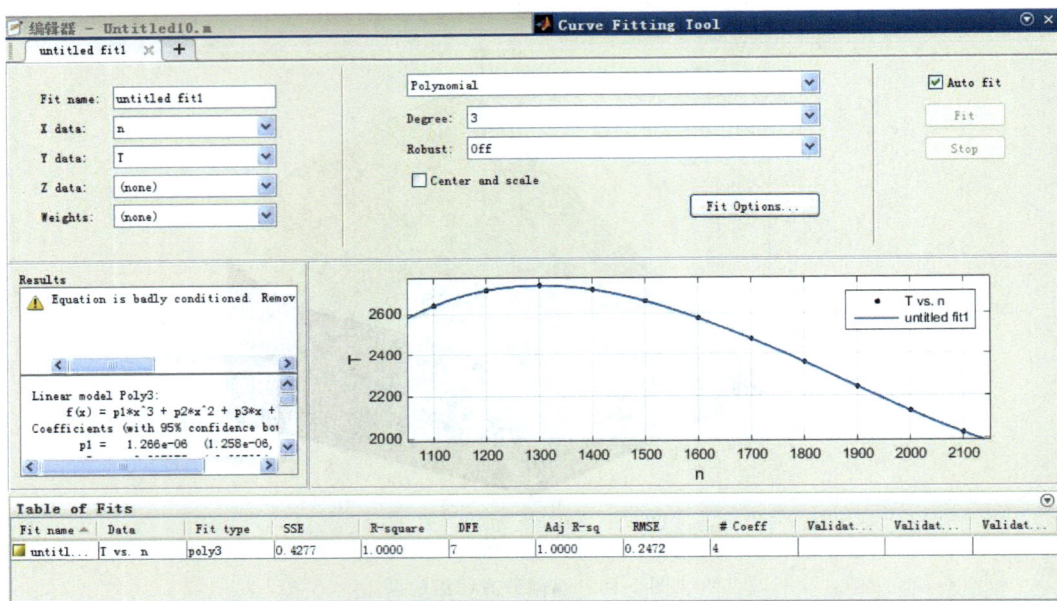

图 2-19　柴油发动机转速与转矩拟合界面

根据图 2-19 中的结果窗口，可以得到柴油发动机转矩与转速的关系为

$$T_{tq}=1.266\times10^{-6}n^3-0.007058n^2+11.93n-3634$$

其中误差平方和（SSE）为 0.4277；复相关系数（R-square）为 1；均方根误差（RMSE）为 0.2472。

利用表 2-11 中的转速与功率数据，编写柴油发动机功率与转速关系曲线拟合的 MATLAB 程序如下。

```
1  n=[1100,1200,1300,1400,1500,1600,1700,1800,1900,2000,2100];   ％转速赋值
2  P=[304,341,372,398,418,432,440,445,446,445,444];              ％功率赋值
3  cftool                                                          ％调用曲线拟合工具箱
```

在 MATLAB 命令行窗口输入这些程序，进入曲线拟合工具箱界面 "Curve Fitting Tool"；利用 "X data" 和 "Y data" 下拉菜单读入转速数据 n 和功率数据 P；选择多项式函

数"Polynomial"，再选择拟合阶数"3"；自动拟合，就会在结果窗口和曲线窗口显示出拟合结果，如图 2-20 所示。

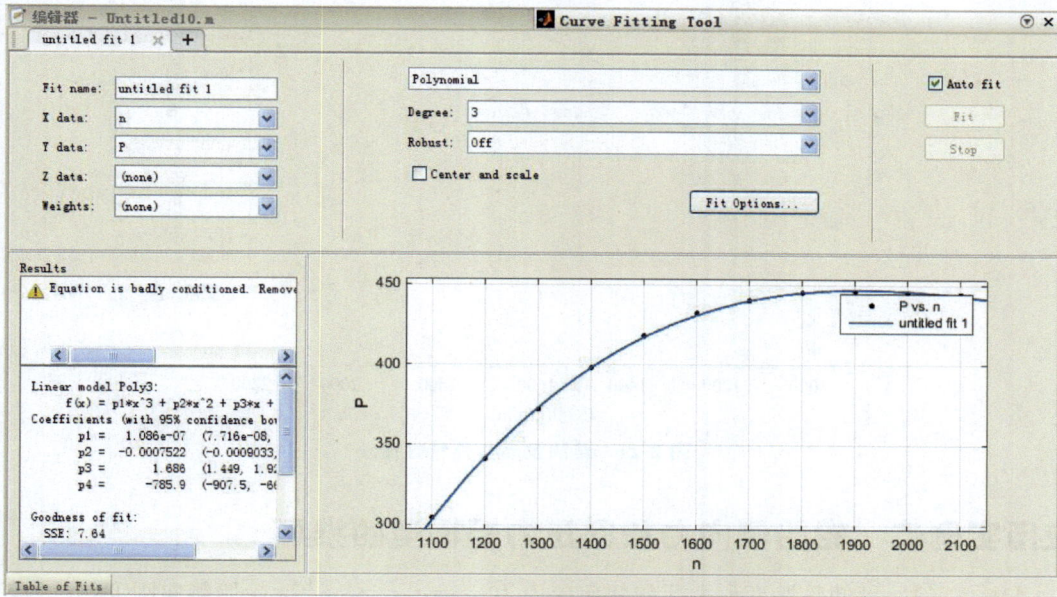

图 2-20　柴油发动机转速与功率拟合界面

根据图 2-20 中的结果窗口，可以得到柴油发动机功率与转速的关系为

$$P_e = 1.086 \times 10^{-7} n^3 - 0.0007522 n^2 + 1.686 n - 785.9$$

其中误差平方和为 7.64；复相关系数为 0.9997；均方根误差为 1.045。

根据柴油发动机转矩与转速、功率与转速的拟合多项式，编写绘制柴油发动机外特性曲线的 MATLAB 程序如下。

1	`n=1100:10:2100;`	%定义转速范围
2	`Tq=-3634+11.93*n-0.007058*n.^2+(1.266e-6)*n.^3;`	%计算发动机转矩
3	`Pe=-785.9+1.686*n-0.0007522*n.^2+(1.086e-7)*n.^3;`	%计算发动机功率
4	`[AX,H1,H2]=plotyy(n,Pe,n,Tq,'plot');`	%获取坐标轴、图像句柄
5	`set(AX(1),'Ylim',[200,500])`	%设置左侧坐标轴范围
6	`set(AX(2),'Ylim',[1000,3000])`	%设置右侧坐标轴范围
7	`set(AX(1),'yTick',[100:100:500])`	%设置左侧坐标轴刻度
8	`set(AX(2),'yTick',[1000:500:3000])`	%设置右侧坐标轴刻度
9	`set(get(AX(1),'ylabel'),'string','功率/kW')`	%设置左侧坐标轴的名称
10	`set(get(AX(2),'ylabel'),'string','转矩/(N.m)')`	%设置右侧坐标轴的名称
11	`xlabel('转速/(r/min)')`	%x 轴标注
12	`text(1200,380,'功率')`	%对功率曲线进行标注
13	`text(1200,470,'转矩')`	%对转矩曲线进行标注
14	`print(gcf,'-r600','-djpeg','图 2-21.jpg')`	%保存图形文件

输出结果如图 2-21 所示。

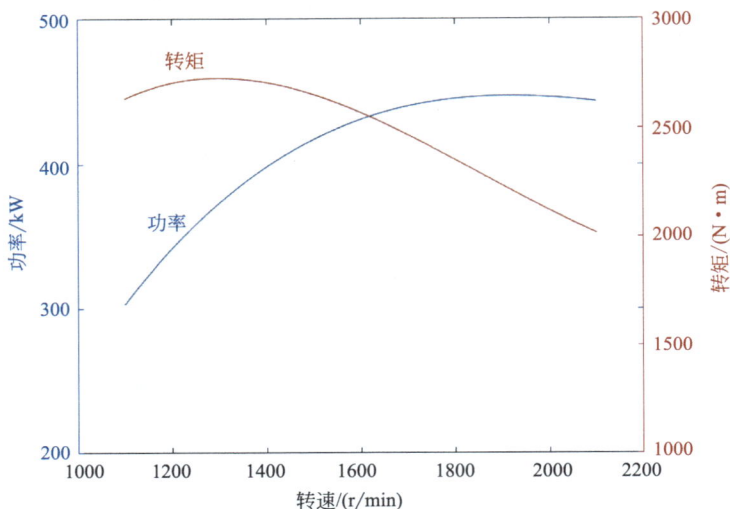

图 2-21　柴油发动机外特性曲线

应用实例二　轮胎侧向力和回正力矩模型的推导

【例 2-56】　已知轮胎变形引起的侧向应力为 $q_y = c_y s_\alpha x$，c_y 为轮胎侧向刚度，x 为轮胎印迹内任意一点坐标，$s_\alpha = \tan\alpha$，α 为轮胎侧偏角；摩擦应力为 $q_{\mu y} = \mu_y \dfrac{6 F_z}{b L^2} x \left(1 - \dfrac{x}{L}\right)$，$\mu_y$ 为侧向摩擦因数，F_z 为垂直载荷，b 为轮胎宽度，L 为轮胎印迹长度。利用 MATLAB 积分推导侧向力和回正力矩模型。

解：轮胎侧向力和回正力矩分别为

$$F_y = b \int_0^{x_s} q_y \mathrm{d}x + b \int_{x_s}^L q_{\mu y} \mathrm{d}x$$

$$M_z = b \int_0^{x_s} \left(x - \frac{L}{2}\right) q_y \mathrm{d}x + b \int_{x_s}^L \left(x - \frac{L}{2}\right) q_{\mu y} \mathrm{d}x$$

在 MATLAB 命令行窗口输入以下程序。

```
1   syms cy,s,x,u,Fz,b,L,xs;                              %定义变量
2   qy=cy*s*x;                                            %变形侧向应力
3   quy=u*6*Fz*x*(1-x/L)/b/L^2;                           %侧向摩擦应力
4   Fy=b*int(qy,0,xs)+b*int(quy,xs,L)                     %求侧向力
5   Mz=b*int((x-L/2)*qy,0,xs)+b*int((x-L/2)*quy,xs,L)     %求回正力矩
```

输出结果为

```
Fy=
    (b*cy*s*xs^2)/2+(Fz*u*(L-xs)^2*(L+2*xs))/L^3
Mz=
    (3*Fz*u*xs^2*(L-xs)^2)/(2*L^3)-(b*cy*s*xs^2*(3*L-4*xs))/12
```

整理可得轮胎侧向力和回正力矩模型分别为

$$F_y = \frac{1}{2} bc_y s_\alpha x_s^2 + \mu_y F_z \left(1 - \frac{3x_s^2}{L^2} + \frac{2x_s^3}{L^3}\right)$$

$$M_z = bc_y s_\alpha x_s^2 \left(\frac{x_s}{3} - \frac{L}{4}\right) + \frac{3\mu_y F_z}{2L^3} x_s^2 (L - x_s)^2$$

应用实例三　汽车质心侧偏角和横摆角速度传递函数的推导

【例 2-57】 已知二自由度汽车操纵稳定性数学模型为

$$m(u\dot{\beta} + u\omega_r) = K_{\alpha 1}\left(\beta + \frac{a\omega_r}{u} - \delta_1\right) + K_{\alpha 2}\left(\beta - \frac{b\omega_r}{u}\right)$$

$$I_z \dot{\omega}_r = a K_{\alpha 1}\left(\beta + \frac{a\omega_r}{u} - \delta_1\right) - b K_{\alpha 2}\left(\beta - \frac{b\omega_r}{u}\right)$$

式中，m 为汽车质量；I_z 为汽车转动惯量；β 为汽车质心侧偏角；u 为汽车质心前进速度；ω_r 为汽车横摆角速度；a 为汽车质心至前轴距离；b 为汽车质心至后轴距离；$K_{\alpha 1}$、$K_{\alpha 2}$ 分别为前轮和后轮综合侧偏刚度；δ_1 为前轮转向角。利用 MATLAB 求汽车质心侧偏角和横摆角速度的传递函数。

解： 二自由度汽车操纵稳定性数学模型可以改写为

$$\dot{\beta} = \frac{K_{\alpha 1} + K_{\alpha 2}}{mu}\beta + \frac{K_{\alpha 1}a - bK_{\alpha 2} - mu^2}{mu^2}\omega_r - \frac{K_{\alpha 1}}{mu}\delta_1$$

$$\dot{\omega}_r = \frac{aK_{\alpha 1} - bK_{\alpha 2}}{I_z}\beta + \frac{a^2 K_{\alpha 1} + b^2 K_{\alpha 2}}{I_z u}\omega_r - \frac{aK_{\alpha 1}}{I_z}\delta_1$$

矩阵方程为

$$\begin{bmatrix} \dot{\beta} \\ \dot{\omega}_r \end{bmatrix} = \begin{bmatrix} a_{11} & a_{12} \\ a_{21} & a_{22} \end{bmatrix} \begin{bmatrix} \beta \\ \omega_r \end{bmatrix} + \begin{bmatrix} b_{11} \\ b_{21} \end{bmatrix} \delta_1$$

式中，$a_{11} = \dfrac{K_{\alpha 1} + K_{\alpha 2}}{mu}$；$a_{12} = \dfrac{aK_{\alpha 1} - bK_{\alpha 2} - mu^2}{mu^2}$；$a_{21} = \dfrac{aK_{\alpha 1} - bK_{\alpha 2}}{I_z}$；

$a_{22} = \dfrac{a^2 K_{\alpha 1} + b^2 K_{\alpha 2}}{I_z u}$；$b_{11} = -\dfrac{K_{\alpha 1}}{mu}$；$b_{21} = -\dfrac{aK_{\alpha 1}}{I_z}$。

对矩阵方程进行拉普拉斯变换得

$$\begin{bmatrix} s - a_{11} & -a_{12} \\ -a_{21} & s - a_{22} \end{bmatrix} \begin{bmatrix} \beta(s) \\ \omega_r(s) \end{bmatrix} = \begin{bmatrix} b_{11} \\ b_{21} \end{bmatrix} \delta_1(s)$$

在 MATLAB 命令行窗口输入以下程序。

```
1  syms a11 a12 a21 a22 s b11 b21;        %定义变量
2  A=[s-a11,-a12;-a21,s-a22];             %矩阵 A 赋值
3  inv(A);                                %求 A 的逆矩阵
4  B=[b11;b21];                           %矩阵 B 赋值
5  inv(A) * B                             %求传递函数矩阵
```

输出结果为

汽车质心侧偏角的传递函数为

$$G_\beta(s)=\frac{\beta(s)}{\delta_1(s)}=\frac{(s-a_{22})b_{11}+a_{12}b_{21}}{s^2-a_{11}s-a_{22}s+a_{11}a_{22}-a_{12}a_{21}}$$

汽车横摆角速度的传递函数为

$$G_{\omega_r}(s)=\frac{\omega_r(s)}{\delta_1(s)}=\frac{(s-a_{11})b_{21}+a_{21}b_{11}}{s^2-a_{11}s-a_{22}s+a_{11}a_{22}-a_{12}a_{21}}$$

练习题

【2-1】 分别利用 for 循环和 while 循环，计算函数 $y=\sum_{i=1}^{100}i^i$ 的值。

【2-2】 在一天 24 小时内，从零点开始每间隔 2 小时测得的环境温度数据分别为 12℃、9℃、9℃、10℃、18℃、24℃、28℃、27℃、25℃、20℃、18℃、15℃、13℃，推测 13 点时的环境温度；绘制一天 24 小时的环境温度曲线。

【2-3】 已知 x、y 一组数据分别为 (0，1)、(0.2，1.5)、(0.4，1.9)、(0.6，2.1)、(0.8，2.3)、(1.0，2.4)、(2.0，2.6)、(5.0，-4.0)，分别采用用户自定义函数拟合、指数函数拟合、傅里叶函数拟合、高斯分布函数拟合、多项式函数拟合，求拟合函数并绘制拟合曲线。

【2-4】 已知矩阵 $A=\begin{bmatrix}-5 & 0 & 1\\ 3 & 1 & 2\\ 1 & 8 & 1\end{bmatrix}$，$B=\begin{bmatrix}4 & 2 & 0\\ 0 & 6 & 0\\ -2 & 0 & 1\end{bmatrix}$，对矩阵 A 和 B 进行加、减、乘、除运算；对矩阵 A 进行二次幂、转置和逆运算。

【2-5】 求下列函数极限。

(1) $\lim\limits_{x\to\infty}x(\sqrt{x^2+1}-x)$

(2) $\lim\limits_{x\to 2^+}\dfrac{\sqrt{x}-\sqrt{2}-\sqrt{x-2}}{\sqrt{x^2-4}}$

(3) $\lim\limits_{\substack{x\to 0\\ y\to 0}}\dfrac{1-\cos(x^2+y^2)}{(x^2+y^2)e^{x^2+y^2}}$。

【2-6】 求下面级数的前 n 项及无穷项的和。

(1) $\dfrac{1}{1\times 6}+\dfrac{1}{6\times 11}+\cdots+\dfrac{1}{(5n-4)(5n+1)}+\cdots$

(2) $\left(\dfrac{1}{2}+\dfrac{1}{3}\right)+\left(\dfrac{1}{2^2}+\dfrac{1}{3^2}\right)+\cdots+\left(\dfrac{1}{2^n}+\dfrac{1}{3^n}\right)+\cdots$

【2-7】 求函数 $f(x)=\sqrt{\dfrac{(x-2)(x-4)}{(x-5)(x-7)}}$ 的 1~4 阶导数。

【2-8】 求不定积分 $\displaystyle\int \dfrac{\sqrt{x(x+2)}}{\sqrt{x}+\sqrt{2+x}}\,\mathrm{d}x$ ；$\displaystyle\int x\mathrm{e}^{-ax}\sin bx\,\mathrm{d}x$ 。

【2-9】 求定积分 $\displaystyle\int_0^1 \dfrac{1+x^3}{1+x^5}\,\mathrm{d}x$ ；无穷积分 $\displaystyle\int_0^\infty \dfrac{\sin x}{x\sqrt{x}}\,\mathrm{d}x$ 。

【2-10】 求解下列方程组。

$$(1)\quad\begin{cases} 3x_1+x_2+5x_4=2 \\ -6x_2+7x_3+3x_4=4 \\ 4x_2+3x_3=7 \\ 2x_1-x_2+2x_3+6x_4=8 \end{cases}$$

$$(2)\quad\begin{cases} x_1-x_2+x_3-x_4=0 \\ x_1-x_2-x_3+x_4=0 \\ x_1-x_2-2x_3+2x_4=0 \end{cases}$$

$$(3)\quad\begin{cases} \dfrac{\mathrm{d}x}{\mathrm{d}t}=3x+4y \quad x(0)=0 \\[2mm] \dfrac{\mathrm{d}y}{\mathrm{d}t}=-4x+3y \quad y(0)=0 \end{cases}$$

【2-11】 已知汽车空载质量为 1520kg，质心高度为 0.532m，质心至后轴距离为 1.623m，轴距为 2.705m；汽车满载质量为 1910kg，满载质心高度为 0.591m，质心至后轴距离为 1.217m；制动器制动力分配系数为 0.5626，汽车前轮制动力与后轮制动力的关系为

$$F_{b2}=\dfrac{1}{2}\left[\dfrac{mg}{h_g}\sqrt{b^2+\dfrac{4Lh_g}{mg}F_{b1}}-\left(\dfrac{mgb}{h_g}+2F_{b1}\right)\right]$$

式中，F_{b2} 为后轮制动力；F_{b1} 为前轮制动力；m 为汽车质量；h_g 为汽车质心高度；b 为汽车质心至后轴距离；L 为轴距。

绘制汽车制动力分配曲线，即空载 I 曲线、满载 I 曲线和 β 曲线。

【2-12】 已知汽车质量为 936kg，车轮滚动半径为 0.272m，传动系统机械效率为 0.9，空气阻力系数为 0.3，迎风面积为 $1.75\mathrm{m}^2$，滚动阻力系数为 0.012，主减速器传动比为 4.388，二挡传动比为 1.894，五挡传动比为 0.757，旋转质量换算系数为 $1.03+i_g^2$，发动机转矩与转速的关系为 $T_{eq}=65.07+0.01756n-4.225\times10^{-6}n^2+2.714\times10^{-10}n^3$，绘制二挡起步和五挡起步加速到 100km/h 的加速时间曲线。

第三章
基于MATLAB的系统分析方法

第一节
系统模型类型

系统模型主要有传递函数模型、状态空间模型、零极点增益模型等。

一、传递函数模型

1. 传递函数的定义

组成系统的元器件的特性均为线性，能用线性常微分方程描述其输入与输出关系的系统称为线性系统。线性系统的主要特点是具有齐次性和叠加性，系统时间响应的特征与初始状态无关。

一般情况下，描述线性系统输入与输出关系的微分方程为

$$a_0 \frac{d^n y}{dt^n} + a_1 \frac{d^{n-1} y}{dt^{n-1}} + \cdots + a_{n-1} \frac{dy}{dt} + a_n y = b_0 \frac{d^m x}{dt^m} + b_1 \frac{d^{m-1} x}{dt^{m-1}} + \cdots + b_{m-1} \frac{dx}{dt} + b_m x$$

$$(3-1)$$

式中，y 为系统的输出变量；x 为系统的输入变量；a_0、a_1、$\cdots a_{n-1}$、a_n、b_0、b_1、$\cdots$ b_{m-1}、b_m 分别为系数常量；n 为输出量导数的最高阶数；m 为输入量导数的最高阶数。

对式(3-1)进行拉普拉斯变换，得线性系统的传递函数为

$$G(s) = \frac{Y(s)}{X(s)} = \frac{b_0 s^m + b_1 s^{m-1} + \cdots + b_{m-1} s + b_m}{a_0 s^n + a_1 s^{n-1} + \cdots + a_{n-1} s + a_n}$$

$$(3-2)$$

2. 拉普拉斯变换的 MATLAB 实现

拉普拉斯变换的命令格式如下。

F＝laplace(f,t,s)：求函数 $f(t)$ 的拉普拉斯像函数 $F(s)$。

f＝ilaplace(F,s,t)：求拉普拉斯像函数 $F(s)$ 的原函数 $f(t)$。

【例 3-1】 求函数 $f_1(t)＝e^{at}$、$f_2(t)＝t－\sin t$ 的拉普拉斯变换像函数。

解：在 MATLAB 命令行窗口输入以下程序。

```
1   syms t s a;                         %定义变量
2   f1=exp(a * t);                      %f1 函数表达式
3   f2=t-sin(t);                        %f2 函数表达式
4   F1=laplace(f1)                      %对 f1 进行拉普拉斯变换
5   F2=laplace(f2)                      %对 f2 进行拉普拉斯变换
```

输出结果为

```
F1=
    -1/(a-s)
F2=
    1/s^2-1/(s^2+1)
```

也就是 $F_1(s)＝\dfrac{1}{s－a}$；$F_2(s)＝\dfrac{1}{s^2}－\dfrac{1}{s^2+1}＝\dfrac{1}{s^2(s^2+1)}$。

【例 3-2】 求函数 $F_1(s)＝\dfrac{1}{s(s^2+1)}$、$F_2(s)＝\dfrac{s+3}{(s+1)(s+2)}$ 的原函数。

解：在 MATLAB 命令行窗口输入以下程序。

```
1   syms t s;                           %定义变量
2   F1=1/(s * (s^2+1));                 %F1 函数表达式
3   F2=(s+3)/(s+1)/(s+2);               %F2 函数表达式
4   f1=ilaplace(F1)                     %对 F1 进行拉普拉斯反变换
5   f2=ilaplace(F2)                     %对 F2 进行拉普拉斯反变换
```

输出结果为

```
f1=
    1-cos(t)
f2=
    2 * exp(-t)-exp(-2 * t)
```

也就是 $f_1(t)＝1－\cos t$；$f_2(t)＝2e^{-t}－e^{-2t}$。

3. 根据线性微分方程求传递函数

根据线性微分方程求传递函数的命令格式如下。

sys＝tf(num,den)：求常规系统的传递函数。

sys＝tf(num,den,'inputDelay',tao)：求带时间延迟的系统传递函数。

其中 num＝[b0,…,bm]是分子（系统输入）多项式系数行向量；den＝[a0,…,an]是分母（系统输出）多项式系数行向量；inputDelay 为关键词；tao 为延迟时间。

【例 3-3】 已知线性微分方程 $y''(t)+3y'(t)+2=3x'(t)+x(t)$，求其传递函数。

解：在 MATLAB 命令行窗口输入以下程序。

```
1  num=[3,1];              %分子多项式系数赋值
2  den=[1,3,2];            %分母多项式系数赋值
3  sys=tf(num,den)         %求传递函数
```

输出结果为

```
sys=
    3 s+1
  -----------
  s^2+3 s+2
```

也就是 $G(s)=\dfrac{Y(s)}{X(s)}=\dfrac{3s+1}{s^2+3s+2}$。

【例 3-4】 已知系统模型为 $G(s)=e^{-0.5s}\dfrac{5s+3}{s^3+6s^2+11s+6}$，利用 MATLAB 建立传递函数模型。

解：在 MATLAB 命令行窗口输入以下程序。

```
1  num=[5,3];                        %分子多项式系数赋值
2  den=[1,6,11,6];                   %分母多项式系数赋值
3  sys=tf(num,den,'inputdelay',0.5)  %求传递函数
```

输出结果为

```
sys=
                          5 s+3
exp(-0.5 * s) * ----------------------
                    s^3+6 s^2+11 s+6
```

4. 系统模型的连接

（1）系统模型的串联连接。如图 3-1 所示，$G_1(s)$ 为模型 1 的传递函数，$G_2(s)$ 为模型 2 的传递函数，$U(s)$ 为串联系统的输入，$Y_1(s)$ 为模型 1 的输出、模型 2 的输入，$Y(s)$ 为串联系统的输出。

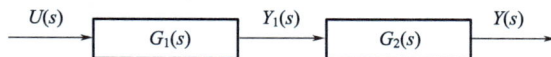

图 3-1　系统模型的串联连接

系统模型串联连接的命令格式如下。

[num,den]＝series(num1,den1,num2,den2)

其中 num1、den1 分别是传递函数 $G_1(s)$ 的分子、分母多项式系数行向量；num2、den2 分别是传递函数 $G_2(s)$ 的分子、分母多项式系数行向量；num、den 分别是连接后的

MATLAB 编程与汽车仿真应用

传递函数 $G(s)$ 的分子、分母多项式系数行向量。

【例 3-5】 已知传递函数 $G_1(s)=\dfrac{s+1}{s^2+3s+2}$、$G_2(s)=\dfrac{1}{s^2+5s+4}$，求两系统串联时的传递函数。

解： 在 MATLAB 命令行窗口输入以下程序。

```
1  num1=[1,1];                              %传递函数 1 分子多项式系数赋值
2  den1=[1,3,2];                            %传递函数 1 分母多项式系数赋值
3  num2=[1];                                %传递函数 2 分子多项式系数赋值
4  den2=[1,5,4];                            %传递函数 2 分母多项式系数赋值
5  [nums,dens]=series(num1,den1,num2,den2); %求串联时的传递函数
6  s_tf=tf(nums,dens)                       %输出串联时的传递函数
```

输出结果为

```
sys=
                     s+1
         --------------------------
         s^4+8 s^3+21 s^2+22 s+8
```

两系统串联时的传递函数为

$$G_{12}(s)=\frac{s+1}{s^4+8s^3+21s^2+22s+8}$$

（2）系统模型的并联连接。如图 3-2 所示，$G_1(s)$ 为模型 1 的传递函数，$G_2(s)$ 为模型 2 的传递函数，$U(s)$ 为并联系统的输入，$Y_1(s)$ 为模型 1 的输出，$Y_2(s)$ 为模型 2 的输出，$Y(s)$ 为并联系统的输出。

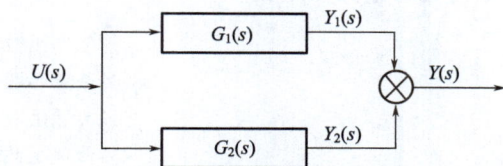

图 3-2　系统模型的并联连接

系统模型并联连接的命令格式如下。

[num,den]=parallel(num1,den1,num2,den2)

【例 3-6】 已知传递函数 $G_1(s)=\dfrac{s+2}{s^2+s+10}$、$G_2(s)=\dfrac{2}{s+3}$，求两系统并联时的传递函数。

解： 在 MATLAB 命令行窗口输入以下程序。

```
1  num1=[1,2];                          %传递函数 1 分子多项式系数赋值
2  den1=[1,1,10];                       %传递函数 1 分母多项式系数赋值
3  num2=[2];                            %传递函数 2 分子多项式系数赋值
4  den2=[1,3];                          %传递函数 2 分母多项式系数赋值
5  [num,den]=parallel(num1,den1,num2,den2); %求并联时的传递函数
6  s_tf=tf(num,den)                     %输出并联时的传递函数
```

输出结果为

两系统并联时的传递函数为

$$G_{1+2}(s)=\frac{3s^2+7s+4}{s^3+4s^2+13s+30}$$

（3）系统模型的反馈连接。如图 3-3 所示。

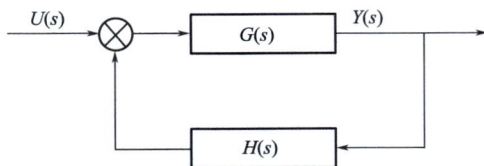

图 3-3　系统模型的反馈连接

系统模型反馈连接的命令格式如下。

[num,den]＝feedback(num1,den1,num2,den2,sign)

其中 sign 代表反馈连接符号，省略时默认为负。

【例 3-7】　已知系统前向传递函数 $G(s)=\dfrac{s-1}{s^2-5s-2}$，反馈传递函数为 $H(s)=\dfrac{s+1}{s^2+3s+2}$，求反馈连接的闭环系统传递函数。

解：在 MATLAB 命令行窗口输入以下程序。

```
1  num1=[1,-1];                                %传递函数1分子多项式系数赋值
2  den1=[1,-5,-2];                             %传递函数1分母多项式系数赋值
3  num2=[1,1];                                 %传递函数2分子多项式系数赋值
4  den2=[1,3,2];                               %传递函数2分母多项式系数赋值
5  [num,den]=feedback(num1,den1,num2,den2);    %求反馈连接传递函数
6  p_tf=tf(num,den)                            %输出反馈连接传递函数
```

输出结果为

反馈连接的闭环系统传递函数为

$$GH(s)=\frac{s^3+2s^2-s-2}{s^4-2s^3-14s^2-16s-5}$$

（4）系统模型的单位反馈连接。系统模型反馈连接中的传递函数 $H(s)$ 为 1 时，称为

单位反馈连接。单位反馈连接如图 3-4 所示。

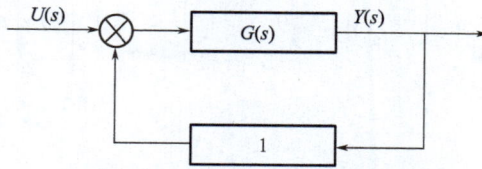

图中：

$$U(s) \longrightarrow \bigotimes \longrightarrow \boxed{G(s)} \longrightarrow Y(s)$$
$$\longleftarrow \boxed{1} \longleftarrow$$

图 3-4　系统模型的单位反馈连接

系统模型单位反馈连接的命令格式如下。

[num,den]=cloop(num,den,sign)

当 sign＝1 时为正反馈；当 sign＝－1 时为负反馈；sign 缺省时默认为负反馈。

【例 3-8】 已知系统前向传递函数 $G(s) = \dfrac{s+2}{s^3+2s^2-5s+20}$，求单位反馈连接时的闭环

系统传递函数。

解：在 MATLAB 命令行窗口输入以下程序。

```
1  num=[1,2];                    %传递函数分子多项式系数赋值
2  den=[1,2,-5,20];              %传递函数分母多项式系数赋值
3  [num,den]=cloop(num,den);     %求单位反馈连接传递函数
4  p_tf=tf(num,den)              %输出单位反馈连接传递函数
```

输出结果为

```
sys＝

      s＋2
  --------------------

  s^3+2 s^2-4 s+22
```

单位反馈连接的闭环系统传递函数为

$$G1(s) = \frac{s+2}{s^3+2s^2-4s+22}$$

二、状态空间模型

传递函数模型是对系统外部的描述，而状态空间模型是对系统内部的描述。

线性系统状态空间模型为

$$\dot{X}=AX+BU$$
$$Y=CX+DU \tag{3-3}$$

式中，第一个方程式为状态方程；第二个方程式为输出方程；X 为状态向量；Y 为输出向量；U 为输入向量；A 为系统矩阵；B 为控制矩阵；C 为输出矩阵；D 为传递矩阵。

状态方程式的命令格式如下。

SSG＝ss(A,B,C,D)

其中 SSG 是建立的状态空间模型；（A，B，C，D）是系统状态空间的矩阵组。

【例 3-9】 已知系统状态空间模型为

$$\begin{bmatrix} \dot{x}_1 \\ \dot{x}_2 \\ \dot{x}_3 \end{bmatrix} = \begin{bmatrix} 0 & 1 & 0 \\ 0 & 0 & 1 \\ -4 & -3 & -2 \end{bmatrix} \begin{bmatrix} x_1 \\ x_2 \\ x_3 \end{bmatrix} + \begin{bmatrix} 1 \\ 3 \\ -6 \end{bmatrix} u$$

$$y = \begin{bmatrix} 1 & 0 & 0 \end{bmatrix} \begin{bmatrix} x_1 \\ x_2 \\ x_3 \end{bmatrix}$$

利用 MATLAB 构建状态空间模型。

解：在 MATLAB 命令行窗口输入以下程序。

```
1  A=[0,1,0;0,0,1;-4,-3,-2];          %系统矩阵赋值
2  B=[1;3;-6];                        %控制矩阵赋值
3  C=[1,0,0];                         %输出矩阵赋值
4  D=[0];                             %传递矩阵赋值
5  SSG=ss(A,B,C,D)                    %构建状态空间模型
```

输出结果为

```
a=
        x1   x2   x3
   x1    0    1    0
   x2    0    0    1
   x3   -4   -3   -2
b=
        u1
   x1    1
   x2    3
   x3   -6
c=
        x1   x2   x3
   y1    1    0    0
d=
        u1
   y1    0
```

三、零极点增益模型

零极点增益模型实际上是传递函数模型的另一种表现形式，其原理是分别对原系统传递函数的分子、分母进行分解因式处理，以获得系统零点和极点的表示形式。

$$G(s) = K\frac{(s-z_1)(s-z_2)\cdots(s-z_m)}{(s-p_1)(s-p_2)\cdots(s-p_n)} = \frac{K\prod\limits_{i=1}^{m}(s-z_i)}{\prod\limits_{j=1}^{n}(s-p_j)} \tag{3-4}$$

式中，K 为系统增益；$z_i(i=1,2,\cdots,m)$ 为分子多项式的根，称为系统的零点；p_j $(j=1,2,\cdots,n)$ 是分母多项式的根，称为系统的极点。

传递函数的分母多项式就是它的特征多项式，它等于零的方程就是传递函数的特征方程，特征方程的根也就是传递函数的极点。传递函数的极点决定了所描述系统的自由运动状态；零点影响系统各模态在系统响应中所占的比重。

零极点增益模型的命令格式如下。

ZPG＝zpk(z,p,k)

其中 ZPG 是建立的零极点增益模型；z、p、k 分别是系统的零点向量、极点向量和增益。

【例 3-10】 利用 MATLAB 建立系统 $G(s)=\dfrac{18(s+2)}{(s+0.4)(s+15)(s+25)}$ 零极点增益模型。

解： 在 MATLAB 命令行窗口输入以下程序。

```
1   z=-2;                    %零点向量赋值
2   p=[-0.4,-15,-25];        %极点向量赋值
3   k=18;                    %增益赋值
4   ZPG=zpk(z,p,k)           %构建零点增益模型
```

输出结果为

$$
sys=\dfrac{18(s+2)}{(s+0.4)(s+15)(s+25)}
$$

四、系统模型的转换

系统模型转换函数见表 3-1。

表 3-1　系统模型转换函数

函数名	功能	函数名	功能
ss2tf	状态空间模型转换成传递函数模型	tf2zp	传递函数模型转换成零极点模型
ss2zp	状态空间模型转换成零极点模型	zp2tf	零极点模型转换成传递函数模型
tf2ss	传递函数模型转换成状态空间模型	zp2ss	零极点模型转换成状态空间模型

1. 状态空间模型的转换

将状态空间模型转换成传递函数模型的命令格式如下。

[num,den]＝ss2tf(A,B,C,D,iu) 或者 TFG＝tf(SSG)

将状态空间模型转换成零极点增益模型的命令格式如下。

[z,p,k]＝ss2zp(A,B,C,D,iu) 或者 ZPG＝zpk(SSG)

其中 TFG 为传递函数模型；SSG 为系统状态空间模型；ZPG 为零极点增益模型。

【例 3-11】 已知系统状态空间模型为

$$\begin{bmatrix} \dot{x}_1 \\ \dot{x}_2 \\ \dot{x}_3 \end{bmatrix} = \begin{bmatrix} 0 & 1 & 0 \\ 0 & 0 & 1 \\ -4 & -3 & -2 \end{bmatrix} \begin{bmatrix} x_1 \\ x_2 \\ x_3 \end{bmatrix} + \begin{bmatrix} 1 \\ 3 \\ -6 \end{bmatrix} u$$

$$y = \begin{bmatrix} 1 & 0 & 0 \end{bmatrix} \begin{bmatrix} x_1 \\ x_2 \\ x_3 \end{bmatrix}$$

将系统状态空间模型转换成传递函数模型和零极点增益模型。

解：在 MATLAB 命令行窗口输入以下程序。

```
1  A=[0,1,0;0,0,1;-4,-3,-2];          %系统矩阵赋值
2  B=[1;3;-6];                        %控制矩阵赋值
3  C=[1,0,0];                         %输出矩阵赋值
4  D=[0];                             %传递矩阵赋值
5  SSG=ss(A,B,C,D);                   %构建状态空间模型
6  TFG=tf(SSG)                        %转换成传递函数模型
7  ZPG=zpk(SSG)                       %转换成零极点增益模型
```

输出结果为

```
TFG=

        s^2+5 s+3
     --------------------
     s^3+2 s^2+3 s+4
ZPG=
        (s+0.6972)(s+4.303)
     ----------------------------
     (s+1.651)(s^2+0.3494s+2.423)
```

传递函数模型为

$$G_{tf}(s) = \frac{s^2+5s+3}{s^3+2s^2+3s+4}$$

极零点增益模型为

$$G_{zp}(s) = \frac{(s+0.6972)(s+4.303)}{(s+1.651)(s^2+0.3494s+2.423)}$$

2. 传递函数模型的转换

将传递函数模型转换成状态空间模型的命令格式如下。

[A,B,C,D]=tf2ss(num,den) 或者 SSG=ss(TFG)

将传递函数模型转换成零极点增益模型的命令格式如下。

[z,p,k]=tf2zp(num,den) 或者 ZPG=zpk(TFG)

【例 3-12】 将传递函数 $G(s) = \dfrac{s^2+5s+8}{s^4+2s^3+6s^2+3s+9}$ 转换成状态空间模型和零极点增益模型。

解：在 MATLAB 命令行窗口输入以下程序。

```
1   num=[1,5,8];                %传递函数分子多项式系数赋值
2   den=[1,2,6,3,9];            %传递函数分母多项式系数赋值
3   TFG=tf(num,den);           %构建传递函数
4   SSG=ss(TFG)                %转换成状态空间模型
5   ZPG=zpk(TFG)               %转换成零极点增益模型
```

输出结果为

```
SSG=
    a=
              x1      x2       x3      x4
        x1    -2     -1.5     -0.75   -2.25
        x2     4      0        0       0
        x3     0      1        0       0
        x4     0      0        1       0
    b=
              u1
        x1     2
        x2     0
        x3     0
        x4     0
    c=
              x1      x2       x3     x4
        y1     0     0.125    0.625    1
    d=
              u1
        y1     0
    ZPG=

                    (s^2+5s+8)

        ------------------------------------------
        (s^2-0.2803s+1.898)(s^2+2.28s+4.741)
```

状态空间模型为

$$
\begin{bmatrix} \dot{x}_1 \\ \dot{x}_2 \\ \dot{x}_3 \\ \dot{x}_4 \end{bmatrix} = \begin{bmatrix} -2 & -1.5 & -0.75 & -2.25 \\ 4 & 0 & 0 & 0 \\ 0 & 1 & 0 & 0 \\ 0 & 0 & 1 & 0 \end{bmatrix} \begin{bmatrix} x_1 \\ x_2 \\ x_3 \\ x_4 \end{bmatrix} + \begin{bmatrix} 2 \\ 0 \\ 0 \\ 0 \end{bmatrix} u
$$

$$y = \begin{bmatrix} 0 & 0.125 & 0.625 & 1 \end{bmatrix} \begin{bmatrix} x_1 \\ x_2 \\ x_3 \\ x_4 \end{bmatrix}$$

零点增益模型为

$$G_{zp}(s) = \frac{s^2 + 5s + 8}{(s^2 - 0.2803s + 1.898)(s^2 + 2.28s + 4.741)}$$

3. 零极点增益模型的转换

将零极点增益模型转换成传递函数模型的命令格式如下。

[num,den]＝zp2tf(z,p,k)或者 TFG＝tf(ZPG)

将零极点增益模型转换成状态空间模型的命令格式如下。

[A,B,C,D]＝zp2ss(z,p,k)或者 SSG＝ss(ZPG)

【例 3-13】 已知某系统的零极点增益模型 $G(s) = \dfrac{6(s+2)}{(s+1)(s+3)(s+5)}$，将其转换成传递函数模型和状态空间模型。

解：在 MATLAB 命令行窗口输入以下程序。

```
1    z=[-2];                      %零点向量赋值
2    p=[-1,-3,-5];                %极点向量赋值
3    k=6;                         %增益赋值
4    ZPG=zpk(z,p,k);              %构建零极点增益模型
5    TFG=tf(ZPG)                  %转换成传递函数模型
6    SSG=ss(ZPG)                  %转换成状态空间模型
```

输出结果为

```
TFG＝

            6s＋12
     ----------------------
     s^3＋9 s^2＋23 s＋15
SSG＝
a＝

          x1    x2    x3
    x1    -1     1     0
    x2     0    -3     1
    x3     0     0    -5
b＝

          u1
    x1     0
    x2     0
    x3     4
```

```
c=
            x1    x2    x3
    y1    1.5    1.5    0
d=
            u1
    y1    0
```

系统传递函数模型为

$$G(s) = \frac{6s+12}{s^3+9s^2+23s+15}$$

系统状态空间模型为

$$\begin{bmatrix} \dot{x}_1 \\ \dot{x}_2 \\ \dot{x}_3 \end{bmatrix} = \begin{bmatrix} -1 & 1 & 0 \\ 0 & -3 & 1 \\ 0 & 0 & -5 \end{bmatrix} \begin{bmatrix} x_1 \\ x_2 \\ x_3 \end{bmatrix} + \begin{bmatrix} 0 \\ 0 \\ 4 \end{bmatrix} u$$

$$y = \begin{bmatrix} 1.5 & 1.5 & 0 \end{bmatrix} \begin{bmatrix} x_1 \\ x_2 \\ x_3 \end{bmatrix}$$

第二节
时域分析法

时域分析法是以拉普拉斯变换为工具，从传递函数出发，直接在时间域上研究自动控制系统性能的一种方法。

一、MATLAB 中常用的时域响应输入函数

自动控制系统常用的典型输入信号有单位阶跃函数、单位脉冲函数、单位斜坡函数、单位加速度函数、单位正弦函数等。

1. 单位阶跃输入

单位阶跃输入函数为

$$r(t) = \begin{cases} 1 & t > 0 \\ 0 & t \leqslant 0 \end{cases} \tag{3-5}$$

单位阶跃输入函数的拉普拉斯变换为

$$R(s) = \frac{1}{s} \tag{3-6}$$

用 MATLAB 表示控制系统在单位阶跃输入下的输出响应的命令格式如下。

y＝step(num,den,t)

其中 y 为系统的输出响应；num 为传递函数分子多项式系数；den 为传递函数分母多项式系数；t 为选定的仿真时间向量，一般可由 t＝0:step:end 等步长地产生。

2. 单位脉冲输入

单位脉冲输入函数为

$$r(t) = \delta(t) = \begin{cases} \infty & t = 0 \\ 0 & t \neq 0 \end{cases} \tag{3-7}$$

式中，$\int_{-\infty}^{+\infty} \delta(t) \mathrm{d}t = 1$。

单位脉冲输入函数的拉普拉斯变换为

$$R(s) = 1 \tag{3-8}$$

用 MATLAB 表示控制系统在单位脉冲输入下的输出响应的命令格式如下。

y＝impulse(num,den,t)

函数 impulse(num,den,t) 将绘出由向量 num 和 den 表示的连续系统在指定时间范围内的脉冲响应的时域波形图，并能求出指定时间范围内脉冲响应的数值解。

3. 单位斜坡输入

单位斜坡输入函数为

$$r(t) = \begin{cases} t & t > 0 \\ 0 & t \leqslant 0 \end{cases} \tag{3-9}$$

单位斜坡输入函数的拉普拉斯变换为

$$R(s) = \frac{1}{s^2} \tag{3-10}$$

用 MATLAB 表示控制系统在单位斜坡输入下的输出响应的命令格式如下。

y＝lsim(num,den,u,t)

其中 u 为输入信号，u＝t。

4. 单位加速度输入

单位加速度输入函数为

$$r(t) = \begin{cases} \dfrac{1}{2}t^2 & t > 0 \\ 0 & t \leqslant 0 \end{cases} \tag{3-11}$$

单位加速度输入函数的拉普拉斯变换为

$$R(s) = \frac{2}{s^3} \tag{3-12}$$

用 MATLAB 表示控制系统在单位加速度输入下的输出响应的命令格式如下。

y＝lsim(num,den,u,t)

其中 u 为输入信号，u＝t＾2/2。

5. 单位正弦输入

单位正弦输入函数为

$$r(t) = \begin{cases} \sin t & t > 0 \\ 0 & t \leqslant 0 \end{cases} \tag{3-13}$$

单位正弦输入函数的拉普拉斯变换为

$$R(s) = \frac{1}{s^2 + 1} \tag{3-14}$$

用 MATLAB 表示控制系统在单位正弦输入下的输出响应的命令格式如下。

y＝lsim(num,den,u,t)

其中 u 为输入信号，u＝sin(t)。

典型输入的选用应视不同系统要求而定。例如，对于恒值控制系统通常用阶跃输入；对于随动系统通常用斜坡输入和加速度输入；对于扰动与响应系统通常用阶跃输入和脉冲输入。

6. 任意输入函数

MATLAB 的控制系统工具箱提供了求取任意输入响应函数 lsim（），其常用的格式如下。

lsim(sys1,u,t)

lsim(sys2,u,t,x0)

[Y,T,X]＝lsim(sys1,u,t)

[Y,T,X]＝lsim(sys2,u,t,x0)

其中，sys1 为传递函数模型和零极点增益模型；sys2 为状态空间模型；u 为输入信号；t 为等间隔时间向量；x0 为初始条件；Y 为响应的输出；T 为仿真时间；X 为系统的状态变量。

7. 初始状态响应函数

初始状态响应函数主要是计算状态空间模型的初始状态响应，其命令格式如下。

initial(sys,x0,t)

[y,t,x]＝initial(sys,x0,t)

其中 sys 为输入的状态空间模型；x0 为给定的初始状态；t 为指定仿真计算状态响应的时间区间变量，如果缺省，系统自动选择仿真时间和步长；y 为输出变量响应值；x 为状态变量响应值。

二、时域响应性能指标

时域响应分析的是系统对输入和扰动在时域内的瞬态行为。时域响应性能指标主要有峰值时间、上升时间、调节时间、稳态响应值、峰值、超调量等，如图 3-5 所示。

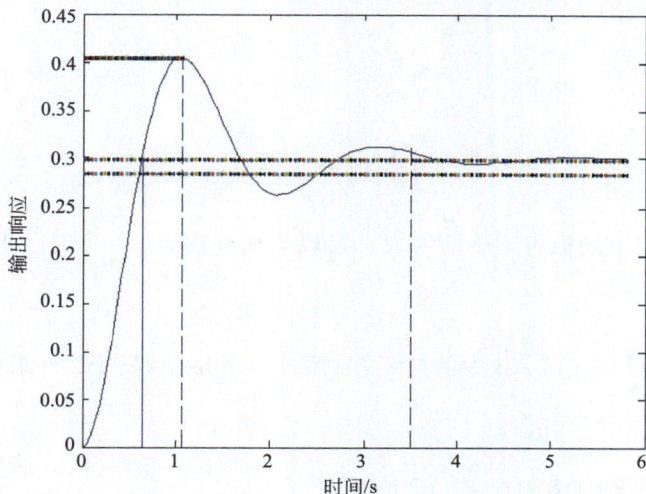

图 3-5　时域响应性能指标

峰值时间是指输出响应达到最大值的时间；上升时间是指输出响应第一次达到稳态值的时间；调节时间是指输出响应首次达到稳态响应值的±5％或±2％范围内摆动所需要的时间。假设 c_0 为稳态响应值，c_{max} 为输出响应的峰值，则超调量为

$$\sigma = \frac{c_{max} - c_0}{c_0} \times 100\% \tag{3-15}$$

利用 MATLAB，不仅可以方便、快捷地计算系统的时域响应，绘制响应曲线，而且还能直接在响应曲线上求取响应性能指标，或者通过简单的编程来求取。

1. 稳态值

利用 MATLAB 求输出响应稳态值的命令格式如下。

dc＝dcgain(num,den)：利用传递函数模型求稳态值。

dc＝dcgain(A,B,C,D)：利用状态空间模型求稳态值。

2. 峰值时间

利用 MATLAB 求峰值时间的命令格式如下。

[Y,k]＝max(y)；

timetopeak＝t(k)

[Y,k]＝max(y)表示应用最大值函数 max()求出 y 的峰值及相应的时间，并存于变量 Y 和 k 中；timetopeak＝t(k)表示在变量 t 中取出峰值时间，并将它赋给变量 timetopeak。

3. 超调量

利用 MATLAB 求超调量的命令格式如下。

C＝dcgain(G)；

[Y,k]＝max(y)；

per＝100 * (Y-C)/C

dcgain() 函数用于求系统的稳态值，并赋给变量 C；依据超调量的定义，由 Y 和 C 计算出百分比超调量。

4. 上升时间

上升时间可利用 MATLAB 中的循环控制语句 while 编写 M 文件来获得。

C＝dcgain(G)；

n＝1；

while y(n)＜c

n＝n+1；

end

risetime＝t(n)

在阶跃输入下，y 的值由零逐渐增大，当以上循环满足 y＝C 时，退出循环，此时对应的时间就是上升时间。

5. 调节时间

调节时间可利用 MATLAB 中的循环控制语句 while 编写 M 文件来获得。

C＝dcgain(G)；

i＝lengtch(t)；

while(y(i)＞0.98 * C & y(i)＜1.02 * C)

i＝i-1；

```
end
settime=t(i)
```

三、时域响应分析举例

【例 3-14】 已知系统的闭环传递函数为 $G(s)=\dfrac{1}{s^2+0.4s+1}$，求其单位阶跃、单位脉冲和单位斜坡响应曲线。

解： 在 MATLAB 命令行窗口输入以下程序。

```
 1   num=1;                                          %传递函数分子赋值
 2   den=[1,0.4,1];                                  %传递函数分母赋值
 3   t=0:0.1:10;                                     %定义响应时间范围
 4   u=t;                                            %设置单位斜坡输入
 5   y1=step(num,den,t);                             %单位阶跃响应
 6   y2=impulse(num,den,t);                          %单位脉冲响应
 7   y3=lsim(num,den,u,t);                           %单位斜坡响应
 8   plot(t,y1,t,y2,t,y3)                            %绘制响应曲线
 9   xlabel('时间/s')                                %x 轴标注
10   ylabel('输出响应')                              %y 轴标注
11   legend('单位阶跃响应曲线','单位脉冲响应曲线','单位斜坡响应曲线')   %曲线标注
12   print(gcf,'-r600','-djpeg','图 3-6.jpg')        %保存图形文件
```

输出结果如图 3-6 所示。

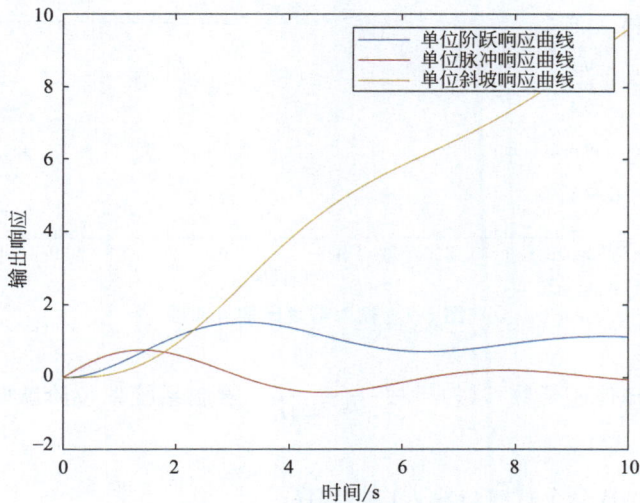

图 3-6　三种输入的响应曲线

【例 3-15】 已知单位负反馈系统，其开环传递函数为 $G_1(s)$ 和 $G_2(s)$ 的串联，其中 $G_1(s)=\dfrac{s+5}{s^2+4s+3}$，$G_2(s)=\dfrac{s^2+1}{s^2+4s+4}$，系统输入信号为 $r(t)=\sin t$，绘制系统输入信号和输出响应。

解：在 MATLAB 命令行窗口输入以下程序。

```
1    num1=[1,5];                                    %传递函数1分子赋值
2    den1=[1,4,3];                                  %传递函数1分母赋值
3    num2=[1,0,1];                                  %传递函数2分子赋值
4    den2=[1,4,4];                                  %传递函数2分母赋值
5    [nums,dens]=series(num1,den1,num2,den2);       %求传递函数串联
6    [numh,denh]=cloop(nums,dens);                  %求单位负反馈传递函数
7    t=0:0.1:10;                                     %定义响应时间范围
8    u=sin(t);                                      %设置输入信号
9    y=lsim(numh,denh,u,t);                         %输出响应
10   plot(t,y,t,u)                                  %绘制输入与输出曲线
11   xlabel('时间/s')                               %x轴标注
12   ylabel('输入与输出信号')                       %y轴标注
13   legend('输出信号曲线','输入信号曲线')          %曲线标注
14   print(gcf,'-r600','-djpeg','图3-7.jpg')       %保存图形文件
```

输出结果如图 3-7 所示。

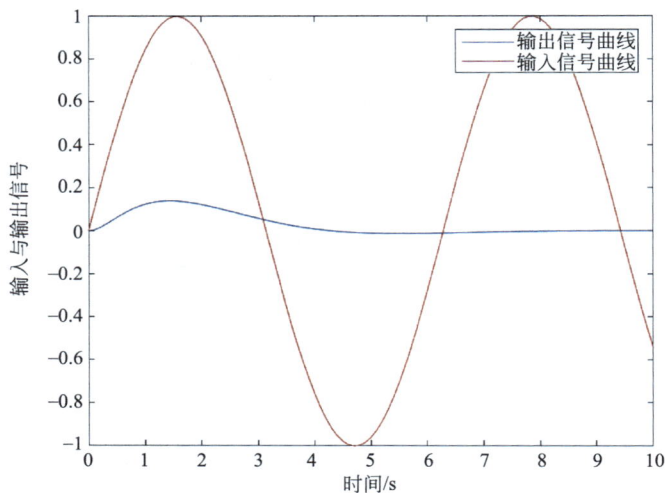

图 3-7　输入与输出信号曲线

【例 3-16】 已知传递函数 $G(s)=\dfrac{3}{s^2+2s+10}$，绘制系统单位阶跃响应输出曲线，并求系统的性能指标。

解：在 MATLAB 命令行窗口输入以下程序。

```
1    num=3;               %传递函数分子赋值
2    den=[1,2,10];        %传递函数分母赋值
3    G=tf(num,den);       %求传递函数
4    C=dcgain(G);         %求稳态值
5    [y,t]=step(G);       %求单位阶跃响应输出
6    plot(t,y)            %绘制输出响应曲线
```

7	xlabel('时间/s')	%x 轴标注
8	ylabel('输出响应')	%y 轴标注
9	[Y,k]=max(y);	%求响应峰值
10	tmax=t(k)	%求峰值时间
11	per=100 * (Y-C)/C	%求超调量
12	n=1;	%设置 n=1
13	while y(n)<C	%设置循环求上升时间
14	n=n+1;	%设置 n=n+1
15	end	%循环结束
16	risetime=t(n)	%求上升时间
17	i=length(t);	%取仿真时间 t 序列的长度
18	while(y(i)>0.98 * C)&(y(i)<1.02 * C)	%设置循环求调节时间
19	i=i-1;	%设置 i=i-1
20	end	%循环结束
21	settime=t(i)	%求调节时间
22	print(gcf,'-r600','-djpeg','图 3-8.jpg')	%保存图形文件

输出结果如图 3-8 所示。其中峰值时间为 1.0592s；超调量为 35.067％；上升时间为 0.6447s；调节时间为 3.4999s；峰值为 0.4052；稳态值为 0.3。

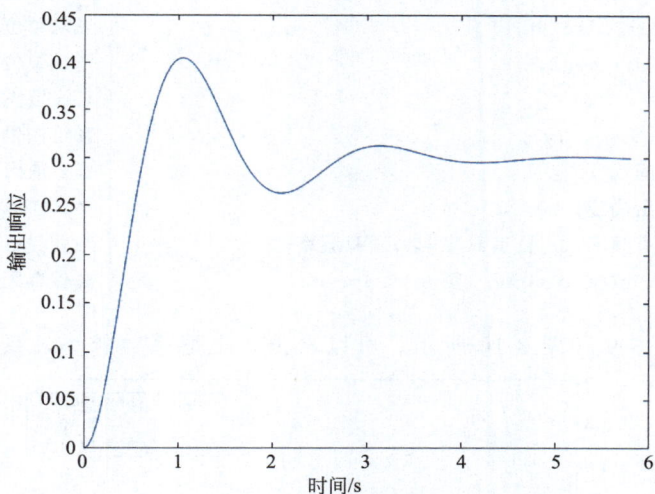

图 3-8 输出响应曲线

【例 3-17】 已知传递函数 $G(s)=\dfrac{\omega_n^2}{s^2+2\zeta\omega_n s+\omega_n^2}$，分析阻尼系数和固有频率对性能的影响。

(1) 假设 $\omega_n=1$，$\zeta=0$，0.8，1.5；

(2) 假设 $\zeta=0.25$，$\omega_n=1$，2，3。

解： 在 MATLAB 命令行窗口输入以下程序。

1	num=1;	%传递函数分子赋值
2	den1=[1 0 1];	%传递函数分母赋值

3	`den2=[1 1.6 1];`	%传递函数分母赋值
4	`den3=[1 3 1];`	%传递函数分母赋值
5	`t=0:0.1:20;`	%定义时间范围
6	`y1=step(num,den1,t);`	%求单位阶跃响应输出
7	`y2=step(num,den2,t);`	%求单位阶跃响应输出
8	`y3=step(num,den3,t);`	%求单位阶跃响应输出
9	`figure(1)`	%设置图形窗口1
10	`plot(t,y1,t,y2,'--',t,y3,': ')`	%绘制输出响应曲线
11	`xlabel('时间/s')`	%x轴标注
12	`ylabel('输出响应')`	%y轴标注
13	`legend('阻尼系数=0','阻尼系数=0.8','阻尼系数=1.5')`	%曲线标注
14	`print(gcf,'-r600','-djpeg','图 3-9.jpg')`	%保存图形文件
15	`num1=1;`	%传递函数分子赋值
16	`num2=4;`	%传递函数分子赋值
17	`num3=9;`	%传递函数分子赋值
18	`den1=[1 0.5 1];`	%传递函数分母赋值
19	`den2=[1 1 4];`	%传递函数分母赋值
20	`den3=[1 1.5 9];`	%传递函数分母赋值
21	`t=0:0.1:20;`	%定义时间范围
22	`y1=step(num1,den1,t);`	%求单位阶跃响应输出
23	`y2=step(num2,den2,t);`	%求单位阶跃响应输出
24	`y3=step(num3,den3,t);`	%求单位阶跃响应输出
25	`figure(2)`	%设置图形窗口2
26	`plot(t,y1,t,y2,t,y3)`	%绘制输出响应曲线
27	`xlabel('时间/s')`	%x轴标注
28	`ylabel('输出响应')`	%y轴标注
29	`legend('固有频率=1','固有频率=2','固有频率=3')`	%曲线标注
30	`print(gcf,'-r600','-djpeg','图 3-10.jpg')`	%保存图形文件

输出结果如图 3-9 和图 3-10 所示。可以看出，阻尼系数越小，系统振荡越大；固有

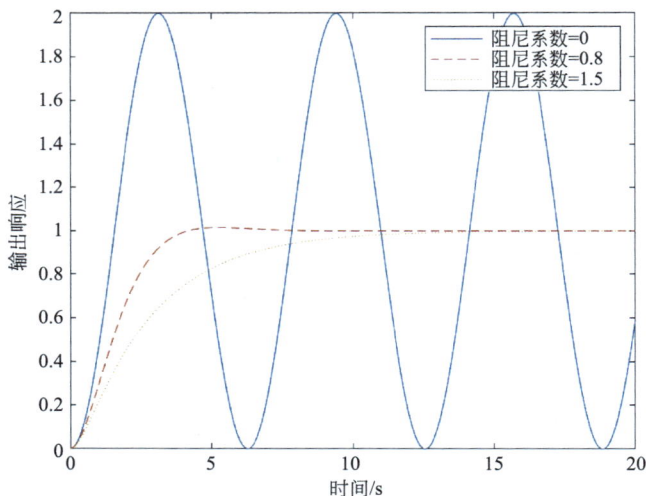

图 3-9　阻尼系数对系统性能的影响

频率越大，调节时间越长。阻尼系数决定了系统的振荡幅度，阻尼系数越小，振荡幅度越大；固有频率决定了系统的振荡频率，固有频率越大，系统的振荡频率越高，响应速度也越快。

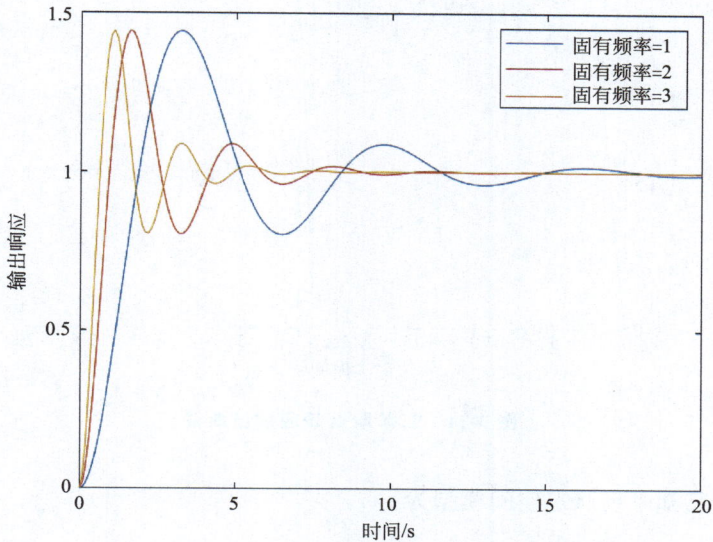

图 3-10　固有频率对系统性能的影响

【例 3-18】　二阶系统状态空间模型为

$$\begin{bmatrix} \dot{x}_1 \\ \dot{x}_2 \end{bmatrix} = \begin{bmatrix} -0.7524 & -0.7268 \\ 0.7268 & 0 \end{bmatrix} \begin{bmatrix} x_1 \\ x_2 \end{bmatrix} + \begin{bmatrix} 1 & -1 \\ 0 & 2 \end{bmatrix} \begin{bmatrix} u_1 \\ u_2 \end{bmatrix}$$

$$y = \begin{bmatrix} 2.8776 & 8.9463 \end{bmatrix} \begin{bmatrix} x_1 \\ x_2 \end{bmatrix}$$

绘制系统的单位阶跃响应。

解：在 MATLAB 命令行窗口输入以下程序。

```
1   A=[-0.7524,-0.7268;0.7268,0];           %系统矩阵赋值
2   B=[1,-1;0,2];                            %控制矩阵赋值
3   C=[2.8776,8.9463];                       %输出矩阵赋值
4   D=0;                                     %传递矩阵赋值
5   sys=ss(A,B,C,D);                         %构建状态空间模型
6   step(sys);                               %绘制单位阶跃响应曲线
7   xlabel('时间/s')                         %x 轴标注
8   ylabel('振幅')                           %y 轴标注
9   print(gcf,'-r600','-djpeg','图 3-11.jpg')  %保存图形文件
```

输出结果如图 3-11 所示。

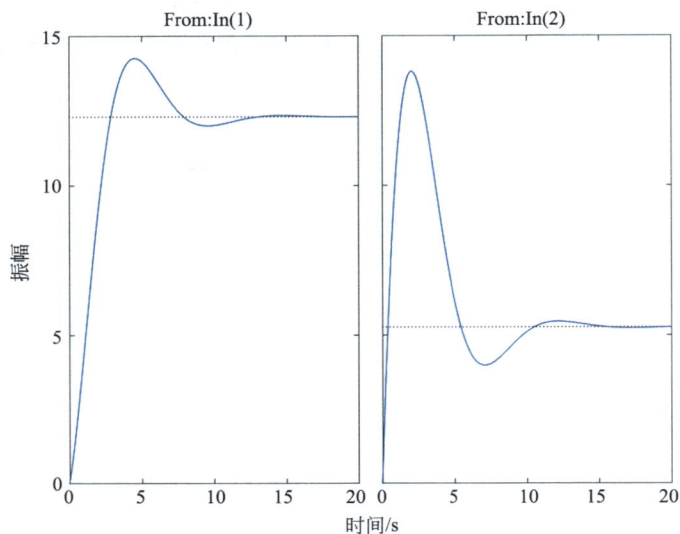

图 3-11 二阶阶跃响应输出曲线

【例 3-19】 已知系统状态空间模型为

$$
\begin{bmatrix} \dot{x}_1 \\ \dot{x}_2 \\ \dot{x}_3 \\ \dot{x}_4 \end{bmatrix} = \begin{bmatrix} -2.8 & -1.5377 & 0 & 1.4 \\ 1.5377 & 0 & 0 & 0 \\ 1 & 2.6601 & -4.8 & -4.2136 \\ 0 & 0 & 4.2136 & 0 \end{bmatrix} \begin{bmatrix} x_1 \\ x_2 \\ x_3 \\ x_4 \end{bmatrix} + \begin{bmatrix} 4 & 1 \\ 2 & 0 \\ 2 & 1 \\ 0 & 0 \end{bmatrix} \begin{bmatrix} u_1 \\ u_2 \end{bmatrix}
$$

$$
\begin{bmatrix} y_1 \\ y_2 \end{bmatrix} = \begin{bmatrix} 1 & 1 & 0 & 3 \\ 0 & 2 & 0 & 1 \end{bmatrix} \begin{bmatrix} x_1 \\ x_2 \\ x_3 \\ x_4 \end{bmatrix} + \begin{bmatrix} 0 & -2 \\ -2 & 0 \end{bmatrix} \begin{bmatrix} u_1 \\ u_2 \end{bmatrix}
$$

求该系统的单位脉冲响应。

解：在 MATLAB 命令行窗口输入以下程序。

```
1  A=[-2.8,-1.5377,0,1.4;1.5377,0,0,0;1,2.6601,-4.8,-4.2136;0,0,        %系统矩阵赋值
   4.2136,0];
2  B=[4,1;2,0;2,1;0,0];                                                 %控制矩阵赋值
3  C=[1,1,0,3;0,2,0,1];                                                 %输出矩阵赋值
4  D=[0,-2;-2,0];                                                       %传递矩阵赋值
5  sys=ss(A,B,C,D);                                                     %构建状态空间模型
6  impulse(sys);                                                        %绘制单位脉冲响应曲线
7  xlabel('时间/s')                                                      %x 轴标注
8  ylabel('振幅')                                                        %y 轴标注
9  print(gcf,'-r600','-djpeg','图 3-12.jpg')                            %保存图形文件
```

输出结果如图 3-12 所示。

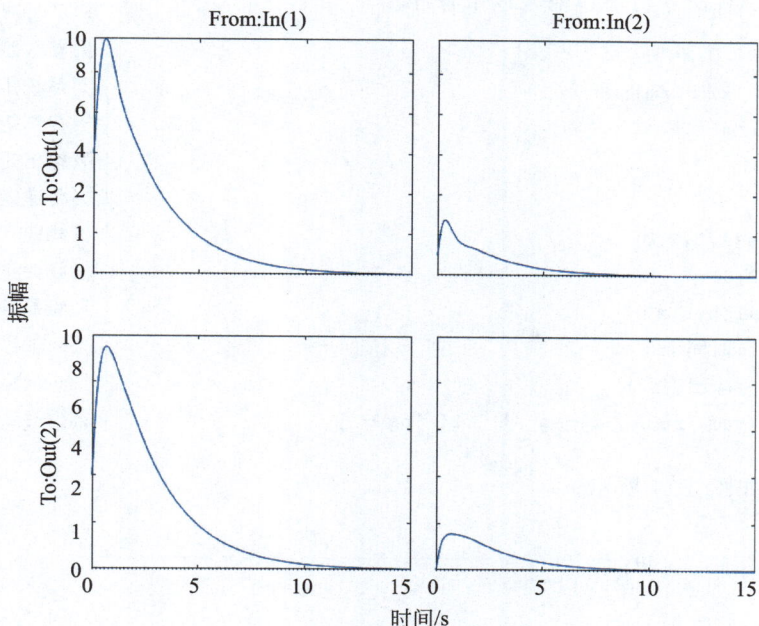

图 3-12　二阶脉冲响应输出曲线

【**例 3-20**】　单质量弹簧阻尼机械系统如图 3-13 所示。外力 $f(t)$ 为输入量；质量位移 $x(t)$ 为输出量；质量 m 为 1kg；刚度 k 为 5N/m；阻尼系数 f 为 0.3N·s/m。绘制系统位移输出响应曲线。

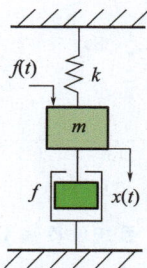

图 3-13　单质量弹簧阻尼机械系统

解：单质量弹簧阻尼机械系统的振动方程式为

$$m\frac{\mathrm{d}^2 x}{\mathrm{d}t^2}+c\frac{\mathrm{d}x}{\mathrm{d}t}+kx=f(t)$$

取状态向量为 $X(t)=\begin{bmatrix}x(t) & \dot{x}(t)\end{bmatrix}^{\mathrm{T}}$，输入向量为 $U=[f(t)]$，输出向量为 $Y=[x(t)]$，则状态方程式为

$$\dot{X}(t)=AX(t)+BU$$
$$Y=CX(t)+DU$$

式中，$A=\begin{bmatrix}0 & 1 \\ -\dfrac{k}{m} & -\dfrac{c}{m}\end{bmatrix}$；$B=\begin{bmatrix}0 \\ \dfrac{1}{m}\end{bmatrix}$；$C=\begin{bmatrix}1 & 0\end{bmatrix}$；$D=0$。

在 MATLAB 命令行窗口输入以下程序。

```
1   m=1;c=0.3;k=5;                          %参数赋值
2   A=[0 1;-k/m-c/m];                        %系统矩阵赋值
3   B=[0;1/m];                              %控制矩阵赋值
4   C=[1 0];                                %输出矩阵赋值
5   D=0;                                    %传递矩阵赋值
6   sys=ss(A,B,C,D);                        %构建状况空间模型
7   x0=[10,0];                              %初始条件赋值
8   initial(sys,x0)                         %绘制输出响应曲线
9   xlabel('时间/s')                         %x 轴标注
10  ylabel('输出响应')                        %y 轴标注
11  print(gcf,'-r600','-djpeg','图 3-14.jpg')  %保存图形文件
```

输出结果如图 3-14 所示。

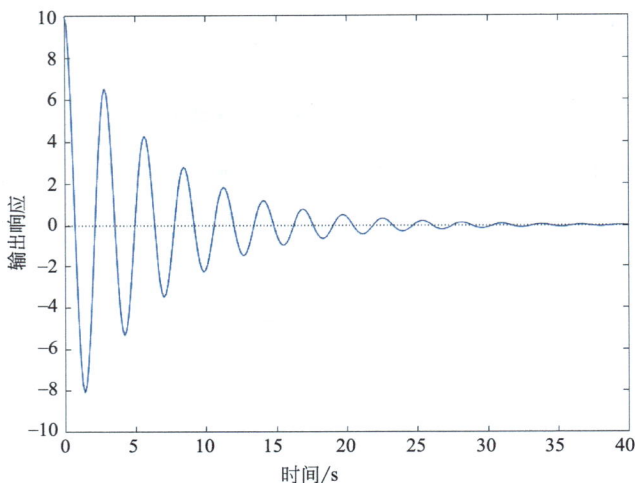

图 3-14　系统位移输出响应曲线

【**例 3-21**】　二阶电路动态系统如图 3-15 所示。该系统是由电阻 R、电感 L 和电容 C 组成的无源网络；$u_i(t)$ 为输入，$i(t)$ 为电流，$u_0(t)$ 为输出；设 $R=1\Omega$，$L=2\text{H}$，$C=2\text{F}$；系统的初始状态为 0，外加的输入为单位阶跃信号。求系统的输出波形。

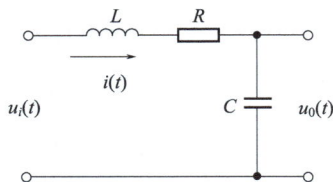

图 3-15　二阶电路动态系统

解：根据基尔霍夫电压定律可写出回路方程为

$$L\frac{\mathrm{d}i(t)}{\mathrm{d}t}+\frac{1}{C}\int i(t)\mathrm{d}t+Ri(t)=u_{\mathrm{i}}(t)$$

$$u_0(t)=\frac{1}{C}\int i(t)\mathrm{d}t$$

消去中间变量 $i(t)$，可以得到描述网络输入输出关系的微分方程为

$$LC\frac{\mathrm{d}^2u_0(t)}{\mathrm{d}t^2}+RC\frac{\mathrm{d}u_0(t)}{\mathrm{d}t}+u_0(t)=u_{\mathrm{i}}(t)$$

代入电路参数整理可得

$$\frac{\mathrm{d}^2u_0(t)}{\mathrm{d}t^2}+0.5\frac{\mathrm{d}u_0(t)}{\mathrm{d}t}+0.25u_0(t)=0.25u_{\mathrm{i}}(t)$$

在 MATLAB 命令行窗口输入以下程序。

```
1  num=[0.25];                              %传递函数分子赋值
2  den=[1,0.5,0.25];                        %传递函数分母赋值
3  t=0:0.1:40;                              %定义响应时间范围
4  y1=step(num,den,t);                      %单位阶跃响应
5  plot(t,y1)                               %绘制响应曲线
6  xlabel('时间/s')                          %x轴标注
7  ylabel('输出响应')                         %y轴标注
8  print(gcf,'-r600','-djpeg','图 3-16.jpg')  %保存图形文件
```

输出结果如图 3-16 所示。

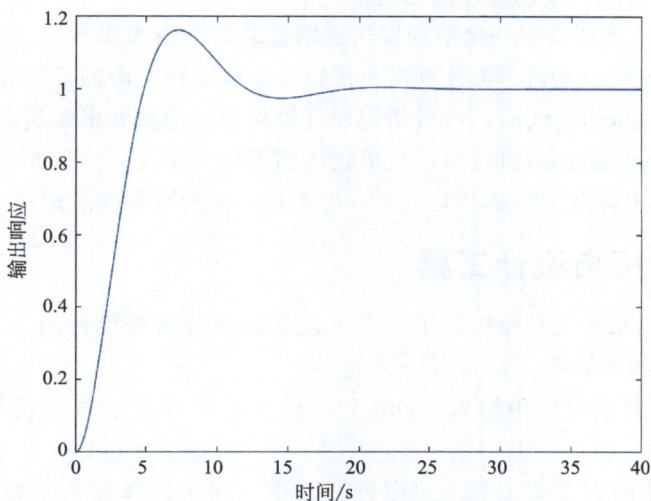

图 3-16　二阶电路动态系统输出波形

第三节
根轨迹分析法

根轨迹是系统的某个特定参数，通常是回路增益从 0 变化到无穷大时，描述闭环系统特

征方程的根在 S 平面的所有可能位置的图形。

通过根轨迹可以获取以下信息。

（1）临界稳定时的开环增益。

（2）闭环特征根进入复平面时的临界增益。

（3）选定开环增益后，系统闭环特征根在 S 平面的分布情况。

（4）参数变化时，系统闭环特征根在 S 平面上的变化趋势。

一、与根轨迹分析相关的 MATLAB 函数

1. 绘制零极点的函数

利用 MATLAB 绘制零极点的命令格式如下。

pzmap(sys)：画出线性时不变系统的极点图。

pzmap(sys1,sys2,…)：可在同一复平面中画出多个时不变系统的零极点。

[p,z]＝pzmap(sys)：返回系统零极点位置的数据，而不直接绘制零极点图。

2. 绘制根轨迹的函数

利用 MATLAB 绘制根轨迹的命令格式如下。

rlocus(sys)：计算并绘制单输入单输出系统的根轨迹。

rlocus(sys,k)：计算并绘制增益为 k 时的闭环极点。

rlocus(sys1,sys2,…)：在同一个复平面中绘制多个单输入单输出系统的根轨迹。

[r,k]＝rlocus(sys)：返回增益 k 时复根位置的矩阵 r。

3. 计算给定一组根的根轨迹增益的函数

利用 MATLAB 计算给定一组根的根轨迹增益的命令格式如下。

[k,poles]＝rlocfind(sys)：可计算出与根轨迹上极点相对应的根轨迹增益。

[k,poles]＝rlocfind(sys,p)：可对指定根计算对应的增益和根矢量 p。

[k,poles]＝rlocfind(sys)执行后，在根轨迹图形窗口中显示十字形光标，当用户在根轨迹上选择一点时，其响应的增益由 k 记录，与增益相关的所有极点记录于 poles 中。

二、根轨迹分析与设计工具

MATLAB 控制系统工具箱提供了一个系统根轨迹分析与设计的工具 rltool，使用它可以方便地绘制系统的根轨迹。

在 MATLAB 命令窗口中输入"rltool"，回车就可以激活根轨迹设计 GUI 窗口，如图 3-17 所示。

rltool 是图形化的交互式工具，可以打开工作空间中的单输入单输出系统模型，分析其根轨迹，并且允许用户在根轨迹图上直接放置/删除需要的零极点，完成对系统的校正设计。

用户可以通过 Control Architecture 窗口进行系统模型的修改，如图 3-18 所示。

也可以通过 System Data 窗口为不同环节导入已有模型，如图 3-19 所示。

可以通过 Compensator Editor 窗口的快捷菜单进行校正环节参数的修改，如增加或删除零极点，增加超前或滞后校正环节等，如图 3-20 所示。

通过 Analysis Plots 窗口配置要显示的不同图形及其位置，如图 3-21 所示。

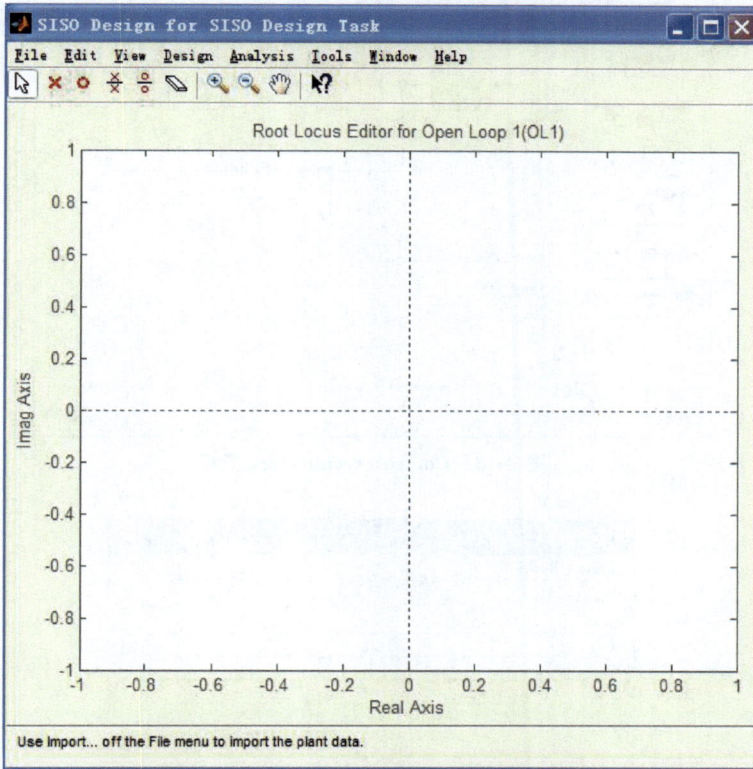

(a)

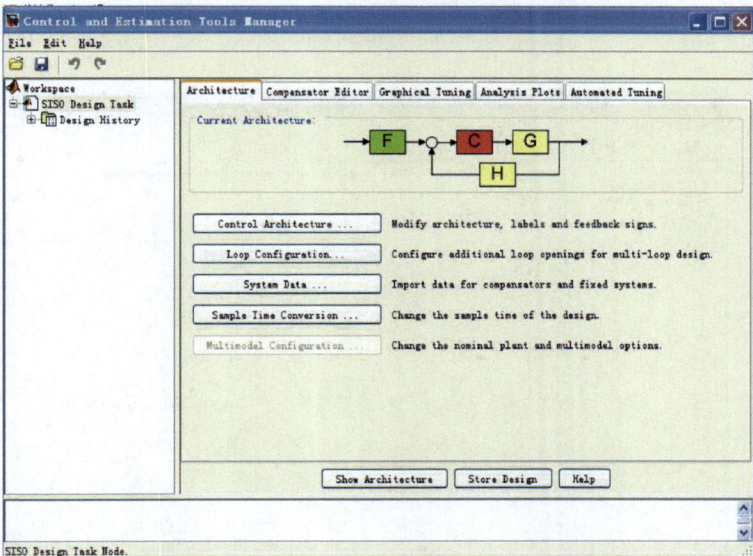

(b)

图 3-17　根轨迹设计 GUI 窗口

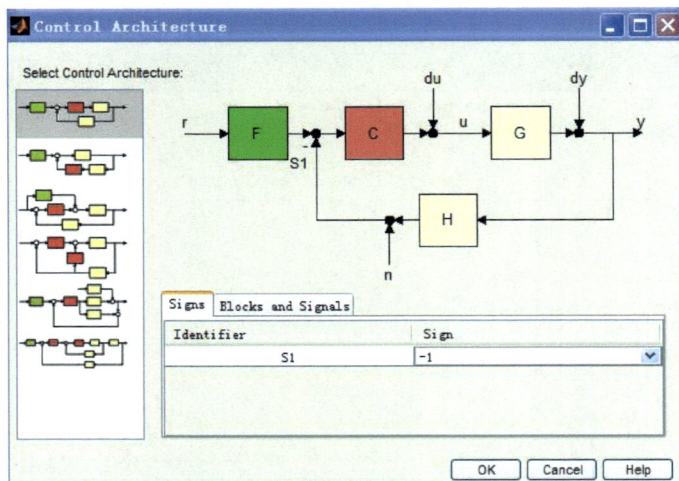

图 3-18　Control Architecture 窗口

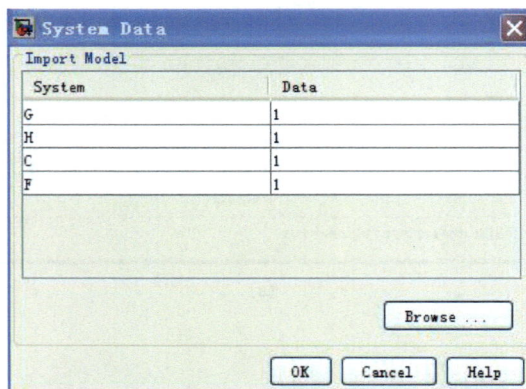

图 3-19　System Data 窗口

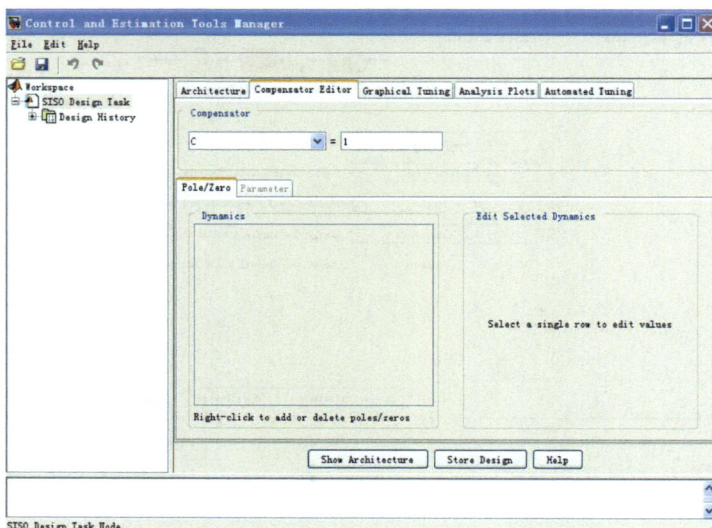

图 3-20　Compensator Editor 窗口

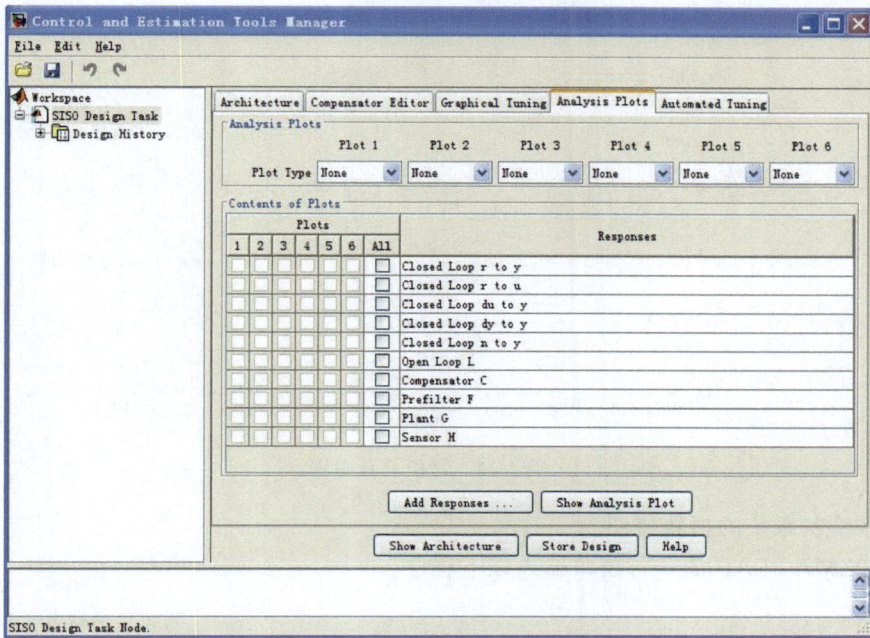

图 3-21 Analysis Plots 窗口

三、根轨迹分析举例

1. 绘制零极点

【例 3-22】 已知某系统传递函数为 $G(s) = \dfrac{0.0001s^3 + 0.0218s^2 + 1.0436s + 9.3500}{0.0006s^3 + 0.0268s^2 + 0.06365s + 6.2711}$,

绘制该系统的零极点图。

解：在 MATLAB 命令行窗口输入以下程序。

```
1   num=[0.0001,0.0218,1.0436,9.3500];        %传递函数分子赋值
2   den=[0.0006,0.0268,0.06365,6.2711];        %传递函数分母赋值
3   sys=tf(num,den);                           %构建传递函数
4   pzmap(sys);                                %绘制零极点图
5   [p,z]=pzmap(sys)                           %输出零极点
6   xlabel('实部')                              %x轴标注
7   ylabel('虚部')                              %y轴标注
8   print(gcf,'-r600','-djpeg','图 3-22.jpg')    %保存图形文件
```

输出结果如图 3-22 所示。三个零点分别为 -154.2881、-52.0746、-11.6373；三个极点分别为 -47.1224、$1.2279+14.8423i$、$1.2279-14.8423i$。

2. 绘制根轨迹

【例 3-23】 已知单位负反馈系统，系统的开环传递函数为 $G(s) = \dfrac{s+1}{2s^3 + 3.5s^2 + s}$，利用

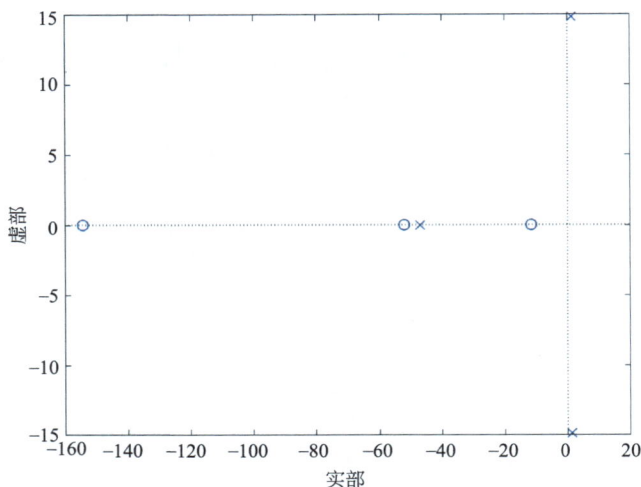

图 3-22　零极点分布图

MATLAB 绘制系统的根轨迹图。

　　解：在 MATLAB 命令行窗口输入以下程序。

```
1  num=[1,1];                              %传递函数分子赋值
2  den=[2,3.5,1,0];                        %传递函数分母赋值
3  sys=tf(num,den);                        %构建传递函数
4  rlocus(sys);                            %绘制根轨迹图
5  xlabel('实部')                          %x 轴标注
6  ylabel('虚部')                          %y 轴标注
7  print(gcf,'-r600','-djpeg','图 3-23.jpg')  %保存图形文件
```

　　输出结果如图 3-23 所示。

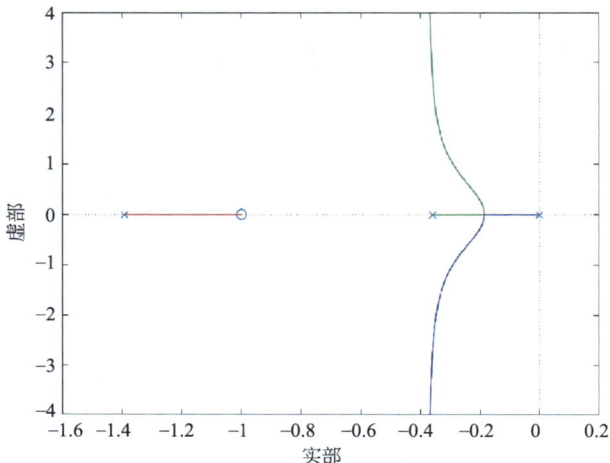

图 3-23　例 3-23 的根轨迹图

3. 计算给定一组根的根轨迹增益

　　【例 3-24】 已知系统传递函数为 $G(s)=\dfrac{K(s+5)}{s^3+16s^2+51s+36}$，利用 MATLAB 绘制系统

的根轨迹图，并在根轨迹上任选一点，计算该点的增益及其所有极点的位置。

解： 在 MATLAB 命令行窗口输入以下程序。

```
1  num=[1,5];                              %传递函数分子赋值
2  den=[1,16,51,36];                       %传递函数分母赋值
3  sys=tf(num,den);                        %构建传递函数
4  rlocus(sys);                            %绘制根轨迹图
5  [k,poles]=rlocfind(sys)                 %计算用户选定点处的增益及其极点
6  xlabel('实部')                          %x 轴标注
7  ylabel('虚部')                          %y 轴标注
8  print(gcf,'-r600','-djpeg','图 3-24.jpg') %保存图形文件
```

输出结果如图 3-24 所示。在图形窗口中显示十字形光标，当用鼠标左键在根轨迹图上选择一点时，就可以得到该点对应的增益 K，以及该 K 值下其他的极点，所有的极点在图中以"＋"表示。当 $K = 59.1405$ 时，其他极点分别是 -7.0515、$-4.4743 + 5.1982i$、$-4.4743 - 5.1982i$。

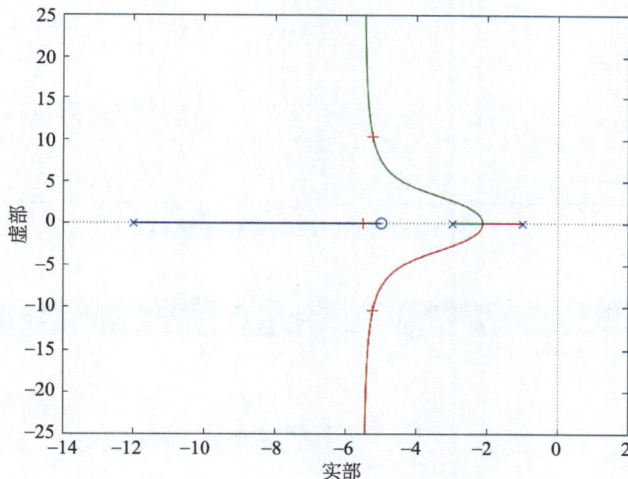

图 3-24   例 3-24 的根轨迹图

4. 基于图形化工具 rltool 的系统分析与设计

【例 3-25】 系统开环传递函数为 $G(s) = \dfrac{k}{s^2 + s}$，用根轨迹设计器查看系统增加开环零点对系统性能的影响。

解：（1）打开工具。在 MATLAB 命令行窗口输入以下命令，结果如图 3-25 所示。
G=tf([1],[1,1,0]);
rltool(G)

选择 Analysis 按钮中的 Response to Step Command，显示单位阶跃响应曲线，如图 3-26 所示。此时，鼠标在根轨迹上移动时，对应增益的系统时域响应曲线实时变化。

（2）增加零点。可直接在工具栏上操作，也可通过快捷菜单操作。增加零点 $-1 \pm j$，系统的根轨迹如图 3-27 所示。可以看出，加入零点后，根轨迹向左弯曲。

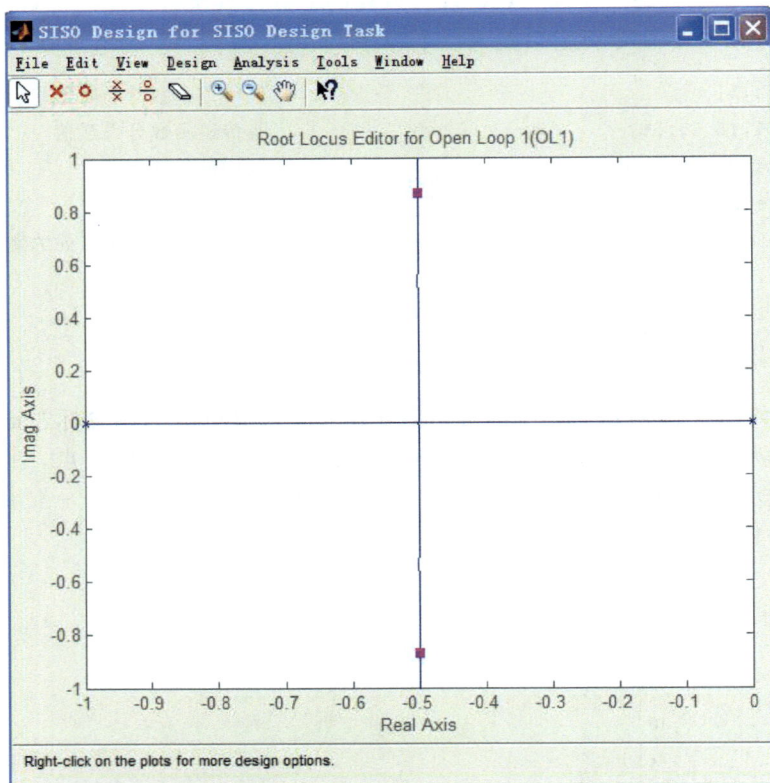

图 3-25   SISO Design Task 窗口

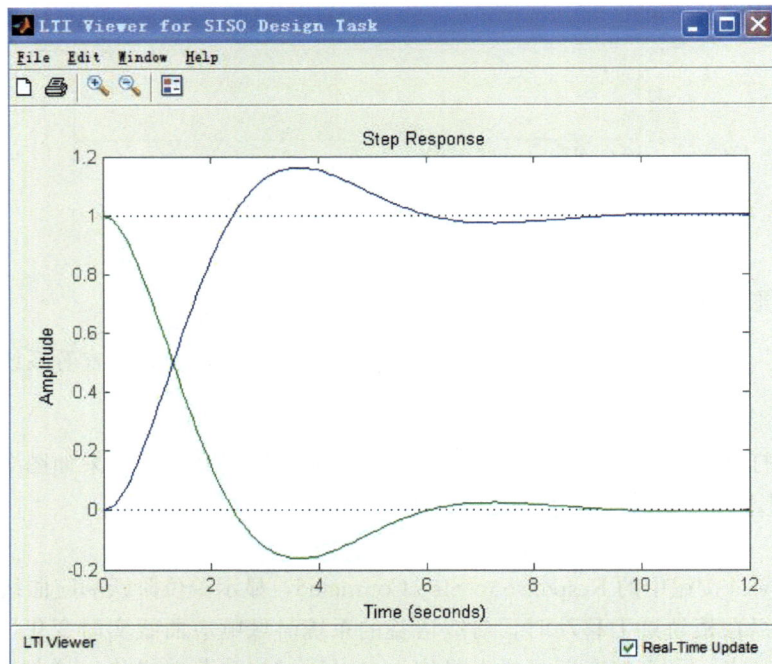

图 3-26   单位阶跃响应曲线

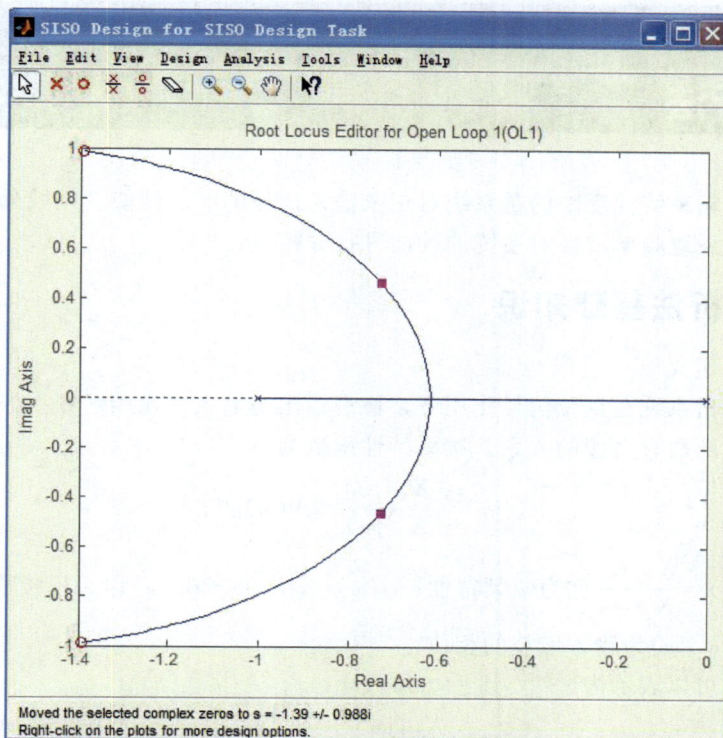

图 3-27　系统增加零点后的根轨迹

系统增加零点后的阶跃响应曲线如图 3-28 所示。

同理，也可以分析增加极点对系统性能的影响。

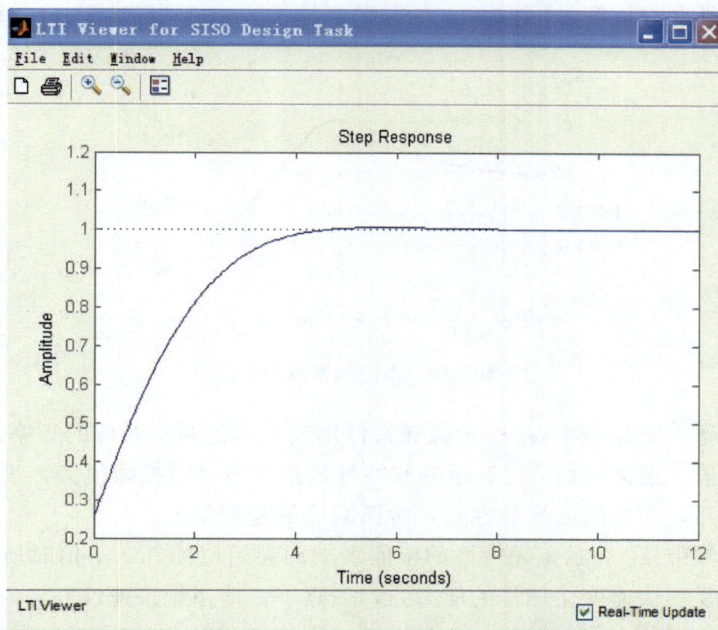

图 3-28　系统增加零点后的阶跃响应曲线

控制系统的频率特性反映的是系统对正弦输入信号的响应性能。频域分析法是一种图解分析法，它依据系统频率特性对系统的性能进行分析。

一、频域分析法基础知识

1. 频率特性定义

频率特性是指系统在正弦信号作用下，稳态输出与输入之比相对频率的关系特性。频率特性函数与传递函数有直接的关系。频率特性函数为

$$G(j\omega) = \frac{X_0(j\omega)}{X_i(j\omega)} = A(\omega) e^{j\varphi(\omega)} \tag{3-16}$$

式中，$A(\omega) = \dfrac{X_0(\omega)}{X_i(\omega)}$ 称为幅频特性；$\varphi(\omega) = \varphi_0(\omega) - \varphi_i(\omega)$ 称为相频特性；$\varphi_0(\omega)$ 为稳态输出的相位；$\varphi_i(\omega)$ 为输入谐波的相位。

频率特性还可以表示为

$$G(j\omega) = \frac{X_0(j\omega)}{X_i(j\omega)} = p(\omega) + j\theta(\omega) \tag{3-17}$$

式中，$p(\omega)$ 为 $G(j\omega)$ 的实部，称为实频特性；$\theta(\omega)$ 为 $G(j\omega)$ 的虚部，称为虚频特性。

2. 频域性能指标

系统频率特性曲线如图 3-29 所示。常见的频域性能指标主要有以下 3 个。

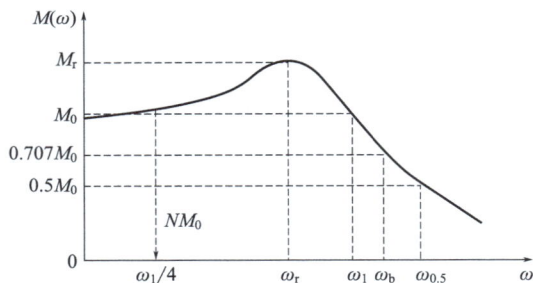

图 3-29　系统频率特性曲线

（1）谐振频率。谐振频率 ω_r 表示幅频特性出现最大值时所对应的频率。

（2）谐振峰值。谐振峰值 M_r 表示幅频特性的最大值。谐振峰值大，表明系统对频率的正弦信号反应强烈，即系统的平稳性差，阶跃响应的超调量大。

（3）频带。频带 ω_b 表示幅频特性的幅值衰减到起始值的 0.707 倍时所对应的频率。频带大，表明系统复现快速变化信号的能力强，失真小，即系统快速性好，阶跃响应上升时间短，调节时间短。

3. 频率特性的表示方法

频率特性的表示方法有 3 种：极坐标图，又称 Nyquist（乃奎斯特）图；对数坐标图，又称对数频率特性曲线图或 Bode（伯德）图；对数幅相图，又称对数幅相频率特性曲线或 Nichols 图。

（1）极坐标图（Nyquist 图）。图 3-30 所示为某系统极坐标图，横轴为实轴，纵轴为虚轴；当 $\omega = \omega_i$ 时，向量长度在实轴上的投影为实频特性，在虚轴上的投影为虚频特性。极坐标图是代表 ω 从 $0 \to \infty$ 时系统频率特性 $G(j\omega)$ 端点在复平面上的运动轨迹。

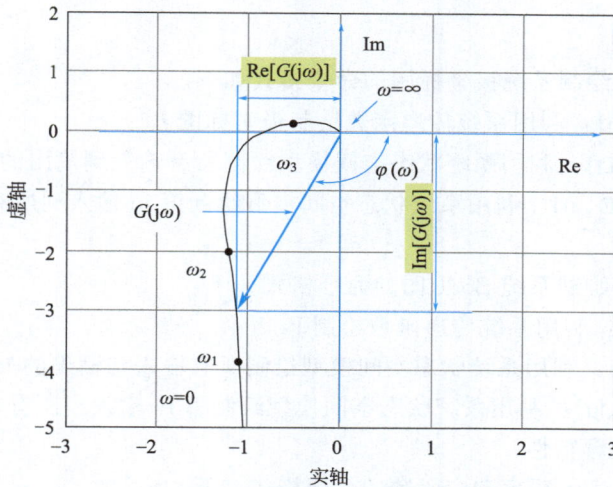

图 3-30　极坐标图（Nyquist 图）

采用极坐标图的优点是它能在一幅图上表示出系统在整个频率范围内的频率响应特性，但它不能清楚地表明开环传递函数中每个因子对系统的具体影响。

（2）对数坐标图（Bode 图）。Bode 图由对数幅频特性和对数相频特性的两张图组成，如图 3-31 所示。

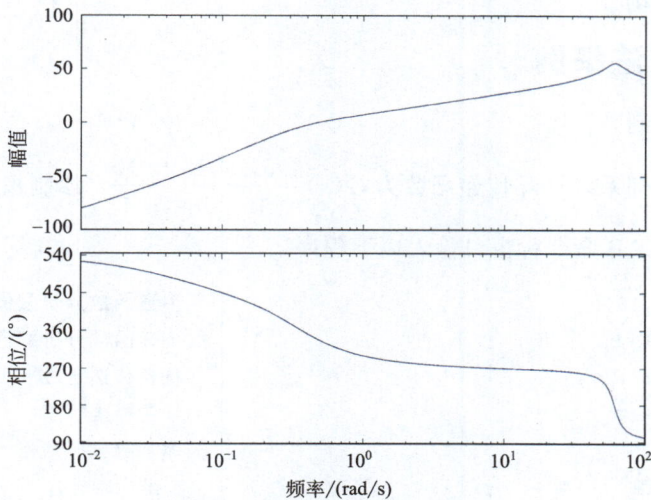

图 3-31　对数坐标图（Bode 图）

对数幅频特性是频率特性的对数值 $L(\omega) = 20\lg A(\omega)$ 与频率 ω 的关系曲线；对数相频特性是频率特性的相角 $\varphi(\omega)$ 与频率 ω 的关系曲线。

对数幅频特性的纵轴为 $L(\omega) = 20\lg A(\omega)$，单位为分贝（dB），采用线性分度；横轴为 $\lg\omega$，单位是弧度/秒（rad/s），采用对数分度。

对数相频特性的纵轴为相位角，单位为度（°），采用线性分度；横轴与对数幅频特性的横轴一样。

二、频域分析法的 MATLAB 实现

1. 极坐标图绘制
利用 MATLAB 绘制系统极坐标图的命令格式如下。

nyquist(num,den)：利用系统传递函数绘制极坐标图。

nyquist(A,B,C,D)：利用系统状态空间模型绘制所有输入到输出的极坐标图。

nyquist(A,B,C,D,iu)：利用系统状态空间模型绘制第 iu 输入到所有输出的极坐标图。

2. Bode 图绘制
利用 MATLAB 绘制系统 Bode 图的命令格式如下。

bode(num,den)：利用系统传递函数绘制 Bode 图。

bode(A,B,C,D)：利用系统状态空间模型绘制所有输入到输出的 Bode 图。

bode(A,B,C,D,iu)：利用系统状态空间模型绘制第 iu 输入到所有输出的 Bode 图。

3. 幅频特性和相频特性
利用 MATLAB 表示频率响应函数的命令格式如下。

h＝freqs(b,a,w)

其中 h 为频率响应；b 为分子多项式的系数；a 为分母多项式系数；w 为需计算的频率特性。

幅频特性为

mag＝abs(h)

相频特性为

phase＝angle(h)

三、频域分析法举例

1. 极坐标图绘制

【例 3-26】 已知系统开环传递函数为 $G(s) = \dfrac{5s^2 + 15s + 10}{10s^2 - 9s - 1}$，绘制极坐标图。

解：在 MATLAB 命令行窗口输入以下程序。

```
1   num=[5,15,10];                        %传递函数分子赋值
2   den=[10,-9,-1];                       %传递函数分母赋值
3   sys=tf(num,den);                      %构建传递函数
4   nyquist(sys);                         %绘制极坐标图
5   grid                                  %添加极坐标网格
6   xlabel('实轴')                         %x 坐标轴标注
7   ylabel('虚轴')                         %y 坐标轴标注
8   print(gcf,'-r600','-djpeg','图 3-32.jpg')   %保存图形文件
```

输出结果如图 3-32 所示。

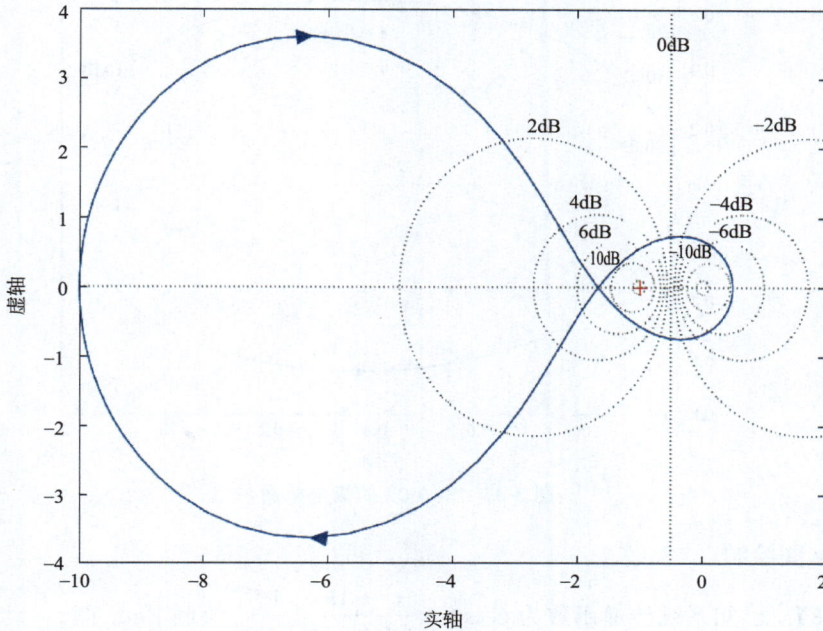

图 3-32   例 3-26 的极坐标图

【例 3-27】 系统的状态空间模型为 $\begin{cases} \dot{x} = \begin{bmatrix} -2 & 2 & -1 \\ 0 & -2 & 0 \\ 1 & -4 & 0 \end{bmatrix} x + \begin{bmatrix} 0 \\ 0 \\ 1 \end{bmatrix} u，绘制极坐标图。 \\ y = \begin{bmatrix} 1 & 0 & 0 \end{bmatrix} x \end{cases}$

解： 在 MATLAB 命令行窗口输入以下程序。

```
1   A=[-2,2,-1;0,-2,0;1,-4,0];              %系统矩阵赋值
2   B=[0;0;1];                               %控制矩阵赋值
3   C=[1,0,0];                               %输出矩阵赋值
4   D=0;                                     %传递矩阵赋值
5   nyquist(A,B,C,D)                         %绘制极坐标图
6   grid                                     %添加极坐标网格
7   xlabel('实轴')                            %x 坐标轴标注
8   ylabel('虚轴')                            %y 坐标轴标注
9   print(gcf,'-r600','-djpeg','图 3-33.jpg') %保存图形文件
```

输出结果如图 3-33 所示。

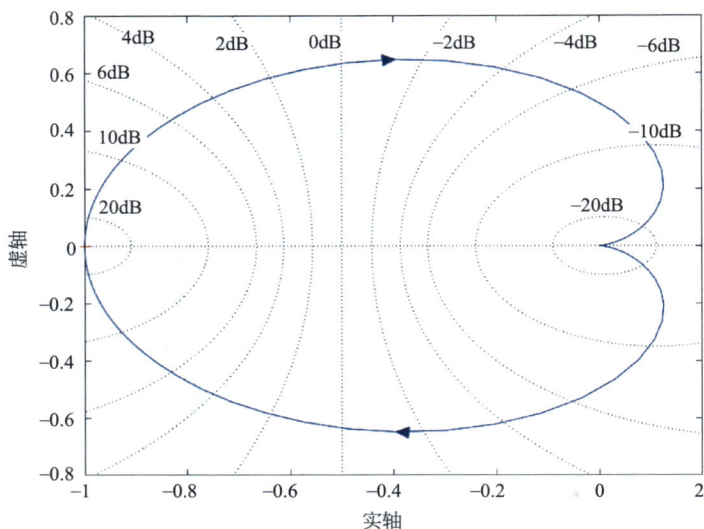

图 3-33　例 3-27 的极坐标图

2. Bode 图绘制

【例 3-28】 已知系统传递函数为 $G(s)=\dfrac{5s^2+15s+10}{10s^2-9s-1}$，绘制 Bode 图。

解：在 MATLAB 命令行窗口输入以下程序。

```
1  num=[5,15,10];                          %传递函数分子赋值
2  den=[10,-9,-1];                         %传递函数分母赋值
3  sys=tf(num,den);                        %构建传递函数
4  bode(sys);                              %绘制 Bode 图
5  print(gcf,'-r600','-djpeg','图 3-34.jpg')   %保存图形文件
```

输出结果如图 3-34 所示。

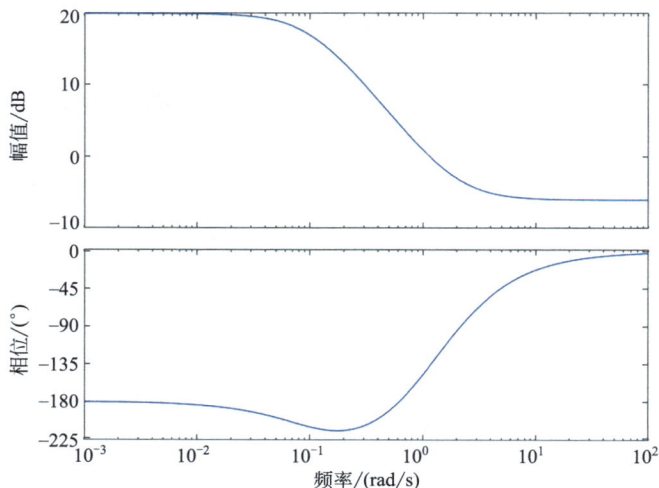

图 3-34　例 3-28 的 Bode 图

【例 3-29】 已知系统传递函数为 $G(s) = \dfrac{3.6}{s^2 + 3s + 5}$，绘制系统的 Bode 图，并求系统的谐振幅值和谐振频率。

解：在 M 文件编辑器窗口中输入以下计算谐振幅值和谐振频率的程序，并保存文件名为 mr. m。

```
1   function [Mr,Pr,Wr]=mr(G)          %定义函数
2   [mag,pha,w]=bode(G);               %计算幅值、相位角和角频率
3   magn(1,:)=mag(1,:);                %提取幅值
4   phase(1,:)=pha(1,:);               %提取相位角
5   [M,i]=max(magn);                   %求谐振幅值
6   Mr=20 * log10(M);                  %求谐振幅值
7   Pr=phase(1,i);                     %提取相位角
8   Wr=w(i,1);                         %求谐振频率
```

在 MATLAB 命令行窗口输入以下程序。

```
1   num=[3.6];                         %传递函数分子赋值
2   den=[1,3,5];                       %传递函数分母赋值
3   G=tf(num,den);                     %构建传递函数
4   [Mr,Pr,wr]=mr(G)                   %求谐振幅值和谐振频率
```

输出结果为

```
Mr=
    -2.8103
Pr=
    -26.8012
wr=
    0.7478
```

系统的谐振幅值为 -2.8103dB，谐振频率为 0.7478rad/s。

在 MATLAB 命令行窗口输入以下程序。

```
1   num=[3.6];                         %传递函数分子赋值
2   den=[1,3,5];                       %传递函数分母赋值
3   G=tf(num,den);                     %构建传递函数
4   bode(G)                            %绘制 Bode 图
5   print(gcf,'-r600','-djpeg','图 3-35.jpg')   %保存图形文件
```

输出结果如图 3-35 所示。

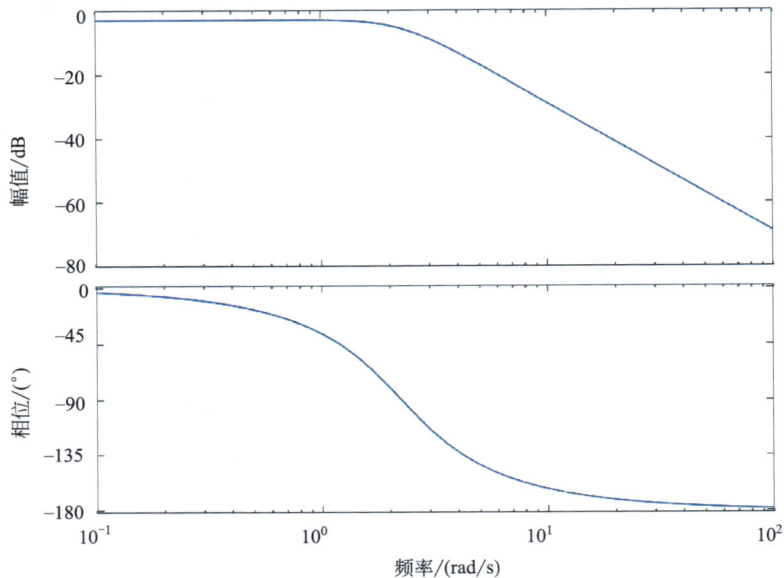

图 3-35 例 3-29 的 Bode 图

【例 3-30】 系统状态空间为

$$\begin{cases} \begin{bmatrix} \dot{x}_1 \\ \dot{x}_2 \\ \dot{x}_3 \\ \dot{x}_4 \end{bmatrix} = \begin{bmatrix} -1 & 0 & 0 & 0 \\ 2 & -3 & 0 & 0 \\ 1 & 0 & -2 & 0 \\ 4 & -1 & 2 & -4 \end{bmatrix} \begin{bmatrix} x_1 \\ x_2 \\ x_3 \\ x_4 \end{bmatrix} + \begin{bmatrix} 0 \\ 0 \\ 1 \\ 2 \end{bmatrix} u \\ y = \begin{bmatrix} 3 & 0 & 1 & 0 \end{bmatrix} \begin{bmatrix} x_1 \\ x_2 \\ x_3 \\ x_4 \end{bmatrix} \end{cases}$$ ，绘制系统

Bode 图。

解： 在 MATLAB 命令行窗口输入以下程序。

```
1   A=[-1,0,0,0;2,-3,0,0;1,0,-2,0;4,-1,2,-4];    %系统矩阵赋值
2   B=[0;0;1;2];                                  %控制矩阵赋值
3   C=[3,0,1,0];                                  %输出矩阵赋值
4   D=[0];                                        %传递矩阵赋值
5   bode(A,B,C,D)                                 %绘制 Bode 图
6   print(gcf,'-r600','-djpeg','图 3-36.jpg')      %保存图形文件
```

输出结果如图 3-36 所示。

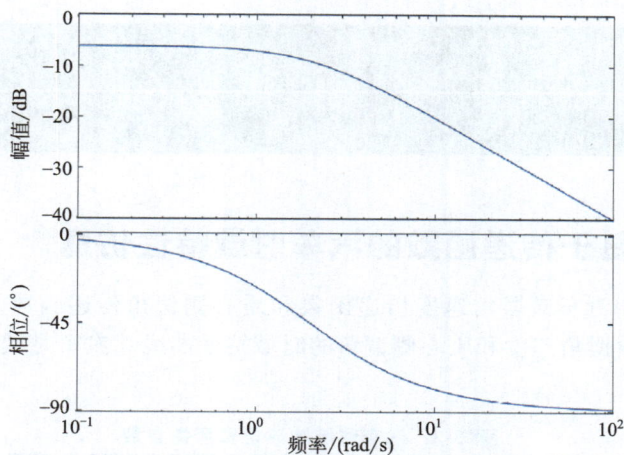

图 3-36　例 3-30 的 Bode 图

3. 幅频特性和相频特性

【**例 3-31**】 已知系统传递函数为 $G(s) = \dfrac{0.2s^2 + 0.3s + 1}{s^2 + 0.4s + 1}$，绘制幅频特性和相频特性。

解： 在 MATLAB 命令行窗口输入以下程序。

```
1    b=[0.2,0.3,1];                     %传递函数分子赋值
2    a=[1,0.4,1];                       %传递函数分母赋值
3    w=logspace(-1,1);                  %定义对数频率范围
4    h=freqs(b,a,w);                    %构建频率响应函数
5    mag=abs(h);                        %求幅频特性
6    phase=angle(h);                    %求相频特性
7    subplot(2,1,1)                     %设置幅频特性图形位置
8    loglog(w,mag)                      %绘制幅频特性曲线
9    subplot(2,1,2)                     %设置相频特性图形位置
10   semilogx(w,phase)                  %绘制相频特性曲线
```

输出结果如图 3-37 所示。

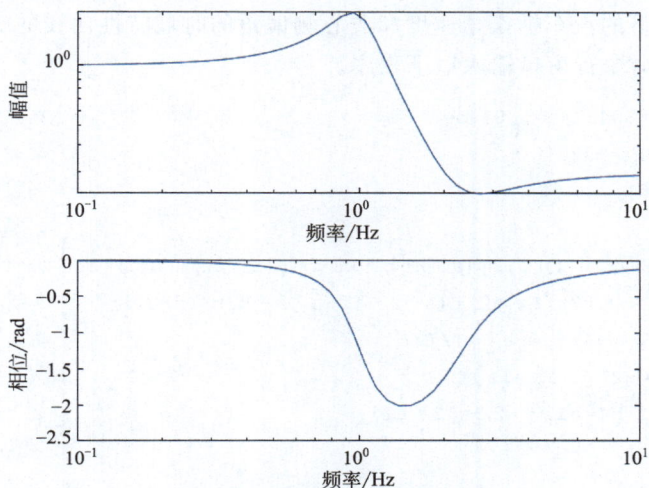

图 3-37　幅频特性和相频特性

应用实例一　基于传递函数的汽车时域特性仿真

【例 3-32】　利用汽车横摆角速度传递函数和质心侧偏角传递函数，对汽车时域响应进行仿真，绘制汽车横摆角速度和质心侧偏角的时域特性曲线。汽车时域响应仿真所需参数见表 3-2。

表 3-2　汽车时域响应仿真所需参数

汽车质量/kg	汽车转动惯量/(kg·m²)	汽车质心至前轴距离/m
3018	10437	1.84m
汽车质心至后轴距离/m	前轮综合侧偏刚度/(N/rad)	后轮综合侧偏刚度/(N/rad)
1.88	−23147	−38318

解：汽车横摆角速度传递函数和质心侧偏角传递函数分别为

$$G_{\omega_r}(s) = \frac{\omega_r(s)}{\delta_1(s)} = \frac{(s-a_{11})b_{21}+a_{21}b_{11}}{s^2-(a_{11}+a_{22})s+a_{11}a_{22}-a_{12}a_{21}}$$

$$G_\beta(s) = \frac{\beta(s)}{\delta_1(s)} = \frac{(s-a_{22})b_{11}+a_{12}b_{21}}{s^2-(a_{11}+a_{22})s+a_{11}a_{22}-a_{12}a_{21}}$$

式中，$a_{11}=\dfrac{K_{a1}+K_{a2}}{mu}$；$a_{12}=\dfrac{aK_{a1}-bK_{a2}-mu^2}{mu^2}$；$a_{21}=\dfrac{aK_{a1}-bK_{a2}}{I_z}$；

$a_{22}=\dfrac{a^2K_{a1}+b^2K_{a2}}{I_zu}$；$b_{11}=-\dfrac{K_{a1}}{mu}$；$b_{21}=-\dfrac{aK_{a1}}{I_z}$。

车速分别选取 10m/s、20m/s 和 30m/s；在仿真时间 0s 时给前轮一个阶跃信号，使前轮转角从 0°转到 15°，并保持不变。根据汽车横摆角速度传递函数和质心侧偏角传递函数，编写绘制不同车速下的汽车横摆角速度和质心侧偏角的时域特性曲线的 MATLAB 程序。

在 MATLAB 命令行窗口输入以下程序。

```
1   m=3018;Iz=10437;a=1.84;b=1.88;                              %汽车参数赋值
2   k1=-23147;k2=-38318;                                        %轮胎侧偏刚度赋值
3   u=[10 20 30];                                               %设置速度范围
4   for i=1:3                                                   %循环开始
5   a11=(k1+k2)/m/u(i);a12=(a*k1-b*k2-m*u(i)^2)/m/u(i)^2;       %计算传递函数各项系数
6   a21=(a*k1-b*k2)/Iz;a22=(a^2*k1+b^2*k2)/Iz/u(i);             %计算传递函数各项系数
7   b11=-k1/m/u(i);b21=-a*k1/Iz;                               %计算传递函数各项系数
8   b1=b21;b2=a21*b11-a11*b21;                                  %计算传递函数各项系数
9   b3=-a11-a22;b4=a11*a22-a12*a21;                             %计算传递函数各项系数
10  num=[b1,b2];                                                %传递函数分子多项式系数
11  den=[1,b3,b4];                                              %传递函数分母多项式系数
12  t=0:0.1:10;                                                 %响应时间
```

```
13   Go=step(num,den,t);                                    %单位阶跃响应
14   Go1=Go * pi * 15/180;                                  %计算横摆角速度
15   gss='-:--';                                            %定义线型
16   plot(t,Go1,[gss(2 * i-1)gss(2 * i)])                   %绘制横摆角速度响应曲线
17   hold on                                                %保存图形
18   end                                                    %循环结束
19   xlabel('时间/s')                                       %x 轴标注
20   ylabel('横摆角速度/(rad/s)')                           %y 轴标注
21   legend('速度 10m/s','速度 20m/s','速度 30m/s')         %曲线标注
22   print(gcf,'-r600','-djpeg','图 3-38.jpg')              %保存图形文件
```

输出结果如图 3-38 所示。

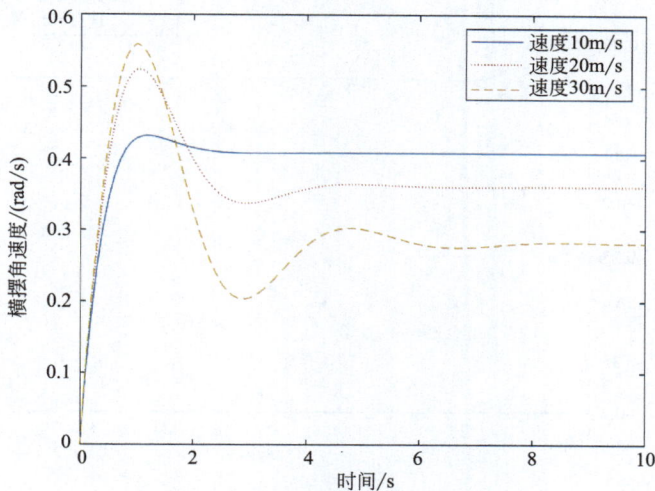

图 3-38　汽车横摆角速度时域特性曲线

在 MATLAB 命令行窗口输入以下程序。

```
1    m=3018;Iz=10437;a=1.84;b=1.88;                                    %汽车参数赋值
2    k1=-23147;k2=-38318;                                              %轮胎侧偏刚度赋值
3    u=[10 20 30];                                                     %设置速度范围
4    for i=1:3                                                         %循环开始
5    a11=(k1+k2)/m/u(i);a12=(a * k1-b * k2-m * u(i)^ 2)/m/u(i)^ 2;     %计算传递函数各项系数
6    a21=(a * k1-b * k2)/Iz;a22=(a ^ 2 * k1+b ^ 2 * k2)/Iz/u(i);       %计算传递函数各项系数
7    b11=-k1/m/u(i);b21=-a * k1/Iz;                                    %计算传递函数各项系数
8    b1=b11;b2=a12 * b21-a22 * b11;                                    %计算传递函数各项系数
9    b3=-a11-a22;b4=a11 * a22-a12 * a21;                               %计算传递函数各项系数
10   num=[b1,b2];                                                      %传递函数分子多项式系数
11   den=[1,b3,b4];                                                    %传递函数分母多项式系数
12   t=0:0.1:10;                                                       %响应时间
13   Go=step(num,den,t);                                              %单位阶跃响应
14   Go1=Go * pi * 15/180;                                            %计算质心侧偏角
15   gss='-:--';                                                      %定义线型
```

16	`plot(t,Go1,[gss(2*i-1)gss(2*i)])`	%绘制质心侧偏角响应曲线
17	`hold on`	%保存图形
18	`end`	%循环结束
19	`xlabel('时间/s')`	%x轴标注
20	`ylabel('质心侧偏角/rad')`	%y轴标注
21	`legend('速度10m/s','速度20m/s','速度30m/s')`	%曲线标注
22	`print(gcf,'-r600','-djpeg','图3-39.jpg')`	%保存图形文件

输出结果如图 3-39 所示。

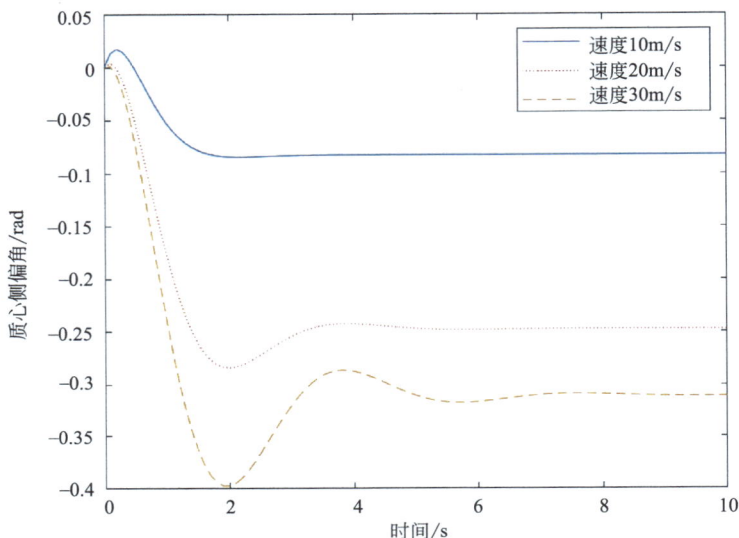

图 3-39　汽车质心侧偏角时域特性曲线

应用实例二　基于状态空间模型的汽车时域特性仿真

【**例 3-33**】　利用状态空间模型对汽车时域响应进行仿真，绘制汽车横摆角速度和质心侧偏角的时域特性曲线。汽车时域响应仿真所需参数见表 3-3。

表 3-3　汽车时域响应仿真所需参数

汽车质量/kg	汽车转动惯量/(kg·m^2)	汽车质心至前轴距离/m
2050	5600	1.5

汽车质心至后轴距离/m	前轮综合侧偏刚度/(N/rad)	后轮综合侧偏刚度/(N/rad)
1.8	−38900	−39200

解：取状态向量为 $X = \begin{bmatrix} \beta & \omega_r \end{bmatrix}^T$，输入向量为 $U = \begin{bmatrix} \delta_1 \end{bmatrix}$，输出向量为 $Y = \begin{bmatrix} \beta & \omega_r \end{bmatrix}^T$，状态空间模型为

$$\dot{X} = AX + BU$$

$$Y = CX + DU$$

式中，$A = \begin{bmatrix} \dfrac{K_{\alpha 1} + K_{\alpha 2}}{mu} & \dfrac{aK_{\alpha 1} - bK_{\alpha 2}}{mu^2} - 1 \\[3mm] \dfrac{aK_{\alpha 1} - bK_{\alpha 2}}{I_z} & \dfrac{a^2 K_{\alpha 1} + b^2 K_{\alpha 2}}{I_z u} \end{bmatrix}$ 称为系统矩阵；$B = \begin{bmatrix} -\dfrac{K_{\alpha 1}}{mu} \\[3mm] -\dfrac{aK_{\alpha 1}}{I_z} \end{bmatrix}$ 称为控制矩

阵；$C = \begin{bmatrix} 1 & 0 \\ 0 & 1 \end{bmatrix} C$ 称为输出矩阵；$D = \begin{bmatrix} 0 \\ 0 \end{bmatrix}$ 称为传递矩阵。

车速分别选取 20m/s、30m/s 和 40m/s；在仿真时间 0s 时给前轮一个阶跃信号，使前轮转角从 0°转到 10°，并保持不变。根据汽车状态空间模型，编写绘制不同车速下的汽车横摆角速度和质心侧偏角的时域特性曲线的 MATLAB 程序如下。

在 MATLAB 命令行窗口输入以下程序。

```
1   m=2050;Iz=5600;a=1.5;b=1.8;L=3.3;                          %汽车参数赋值
2   k1=-38900;k2=-39200;                                       %轮胎侧偏刚度赋值
3   u=[20 30 40];                                              %设置速度范围
4   for i=1:3                                                  %循环开始
5   a11=(k1+k2)/m/u(i);a12=(a*k1-b*k2-m*u(i)^2)/m/u(i)^2;      %计算各项系数
6   a21=(a*k1-b*k2)/Iz;a22=(a^2*k1+b^2*k2)/Iz/u(i);            %计算各项系数
7   b11=-k1/m/u(i);b21=-a*k1/Iz;                               计算各项系数
8   A=[a11,a12;a21,a22];                                       %计算矩阵 A
9   B=[b11;b21];                                               %计算矩阵 B
10  C=[1,0;0,1];                                               %计算矩阵 C
11  D=[0;0];                                                   %计算矩阵 D
12  sys=ss(A,B,C,D);                                           %构建状态空间模型
13  t=0:0.1:10;                                                %响应时间
14  step(sys*pi/18);                                           %绘制阶跃响应曲线
15  hold on                                                    %保存图形
16  end                                                        %循环结束
17  xlabel('时间/s')                                           %x 轴标注
18  ylabel('振幅')                                             %y 轴标注
19  legend('速度 20m/s','速度 30m/s','速度 40m/s')             %曲线标注
20  print(gcf,'-r600','-djpeg','图 3-40.jpg')                  %保存图形文件
```

输出结果如图 3-40 所示，Out(1) 代表质心侧偏角输出曲线，Out(2) 代表横摆角速度输出曲线。

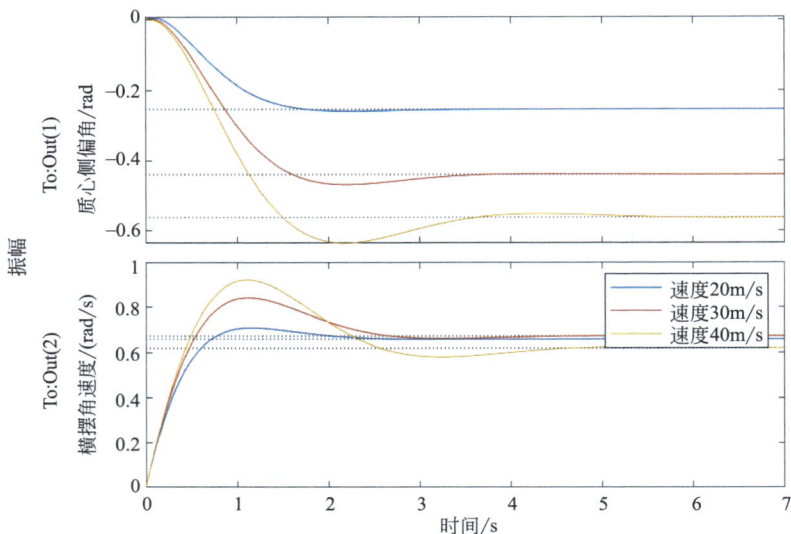

图 3-40　汽车时域特性曲线

应用实例三　基于传递函数的汽车频域特性仿真

【例 3-34】　利用汽车横摆角速度传递函数和质心侧偏角传递函数，对汽车频域响应进行仿真，绘制汽车横摆角速度和质心侧偏角的 Bode 图。汽车频域响应仿真所需参数见表 3-2。

解： 车速分别选取 10m/s、20m/s 和 30m/s，根据汽车横摆角速度传递函数和汽车质心侧偏角传递函数，编写绘制不同车速下的汽车横摆角速度和汽车质心侧偏角的频域特性曲线的 MATLAB 程序。

在 MATLAB 命令行窗口输入以下程序。

1	`m=3018;Iz=10437;a=1.84;b=1.88;`	%汽车参数赋值
2	`k1=-23147;k2=-38318;`	%轮胎侧偏刚度赋值
3	`u=[10 20 30];`	%设置速度范围
4	`for i=1:3`	%循环开始
5	`a11=(k1+k2)/m/u(i);a12=(a*k1-b*k2-m*u(i)^2)/m/u(i)^2;`	%计算传递函数各项系数
6	`a21=(a*k1-b*k2)/Iz;a22=(a^2*k1+b^2*k2)/Iz/u(i);`	%计算传递函数各项系数
7	`b11=-k1/m/u(i);b21=-a*k1/Iz;`	%计算传递函数各项系数
8	`H=tf([b21,a21*b11-a11*b21],[1,-(a11+a22),a11*a22-a12*a21]);`	%设置传递函数分子分母系数
9	`gss='-:--';`	%设置线型
10	`bode(H,[gss(2*i-1)gss(2*i)])`	%绘制伯德图
11	`hold on`	%保存图形
12	`end`	%循环结束
13	`legend('速度 10m/s','速度 20m/s','速度 30m/s')`	%曲线标注
14	`print(gcf,'-r600','-djpeg','图 3-41.jpg')`	%保存图形文件

输出结果如图 3-41 所示。

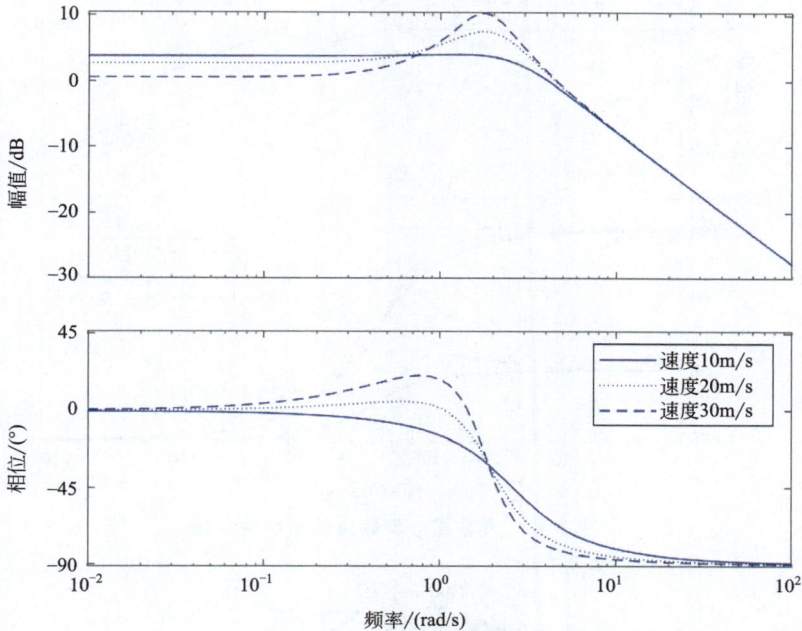

图 3-41　汽车横摆角速度频域特性曲线

在 MATLAB 命令行窗口输入以下程序。

1	m=3018;Iz=10437;a=1.84;b=1.88;	%汽车参数赋值
2	k1=-23147;k2=-38318;	%轮胎侧偏刚度赋值
3	u=[10 20 30];	%设置速度范围
4	for i=1:3	%循环开始
5	a11=(k1+k2)/m/u(i);a12=(a*k1-b*k2-m*u(i)^2)/m/u(i)^2;	%计算传递函数各项系数
6	a21=(a*k1-b*k2)/Iz;a22=(a^2*k1+b^2*k2)/Iz/u(i);	%计算传递函数各项系数
7	b11=-k1/m/u(i);b21=-a*k1/Iz;	%计算传递函数各项系数
8	H=tf([b11,a12*b21-a22*b11],[1,-(a11+a22),a11*a22-a12*a21]);	%设置传递函数分子分母系数
9	gss='-:--';	%设置线型
10	bode(H,[gss(2*i-1)gss(2*i)])	%绘制伯德图
11	hold on	%保存图形
12	end	%循环结束
13	legend('速度10m/s','速度20m/s','速度30m/s')	%曲线标注
14	print(gcf,'-r600','-djpeg','图3-42.jpg')	%保存图形文件

输出结果如图 3-42 所示。

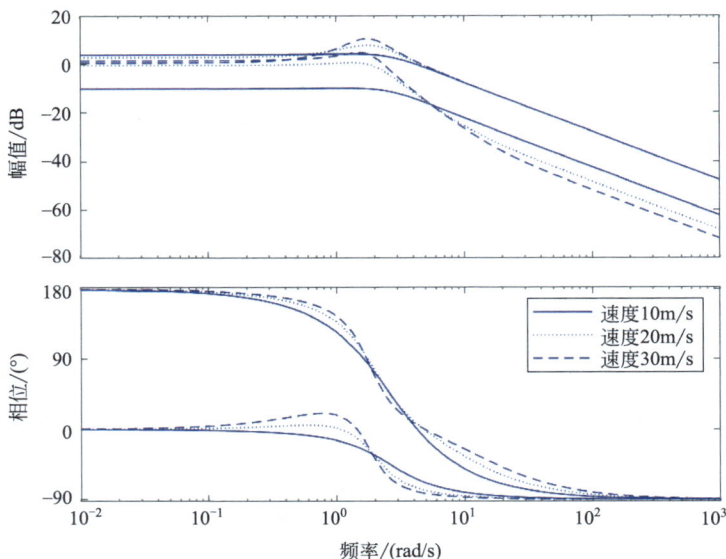

图 3-42 汽车质心侧偏角频域特性曲线

练习题

【3-1】 已知两系统的传递函数分别为 $G_1(s) = \dfrac{10s+6}{s^2+5s+2}$，$G_2(s) = \dfrac{s+6}{s^2+8s+2}$，求两系统串联、并联后的传递函数。

【3-2】 已知开环传递函数为 $G(s) = \dfrac{s+1}{s^2+4s+6}$，求单位负反馈后的闭环传递函数。

【3-3】 已知传递函数为 $G(s) = \dfrac{s+1}{s^3+14s^2+56s+160}$，建立系统的状态空间模型和零极点增益模型。

【3-4】 已知系统的状态空间模型为

$$\begin{bmatrix} \dot{x}_1 \\ \dot{x}_2 \\ \dot{x}_3 \end{bmatrix} = \begin{bmatrix} 0 & 1 & 0 \\ 0 & 0 & 1 \\ -5 & -25 & -5 \end{bmatrix} \begin{bmatrix} x_1 \\ x_2 \\ x_3 \end{bmatrix} + \begin{bmatrix} 0 \\ 25 \\ -120 \end{bmatrix} u$$

$$y = \begin{bmatrix} 1 & 0 & 0 \end{bmatrix} \begin{bmatrix} x_1 \\ x_2 \\ x_3 \end{bmatrix}$$

（1）利用 MATLAB 对控制系统建立状态空间模型。

（2）将状态空间模型转换成传递函数模型和零极点增益模型。

【3-5】 单位负反馈系统的开环传递函数为 $G(s) = \dfrac{k}{s(s^2+7s+17)}$，绘制 $k=10$、100 时闭环系统的阶跃响应曲线，并计算稳态值、峰值时间、超调量、上升时间和调节时间。

【3-6】 已知单位负反馈控制系统的前向传递函数分别为 $G(s)=\dfrac{s+1}{s^2(s+2)(s+4)}$、$\dfrac{2(s+1)}{s(s-1)(s^2+4s+16)}$ 和 $\dfrac{s+8}{s^2(s+3)(s+5)(s+7)}$，利用 MATLAB 分别绘制各系统的根轨迹图。

【3-7】 已知系统的传递函数为 $\dfrac{100(s+1)}{s(2s+1)(10s+1)}$、$\dfrac{2(10s+1)}{s(s^2+s+1)(s^2+4s+25)(s+0.2)}$，分别绘制其幅频特性曲线和极坐标曲线。

【3-8】 已知系统的传递函数为 $G(s)=\dfrac{300}{s^2(0.2s+1)(0.02s+1)}$，绘制系统的 Bode 图。

【3-9】 建立四轮转向汽车横摆角速度传递函数，利用该传递函数进行时域特性分析和频域特性分析，并绘制时域曲线和 Bode 图。

【3-10】 建立被动悬架系统的车身加速度、悬架动挠度和轮胎动载荷的传递函数，利用该传递函数进行时域特性分析和频域特性分析，并绘制时域曲线和 Bode 图。

第四章
基于MATLAB的系统控制技术

第一节
PID 控制技术

一、PID 控制基础

1. PID 控制原理

PID 控制是自动控制领域里最常用的控制算法之一，PID 控制系统的主要任务是设计 PID 控制器。PID 控制器是利用设置给定的目标值与实际输出值构成的偏差，对被控对象进行的一种线性控制，控制系统通常由被控对象和 PID 控制器两部分组成。PID 控制原理如图 4-1 所示，它由比例环节、积分环节和微分环节构成。图 4-1 中 $u(t)$ 为给定目标值；$e(t)$ 为控制偏差，是 PID 控制器的输入；$r(t)$ 为 PID 控制器的输出，即控制量；$y(t)$ 为被控对象的实际控制输出量。

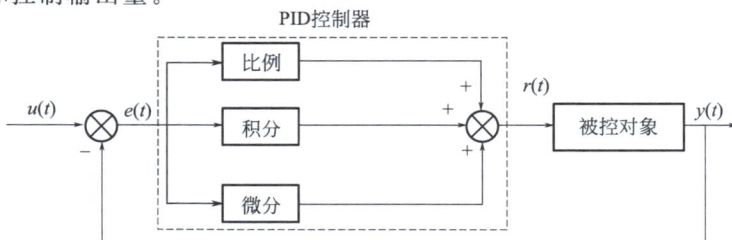

图 4-1　PID 控制原理

控制器的输入，即控制偏差为

$$e(t) = u(t) - y(t) \qquad (4\text{-}1)$$

PID 控制器将控制偏差的比例、积分和微分通过线性组合构成控制量，对被控对象进行控制，其控制规律为

$$r(t) = K_p e(t) + K_i \int_0^t e(t)\mathrm{d}t + K_d \frac{\mathrm{d}e(t)}{\mathrm{d}t} \qquad (4\text{-}2)$$

式中，K_p 为比例系数；K_i 为积分系数；K_d 为微分系数。

K_p、K_i、K_d 这 3 个参数对系统的稳定性、响应速度、超调量和稳态精度等方面起着不同的作用，其各自的作用如下。

（1）比例环节。该环节主要用于提高系统的动态响应速度和减小系统稳态偏差，即提高系统的控制精度。该环节成比例地反映控制系统的偏差信号，一旦产生偏差，控制器立即产生控制作用，以减少偏差，使实际值接近目标值。控制作用的强弱主要取决于比例系数的大小，比例系数过大，会使系统的动态特性变差，引起输出振荡，还可能导致闭环系统的不稳定；比例系数过小，被控对象会产生较大的静差，达不到预期控制的效果，所以在选择比例系数时要合理适当。

（2）积分环节。该环节在一般的 PID 控制中，当有较大的扰动或大幅度改变给定值时，由于有较大的偏差，以及系统有惯性和滞后，故在积分项的作用下，往往会产生较大的超调量和长时间波动、振荡次数增加和调整时间延长，使系统的稳定性下降。通常用积分系数来表示积分作用的强弱，积分系数越大，积分作用越强，消除偏差的过程会加快，但取值太大会导致系统趋于不稳定。

（3）微分环节。该环节根据偏差信号的变化趋势对其进行修正，在偏差信号值变得太大之前，引入一个有效的修正信号，从而使系统的动作速度加快，减小调节时间。

采用 PID 控制算法简单又方便，只要适当地调节比例系数、积分系数和微分系数，就可以得到比较理想的控制效果。

目前在实际中，PID 控制器的参数一般通过试验法、凑试法以及试验结合经验公式的方法来确定。通过理论分析可知，偏差和偏差变化率与 PID 控制器的 3 个参数之间存在一定的关系。

2. PID 控制类型

（1）比例（P）控制。这是一种最简单的控制方式，其控制器的输出与输入误差信号成比例关系，比例控制器的传递函数为

$$G(s) = K_p \qquad (4\text{-}3)$$

具有比例控制器的系统结构图如图 4-2 所示。

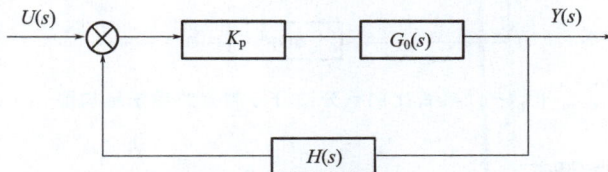

图 4-2　具有比例控制器的系统结构图

（2）比例微分（PD）控制。具有比例加微分控制规律的控制称为 PD 控制，PD 控制器

的传递函数为

$$G(s)=K_p(1+T_d s) \tag{4-4}$$

式中，T_d 为微分时间常数。

具有比例微分控制器的系统结构图如图 4-3 所示。

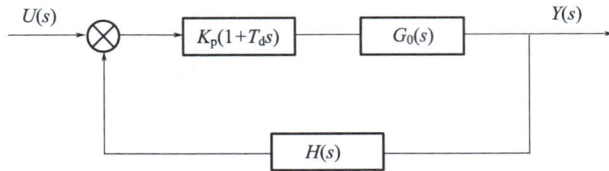

图 4-3　具有比例微分控制器的系统结构图

（3）比例积分（PI）控制。具有比例加积分控制规律的控制称为 PI 控制，PI 控制器的传递函数为

$$G(s)=K_p+\frac{K_p}{T_i s} \tag{4-5}$$

式中，T_i 为积分时间常数。

具有比例积分控制器的系统结构图如图 4-4 所示。

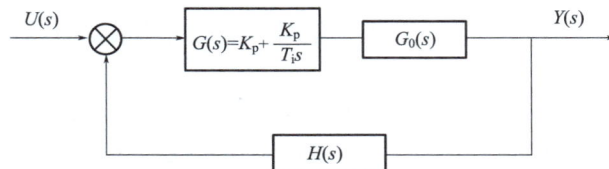

图 4-4　具有比例积分控制器的系统结构图

（4）比例积分微分（PID）控制。具有比例加积分加微分控制规律的控制称为 PID 控制，PID 控制器的传递函数为

$$G(s)=K_p+\frac{K_i}{s}+K_d s=K_p+\frac{K_p}{T_i s}+K_p T_d s \tag{4-6}$$

具有比例积分微分控制器的系统结构图如图 4-5 所示。

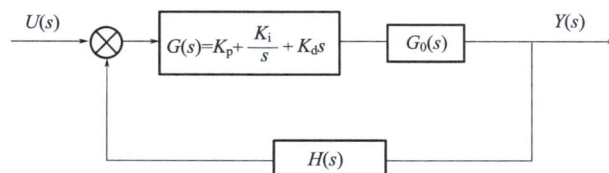

图 4-5　具有比例积分微分控制器的系统结构图

3. PID 控制器参数调节

PID 控制系统结构图如图 4-6 所示。

在已知被控对象传递函数的情况下，对单位负反馈中的 PID 进行调节，使单位阶跃响应达到最佳。

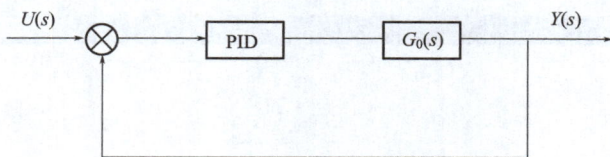

图 4-6　PID 控制系统结构图

（1）进入 PID 调节器界面。在 MATLAB 主页中，点击应用程序，再点击 PID 调节器，进入 PID 调节器界面，如图 4-7 所示。

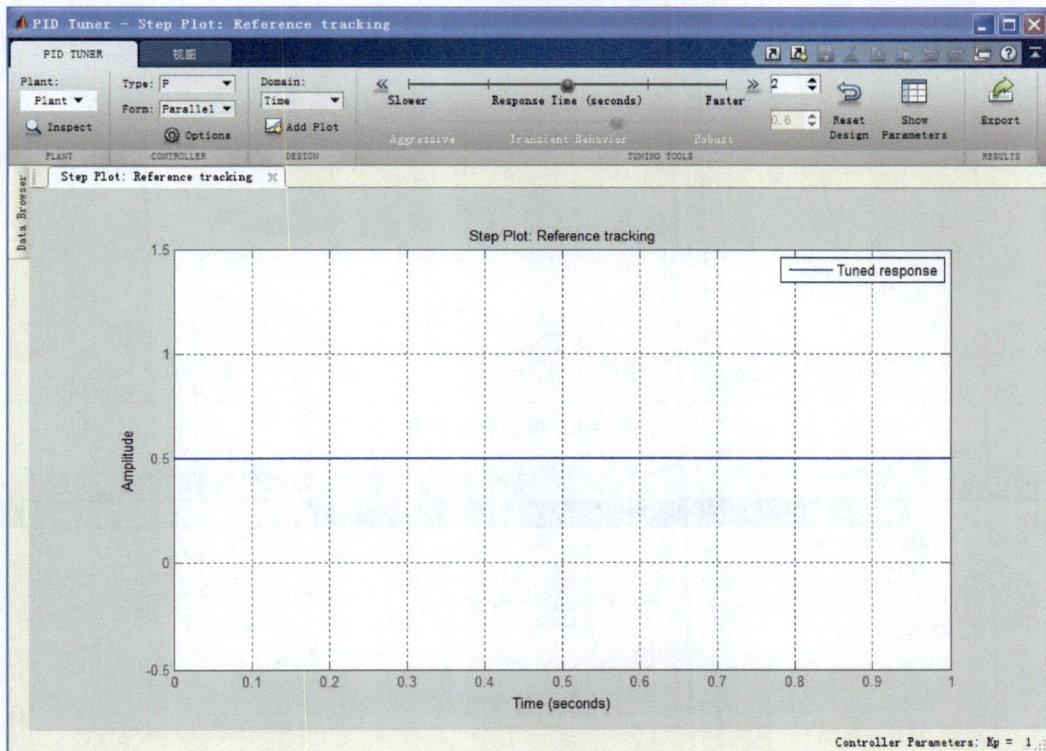

图 4-7　PID 调节器界面

PID 调节器界面中，Type 可以用来改变 PID 的类型（P/I/PI/PD/PID/PDF/PIDF）；Domain 可以选择是时域调节还是频域调节，时域调节是调节 response time（响应时间）和 transient behavior（暂态特性），频域调节是调节 bandwidth（带宽）和 phase margin（相角裕度）；点击 Response Time 图标可以加快或者减慢调节；Show Parameters 可以看控制器的参数（窗口的最下端也有）和曲线的特性（超调量、稳定性等）；Export 选中想要获得的 PID 参数，可以输出到工作区中。

（2）输入传递函数。点击 PID 调节器界面左上角的 Plant 下的 Import，输入被调节对象的传递函数，传递函数从 MATLAB 工作区中选取，可以传入多个一起调节。从 MATLAB 工作区中选取传递函数 G，如图 4-8 所示。

（3）选择控制类型和作用域。通过 Type 选择控制类型为 PID；通过 Domain 选择时域调节，如图 4-9 所示。

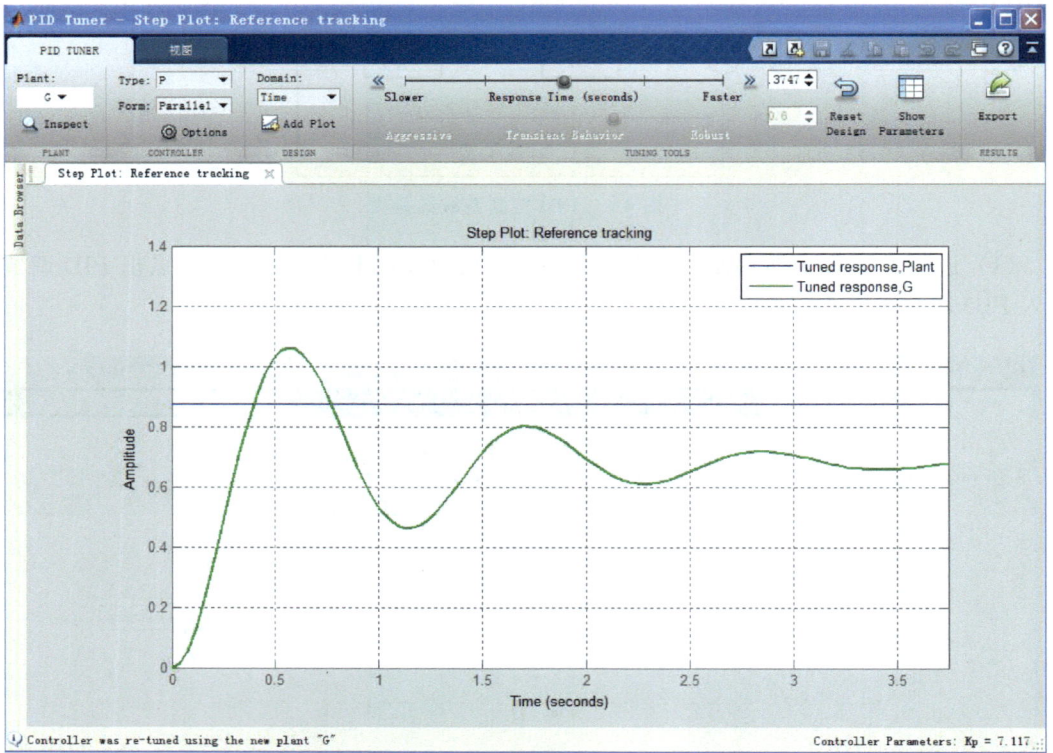

图 4-8　输入传递函数

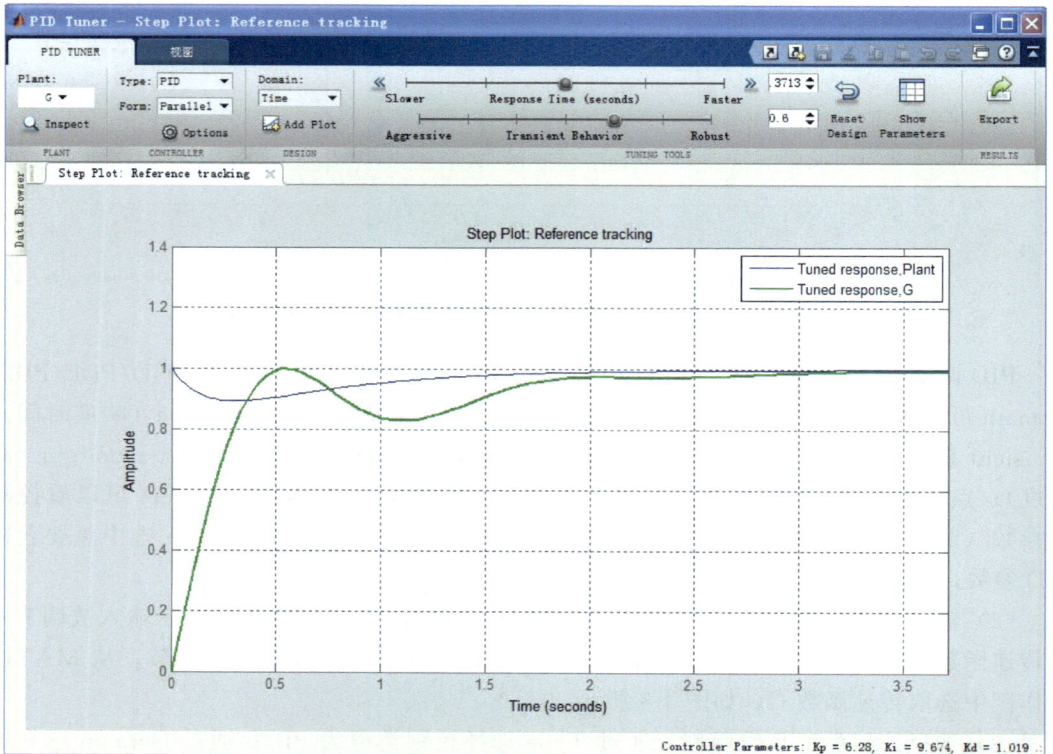

图 4-9　选择控制类型和作用域

MATLAB 编程与汽车仿真应用

（4）参数调节。根据具体系统的性能进行调节，同时可以从图像中看出调节时变化的趋势。如果调节好了，想看具体的参数，直接选择 Show Parameters 选项即可，同时也可以看到相应的性能，如图 4-10 所示。

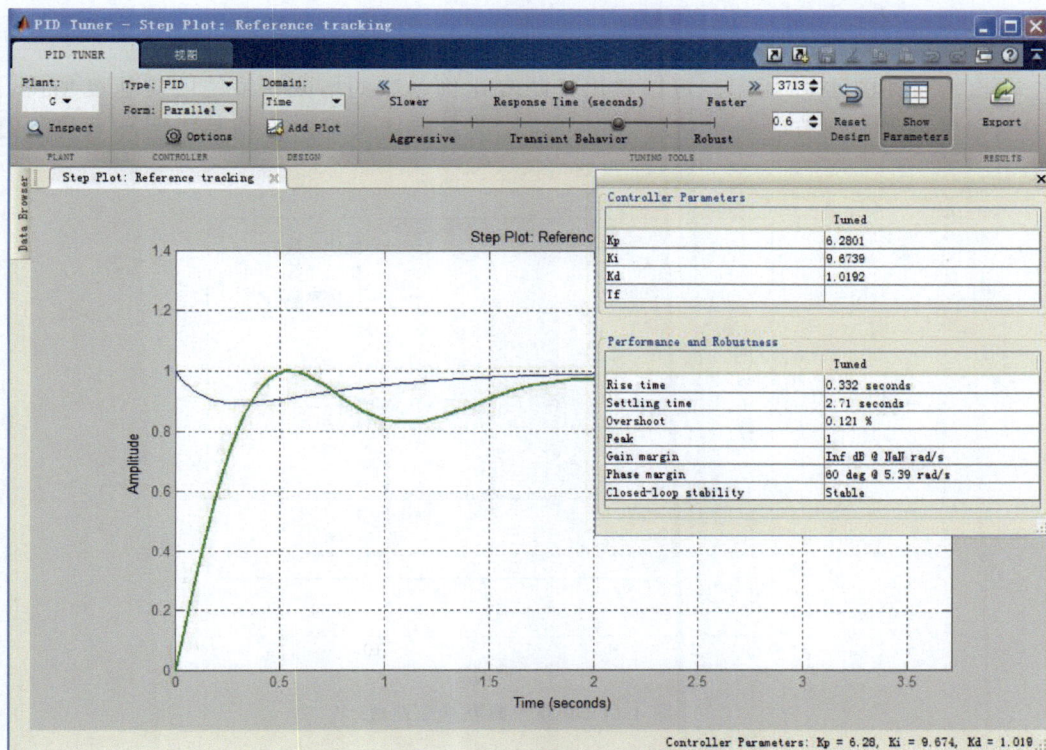

图 4-10　查看 PID 调节器的调节参数

二、PID 控制举例

1. 比例（P）控制

【例 4-1】　P 控制系统的被控对象传递函数为 $G(s)=\dfrac{1}{2s^3+13s^2+26s+15}$，系统为单位反馈，对系统采用纯比例控制，比例系数分别为 $K_p=3$、4、5，绘制各比例系数下系统的单位阶跃响应曲线。

解： 在 MATLAB 命令行窗口输入以下程序。

```
1    num= 1;                              %传递函数分子多项式系数赋值
2    den= [2,13,26,15];                   %传递函数分母多项式系数赋值
3    G= tf(num,den);                      %建立被控对象传递函数
4    Kp= [3,4,5];                         %设置比例系数
5    for i= 1:3                           %循环开始
6    G= feedback(Kp(i)* G,1);             %建立 P 系统闭环传递函数
7    gss= '-:--';                         %设置线型
8    step(G,[gss(2* i-1)gss(2* i)]);      %绘制单位阶跃响应曲线
9    hold on                              %保存图形
```

10	end	%循环结束
11	xlabel('时间/s')	%x轴标注
12	ylabel('振幅')	%y轴标注
13	legend('比例系数 Kp= 3','比例系数 Kp= 4','比例系数 Kp= 5')	%曲线标注
14	print(gcf,'-r600','-djpeg','图 4-11.jpg')	%保存图形文件

输出结果如图 4-11 所示。可以看出，随着比例系数的增大，系统响应速度加快，系统的超调量增加，调节时间也随着增加。当比例系数增大到一定值后，闭环系统将趋于不稳定。

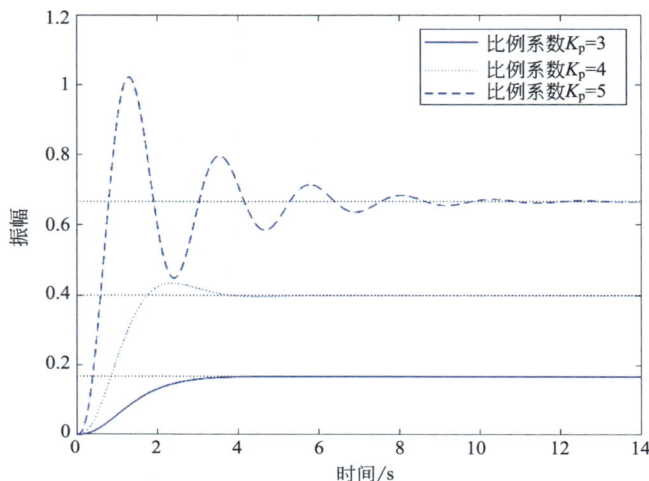

图 4-11 P 系统阶跃响应曲线

2. 比例微分（PD）控制

【例 4-2】 PD 控制系统的被控对象传递函数为 $G(s)=\dfrac{2}{10s^3+17s^2+8s+1}$，系统为单位反馈，对系统采用比例微分控制，比例系数为 $K_p=3$，微分时间常数分别为 $T_d=0$、1、3，绘制各微分时间常数下系统的单位阶跃响应曲线。

解：在 MATLAB 命令行窗口输入以下程序。

1	num=2;	%传递函数分子多项式系数赋值
2	den=[10,17,8,1];	%传递函数分母多项式系数赋值
3	G=tf(num,den);	%建立被控对象系统传递函数
4	Kp=3;	%比例系数赋值
5	Td=[0,1,3];	%设置微分时间常数
6	for i=1:3	%循环开始
7	G1=tf([Kp * Td(i),Kp],1);	%建立 PD 系统开环传递函数
8	G2=feedback(G1 * G,1);	%建立相应的闭环传递函数
9	gss='-:--';	%设置线型
10	step(G2,[gss(2 * i-1)gss(2 * i)]);	%绘制单位阶跃响应曲线
11	hold on	%保存图形
12	end	%循环结束
13	xlabel('时间/s')	%x轴标注

14	ylabel('振幅')	%y 轴标注
15	legend('微分时间常数 Td=0','微分时间常数 Td=1','微分时间常数 Td=3')	%曲线标注
16	print(gcf,'-r600','-djpeg','图 4-12.jpg')	%保存图形文件

输出结果如图 4-12 所示。可以看出，仅有比例控制时系统阶跃响应有较大的超调量和振荡，随着微分时间常数的增加，系统的超调量减小，稳定性提高，上升时间减少，快速性提高。

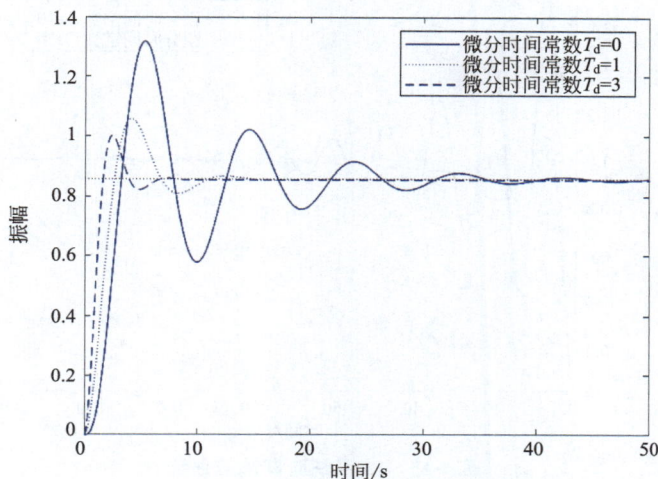

图 4-12　PD 系统阶跃响应曲线

3. 比例积分（PI）控制

【例 4-3】　PI 控制系统的被控对象传递函数为 $G(s) = \dfrac{1}{10s^3 + 17s^2 + 8s + 1}$，系统为单位反馈，对系统采用比例积分控制，比例系数为 $K_p = 3$，积分时间常数分别为 $T_i = 3$、10、20，绘制各比例积分时间常数下系统的单位阶跃响应曲线。

解：在 MATLAB 命令行窗口输入以下程序。

1	num=1;	%传递函数分子多项式系数赋值
2	den=[10,17,8,1];	%传递函数分母多项式系数赋值
3	G=tf(num,den);	%建立被控对象系统传递函数
4	Kp=3;	%比例系数赋值
5	Ti=[3,10,20];	%设置积分时间常数
6	for i=1:3	%循环开始
7	G1=tf([Kp,Kp/Ti(i)],[1,0]);	%建立 PI 系统开环传递函数
8	G2=feedback(G1*G,1);	%建立相应的闭环传递函数
9	gss='-:--';	%设置线型
10	step(G2,[gss(2*i-1)gss(2*i)]);	%绘制单位阶跃响应曲线
11	hold on	%保存图形
12	end	%循环结束
13	xlabel('时间/s')	%x 轴标注

14	`ylabel('振幅')`	%y 轴标注
15	`legend('积分时间常数 Ti=3','积分时间常数 Ti=10','` `积分时间常数 Ti=20')`	%曲线标注
16	`print(gcf,'-r600','-djpeg','图 4-13.jpg')`	%保存图形文件

输出结果如图 4-13 所示。可以看出，随着积分时间常数增大，积分作用增强，闭环系统稳定性增强。

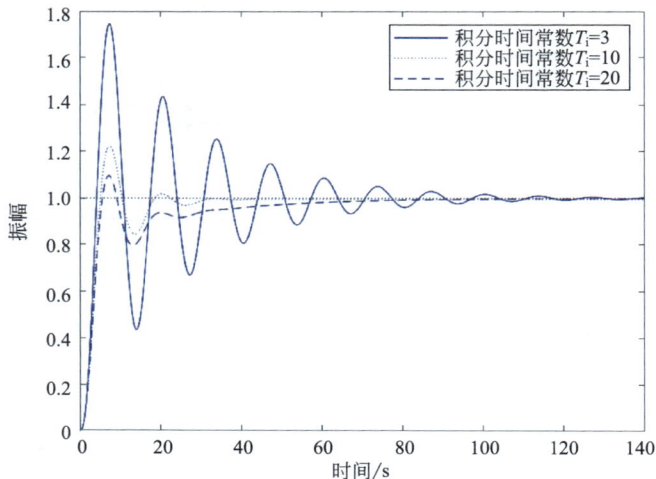

图 4-13　PI 系统阶跃响应曲线

4. 比例积分微分（PID）控制

【例 4-4】　PID 控制系统的被控对象传递函数为 $G(s) = \dfrac{1}{s^3+6s^2+5s}$，系统为单位反馈，对系统采用比例积分微分控制，比例系数为 $K_p=17.6$，积分时间常数为 $T_i=1.4$，微分时间常数为 $T_d=0.35$，绘制 PID 控制系统的单位阶跃响应曲线。

解：在 MATLAB 命令行窗口输入以下程序。

1	`num=1;`	%传递函数分子多项式系数赋值
2	`den=[1,6,5,0];`	%传递函数分母多项式系数赋值
3	`G=tf(num,den);`	%建立被控对象系统传递函数
4	`Kp=17.6;`	%比例系数赋值
5	`Ti=1.4;`	%积分时间常数赋值
6	`Td=0.35;`	%微分时间常数赋值
7	`G1=tf([Kp*Td,Kp,Kp/Ti],[0,1,0]);`	%建立 PID 系统开环传递函数
8	`G2=feedback(G1*G,1);`	%建立相应的闭环传递函数
9	`step(G2);`	%绘制单位阶跃响应曲线
10	`xlabel('时间/s')`	%x 轴标注
11	`ylabel('振幅')`	%y 轴标注
12	`print(gcf,'-r600','-djpeg','图 4-14.jpg')`	%保存图形文件

输出结果如图 4-14 所示。

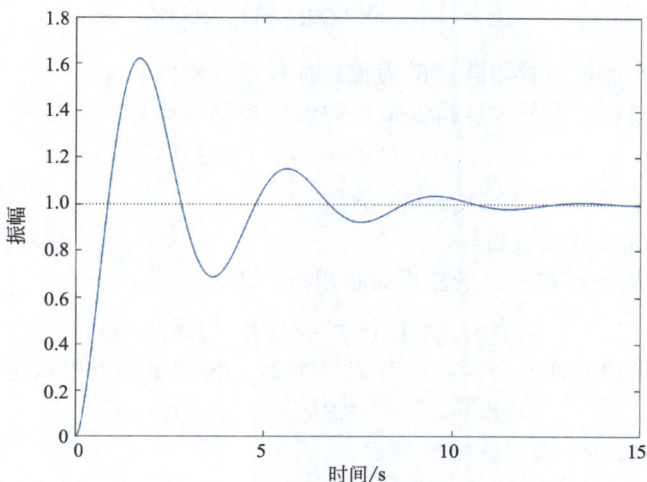

图 4-14 PID 系统阶跃响应曲线

第二节
最优控制技术

一、最优控制基础

最优控制是现代控制理论的核心，它研究的主要问题是：在给定的数学模型和初始条件下，在满足一定约束条件下，寻求最优控制策略，使给定系统从初始状态出发达到终止状态，并使性能指标取极大值或极小值。

最优控制的实现离不开最优化技术，最优化技术是研究和解决如何从一切可能的方案中寻找最优的方案。也就是说，最优化技术是研究和解决如何将最优化问题表示为数学模型以及如何根据数学模型尽快求出其最优解这两大问题。

用最优化方法解决实际工程问题可分为以下 3 步进行。

（1）根据所提出的最优化问题，建立最优化问题的数学模型，确定变量，列出约束条件和目标函数。

（2）对所建立的数学模型进行具体分析和研究，选择合适的最优化方法。

（3）根据最优化方法的算法编写程序，求出最优解，并对算法的收敛性、通用性、简便性、计算效率及偏差等做出评价。

设线性系统是可控的，其状态方程式为

$$\dot{X} = AX + BU + EW$$
$$Y = CX + DU$$

(4-7)

式中，X 为系统的状态向量；Y 为系统的输出向量；A 为系统矩阵；B 为控制矩阵；C 为输出矩阵；D 为传递矩阵；E 为扰动矩阵；U 为系统的控制向量；W 为系统的扰动量。

评价控制系统性能的二次型性能指标为

$$J = \frac{1}{2}\int_{t_0}^{\infty}(X^{\mathrm{T}}QX + U^{\mathrm{T}}RU)\mathrm{d}t \tag{4-8}$$

式中，Q 为状态加权系数矩阵；R 为控制加权系数矩阵。

根据极小值原理，可求使性能指标最小的最优控制规律为

$$U = -KX = -R^{-1}B^{\mathrm{T}}PX$$
$$K = R^{-1}B^{\mathrm{T}}P \tag{4-9}$$

式中，K 为最优反馈增益矩阵。

式中 P 由黎卡提方程按一定的边界条件求得，即

$$-\dot{P} = PA + A^{\mathrm{T}}P - PBR^{-1}B^{\mathrm{T}}P + Q \tag{4-10}$$

对于定常系统末值时间 $t_{\mathrm{f}} = \infty$，这时 P 为常数，按黎卡提方程求得

$$PA + A^{\mathrm{T}}P - PBR^{-1}B^{\mathrm{T}}P + Q = 0 \tag{4-11}$$

只要知道 A、B、R、Q，就可解得 P。

二、最优控制的 MATLAB 实现

利用 MATLAB 求解最优控制的命令格式如下。

[K,P,E]＝lqr(A,B,Q,R,N)

其中 K 为最优反馈控制系数矩阵；P 为黎卡提方程的解；E 为 A-BK 的特征值；A 为系统矩阵；B 为控制矩阵；Q 为给定的状态加权系数矩阵；R 为给定的控制加权系数矩阵；N 为性能指标中交叉乘积项的加权系数矩阵。

三、最优控制举例

【例 4-5】 线性系统状态方程为 $\dot{X} = AX + BU$，输出方程为 $Y = CX + DU$，目标函数为 $J = \frac{1}{2}\int_0^{\infty}(X^{\mathrm{T}}QX + U^{\mathrm{T}}RU)\mathrm{d}t$，其中 $A = \begin{bmatrix} 0 & 1 \\ -5 & -3 \end{bmatrix}$，$B = \begin{bmatrix} 0 \\ 1 \end{bmatrix}$，$C = \begin{bmatrix} 1 & 0 \end{bmatrix}$，$D = 0$，$Q = \begin{bmatrix} 500 & 200 \\ 200 & 100 \end{bmatrix}$，$R = \begin{bmatrix} 1.6667 \end{bmatrix}$，确定最优控制。

解：在 MATLAB 命令行窗口输入以下程序。

```
1    A=[0,1;-5,-3];              %系统矩阵赋值
2    B=[0;1];                    %控制矩阵赋值
3    Q=[500,200;200,100];        %状态加权系数矩阵赋值
4    R=1.6667;                   %控制加权系数矩阵赋值
5    [K,P,E]=lqr(A,B,Q,R)        %求最优控制的解
6    ap=A-B*K;                   %反馈后的系统状态矩阵
7    bp=B;                       %将矩阵 B 赋予 bp
8    C=[1,0];                    %矩阵 C 赋值
9    D=0;                        %矩阵 D 赋值
10   [ap,bp,cp,dp]=augstate(ap,bp,C,D);  %将状态变量作为输出变量
11   cp=[cp;-K];                 %给 cp 赋值
12   dp=[dp;0];                  %给 dp 赋值
13   G=ss(ap,bp,cp,dp);          %创建状态空间模型
14   [y,t,X]=step(G);            %计算动态系统的阶跃响应
```

```
15    plotyy(t,y(:,2:3),t,y(:,4));                    ％绘制双纵坐标图
16    [ax,h1,h2]=plotyy(t,y(:,2:3),t,y(:,4));        ％绘制 y(2)、y(3)、y(4) 曲线
17    set(h1,'linestyle','-');                        ％设置图像 1 线型
18    set(h2,'linestyle',':');                        ％设置图像 2 线型
19    xlabel('时间/s')                                ％设置 x 坐标轴的名称
20    set(get(ax(1),'ylabel'),'string','状态变量')     ％设置左侧坐标轴的名称
21    set(get(ax(2),'ylabel'),'string','控制变量')     ％设置右侧坐标轴的名称
22    axis(ax(1),[0 2.5 0 0.1])                       ％设置左侧坐标轴范围
23    axis(ax(2),[0 2.5-1 0])                         ％设置右侧坐标轴范围
24    set(ax(1),'yTick',0:0.02:0.1)                   ％设置左侧坐标轴刻度
25    set(ax(2),'yTick',-1:0.2:0)                     ％设置右侧坐标轴刻度
26    print(gcf,'-r600','-djpeg','图 4-15.jpg')       ％保存图形文件
```

输出结果为

```
K=
      13.0276      6.7496
P=
      67.9406      21.7131
      21.7131      11.2495
E=
      -7.2698
      -2.4798
```

由此可得最优反馈增益矩阵为 $K = [13.0276 \quad 6.7496]$。

最优控制变量与状态变量之间的关系为

$$u^* = -13.0276x_1(t) - 6.7496x_2(t)$$

系统最优控制曲线和最优状态曲线如图 4-15 所示，红线为最优控制曲线，蓝线和绿线为最优状态曲线。

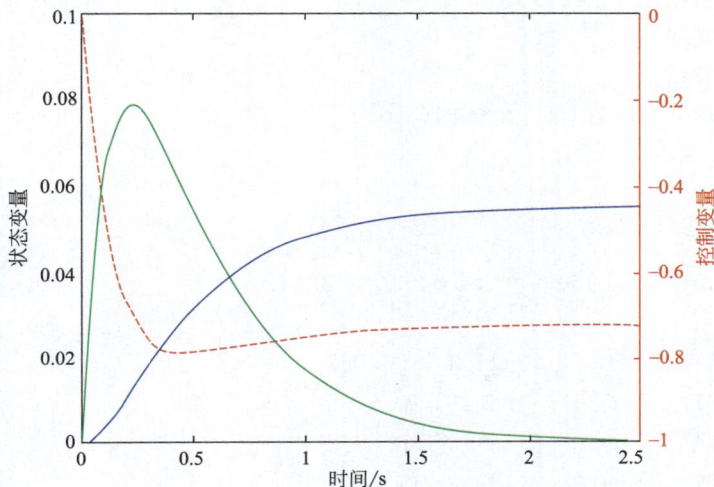

图 4-15　最优控制曲线和最优状态曲线

【例 4-6】 线性系统状态方程为 $\dot{X}=AX+BU$，输出方程为 $Y=CX+DU$，目标函数为

$$J=\frac{1}{2}\int_0^\infty (X^\mathrm{T}QX+U^\mathrm{T}RU)\mathrm{d}t，其中 X=\begin{bmatrix} x_1 \\ x_2 \\ x_3 \\ x_4 \end{bmatrix}，A=\begin{bmatrix} 0 & 1 & 0 & 0 \\ 0 & -0.1818 & 2.6727 & 0 \\ 0 & 0 & 0 & 1 \\ 0 & -0.4545 & 31.1818 & 0 \end{bmatrix}，B=$$

$$\begin{bmatrix} 0 \\ 1.8182 \\ 0 \\ 4.5455 \end{bmatrix}，Y=\begin{bmatrix} x_1 \\ x_3 \end{bmatrix}，C=\begin{bmatrix} 1 & 0 & 0 & 0 \\ 0 & 0 & 1 & 0 \end{bmatrix}，D=\begin{bmatrix} 0 \\ 0 \end{bmatrix}，Q=\mathrm{diag}(1,0,1,0)，R=1，确定最优$$

控制。

解：在 MATLAB 命令行窗口输入以下程序。

```
1   A=[0,1,0,0;0,-0.1818,2.6727,0;0,0,0,1;0,-0.4545,31.1818,0];   %系统矩阵赋值
2   B=[0;1.8182;0;4.5455];                                        %控制矩阵赋值
3   C=[1,0,0,0;0,0,1,0];                                          %输出矩阵赋值
4   D=0;                                                          %传递矩阵赋值
5   Q=[1,0,0,0;0,0,0,0;0,0,1,0;0,0,0,0];                          %状态权矩阵赋值
6   R=1;                                                          %控制权矩阵赋值
7   [K,P,E]=lqr(A,B,Q,R)                                          %求最优控制的解
8   Ac=A-B*K;                                                     %反馈后的系统状态矩阵
9   Bc=B;                                                         %将矩阵 B 赋予 Bc
10  Cc=C;                                                         %将矩阵 C 赋予 Cc
11  Dc=D;                                                         %将矩阵 D 赋予 Dc
12  [y,x,t]=step(Ac,Bc,Cc,Dc);                                    %计算动态系统的阶跃响应
13  y1=y(:,1);                                                    %将 y(1) 赋予 y1
14  y2=y(:,2);                                                    %将 y(2) 赋予 y2
15  plot(t,y1,t,y2,'--')                                          %绘制 y1 和 y2 响应曲线
16  legend('曲线 y1','曲线 y2')                                    %曲线标注
17  xlabel('时间/s')                                              %x 轴标注
18  ylabel('振幅')                                                %y 轴标注
19  print(gcf,'-r600','-djpeg','图 4-16.jpg')                     %保存图形文件
```

输出结果为

```
K=
     -1.0000      -1.6567      18.6852      3.4594
P=
      1.5567    1.2067   -3.4594   -0.7027
      1.2067    1.4554   -4.6826   -0.9466
     -3.4594   -4.6826   31.6315    5.9838
     -0.7027   -0.9466    5.9838    1.1397
```

E=
　　-0.8494＋0.8323i
　　-0.8494-0.8323i
　　-5.5978＋0.4070i
　　-5.5978-0.4070i

由此可得最优反馈增益矩阵 $K = [-1.0 \quad -1.6567 \quad 18.6854 \quad 3.4594]$。

最优控制变量与状态变量之间的关系为

$$u^* = x_1(t) + 1.6567x_2(t) - 18.6854x_3(t) - 3.4594x_4(t)$$

系统的输出响应曲线如图 4-16 所示。

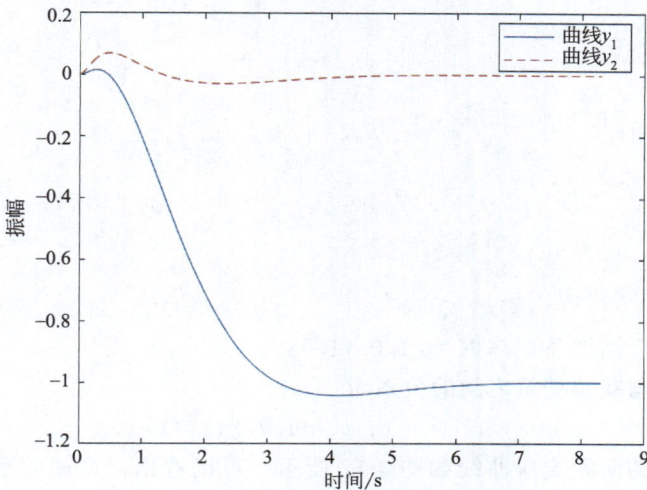

图 4-16　系统的输出响应曲线

【例 4-7】　系统方程为 $\begin{bmatrix} \dot{x}_1 \\ \dot{x}_2 \end{bmatrix} = \begin{bmatrix} 0 & 1 \\ 0 & 0 \end{bmatrix} \begin{bmatrix} x_1 \\ x_2 \end{bmatrix} + \begin{bmatrix} 0 \\ 1 \end{bmatrix} u$，输出方程为 $Y = [1 \quad 0] \begin{bmatrix} x_1 \\ x_2 \end{bmatrix}$，求最优控制，使性能指标 $J = \dfrac{1}{2} \int_0^\infty (x^T Q x + R u^2) \mathrm{d}t$ 取极小值。性能指标中，$Q = \begin{bmatrix} 1 & 0 \\ 0 & 1 \end{bmatrix}$，$R = 1$。

解：在 MATLAB 命令行窗口输入以下程序。

```
1   A=[0,1;0,0];                    %系统矩阵赋值
2   B=[0;1];                        %控制矩阵赋值
3   C=[1,0];                        %输出矩阵赋值
4   D=0;                            %传递矩阵赋值
5   sys=ss(A,B,C,D);                %构建状态空间模型
6   step(sys,8)                     %绘制阶跃响应曲线
7   gtext('反馈前')                  %曲线标注
8   hold on                         %保存图形
9   Q=[1,0; 0,1];                   %状态权矩阵赋值
10  R=1;                            %控制权矩阵赋值
```

11	`[K,P,E]=lqr(A,B,Q,R)`	%求最优控制的解
12	`Ap=A-B*K;`	%反馈后的系统状态矩阵
13	`sysx=ss(Ap,B,C,D);`	%构建反馈后的状态空间模型
14	`step(sysx,8)`	%绘制反馈后的阶跃响应曲线
15	`gtext('反馈后')`	%曲线标注
16	`xlabel('时间/s')`	%x 轴标注
17	`ylabel('振幅')`	%y 轴标注
18	`print(gcf,'-r600','-djpeg','图 4-17.jpg')`	%保存图形文件

输出结果为

```
K=
      1.0000      1.7321
P=
      1.7321      1.0000
      1.0000      1.7321
E=
      -0.8660+0.5000i
      -0.8660-0.5000i
```

由此可得最优反馈增益矩阵 $K=\begin{bmatrix}1.0 & 1.7321\end{bmatrix}$。

最优控制变量与状态变量之间的关系为

$$u^* = -x_1(t) - 1.7321x_2(t)$$

反馈前后系统的阶跃响应曲线如图 4-17 所示。可以看出，反馈前系统不稳定；通过状态反馈，闭环系统稳定，并且在阶跃响应下的稳态值为 1，稳态误差为 0。

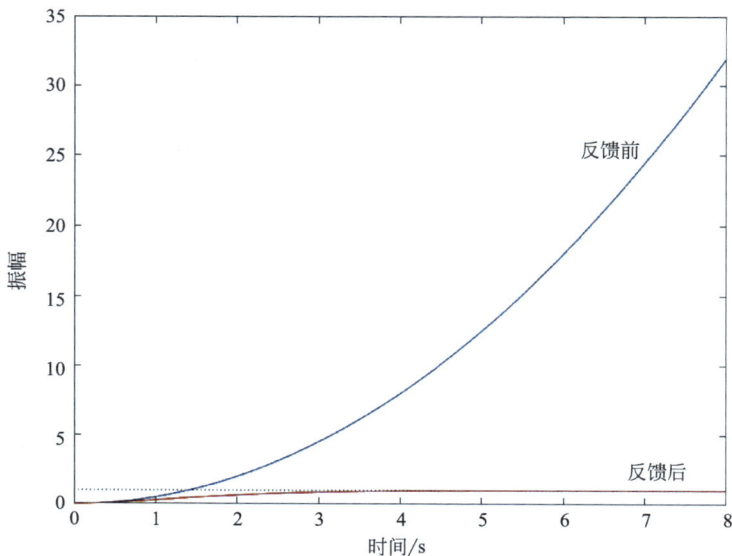

图 4-17　反馈前后系统的阶跃响应曲线

第三节
模糊控制技术

一、模糊控制基础

1.模糊控制原理

模糊控制属于一种智能控制，它是模仿人的思维方式和人的控制经验，把人的经验形式化并引入控制过程，再运用较严密的数学处理，实现模糊推理，进行判断决策，以达到满意的效果。它首先将精确的数字量转换成模糊集合的隶属度函数，然后根据控制器制定模糊控制规则，进行模糊逻辑推理，得到隶属度函数，找出一个具有代表性的精确值作为控制量，加到执行器上实现控制。

模糊控制器的基本结构如图 4-18 所示。它包括变量定义、模糊化、规则库、模糊推理和解模糊五部分。

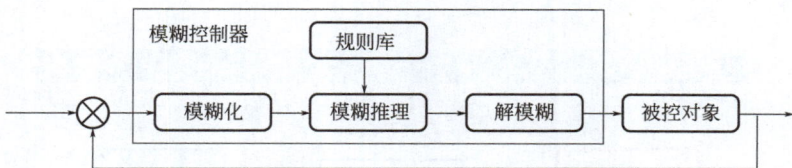

图 4-18　模糊控制器的基本结构

（1）变量定义。定义控制器输入和输出的语音变量，一般控制问题的输入变量有系统的误差 E 和误差变化率 EC，输出变量为执行器的控制量 U。

（2）模糊化。将输入、输出变量的精确量进行模糊化，并确定模糊子集。一般情况下，将模糊变量 E、EC、U 划分为 7 个模糊子集或 5 个模糊子集，即 {负大，负中，负小，零，正小，正中，正大}，或 {负大，负小，零，正小，正大}，引入模糊子集的英文缩写，可以得到 {NB，NM，NS，ZO，PS，PM，PB}，或 {NB，NS，ZO，PS，PB}。利用模糊变量的隶属度函数给模糊变量进行赋值，得到精确数值的隶属度。

常见的隶属度函数有三角形隶属度函数（trimf）、梯形隶属度函数（trapmf）、钟形隶属度函数（gbellmf）、高斯曲线隶属度函数（gaussmf）、两边形高斯隶属度函数（gauss2mf）、S 形隶属度函数（smf）、Z 形隶属度函数（zmf）等。

（3）规则库。由若干条根据专家经验总结的规则组成，按照"if（E is PB）and（EC is NS）then（U is PB）"的形式表达。

控制规则的产生方式：根据专家特定领域的经验知识，反复试验和修正形成；根据操作人员的成功操作模式形成；根据设定目标，应用自适应学习算法，增加或修改控制规则。

（4）模糊推理。根据模糊输入和规则库，用模糊推理方法得到模糊输出。

（5）解模糊。将得到的模糊输出转换成精确的控制信号，即将模糊量转化为精确量。目前，在这个转化过程中常用的方法主要有最大隶属度法、取中位数法和重心法。最大隶属度法是取模糊子集中隶属度最大的元素作为输出量，它完全排除了其他一切隶属度较小的元素的影响和作用；取中位数法是求出把隶属度函数曲线和横坐标之间包含面积平分为两部分之数，以此数作为输出量；重心法是求出隶属度函数曲线和横坐标之间包含面积的重心位置，以此得出控制量的精确解。

模糊控制器具有以下优点。

（1）设计时不需建立被控对象的完整数学模型，简化了系统设计复杂性。

（2）用语言式的模糊变量描述系统，便于使用自然语言进行人机对话。

（3）鲁棒性、适应性、容错性较佳，尤其适用于非线性时变、滞后、模型不完全系统的控制。

模糊控制器具有以下缺点。

（1）确立模糊化和清晰化的方法时，缺乏系统的方法，主要靠经验和试凑。

（2）总结模糊控制规则有时比较困难。

（3）控制规则一旦确定，不能在线调整，不能很好地适应情况变化。

（4）不具有积分环节，因而稳态精度不高。

2. 模糊控制 MATLAB 工具箱

（1）在 MATLAB 的命令窗口中输入 fuzzy，回车打开模糊控制工具箱，如图 4-19 所示。

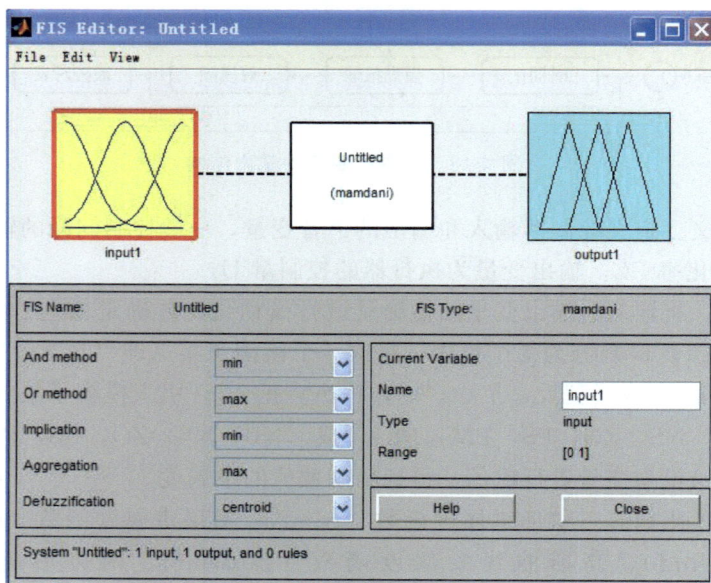

图 4-19　模糊控制工具箱

（2）确定模糊控制器结构。根据具体的系统确定输入、输出变量，可以选取标准的二维控制结构，即输入变量为误差 e 和误差变化率 ec，输出变量为控制量 u，它们都是精确量，相应的模糊量为 E、EC 和 U；在 Edit 菜单中，可以选择 Add Variable 来实现双入单出控制结构，并在 Name 处把输出变量改为 E 和 EC，输出变量改为 U，如图 4-20 所示。

（3）输入、输出变量的模糊化。把输入、输出的精确量转化为对应语言变量的模糊集合。首先要确定描述输入、输出变量语言值的模糊子集，如｛NB, NM, NS, ZO, PS,

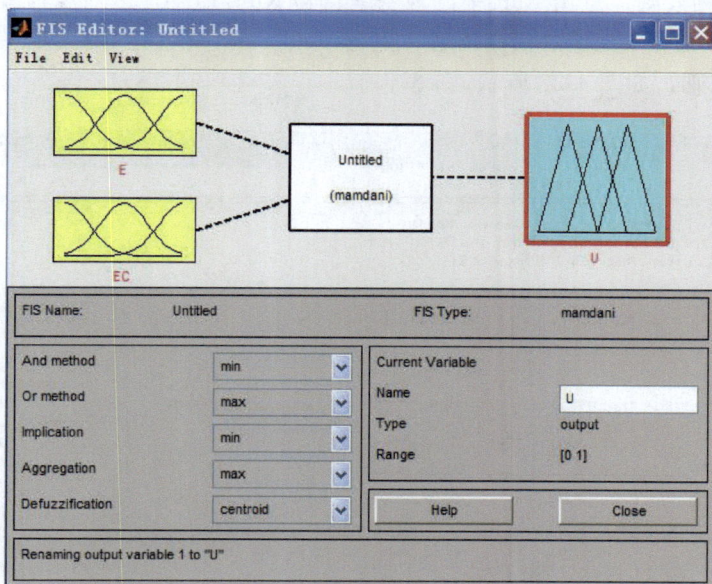

图 4-20　定义输入、输出变量

PM，PB}，并设置输入、输出变量的论域，如可以设置误差 E、误差变化率 EC、控制量 U 的论域均为{−3，−2，−1，0，1，2，3}；然后为模糊语言变量选取相应的隶属度函数。

　　双击输入、输出变量模块，弹出隶属度函数界面；在左下 Range 和 Display Range 处填入取值范围；在右边 Name 处填写隶属度函数名字；在 Type 处选择隶属度函数。以输入变量 E 为例，设置论域范围为 [−3，3]，通过 Add membership functions 添加隶属度函数的个数为 7；然后根据设计要求分别对这些隶属度函数进行修改，包括对应的语言变量、隶属度函数类型，如图 4-21 所示。

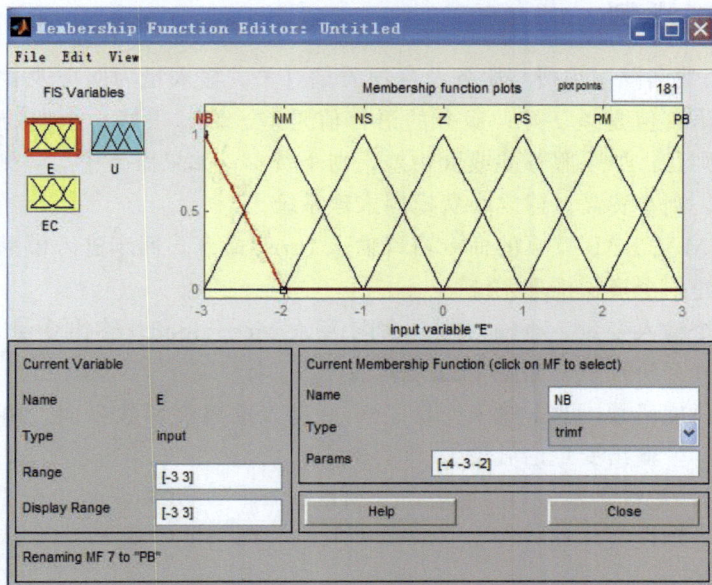

图 4-21　设置隶属度函数

（4）确定模糊规则。点击 Edit 中的规则编辑器 Rule Editor 进入规则编辑器界面；选择输入变量 E、EC 和输出变量的模糊语音，点击 Add rule，模糊规则出现在白色方框中；编辑 if-then 模糊规则，如图 4-22 所示。

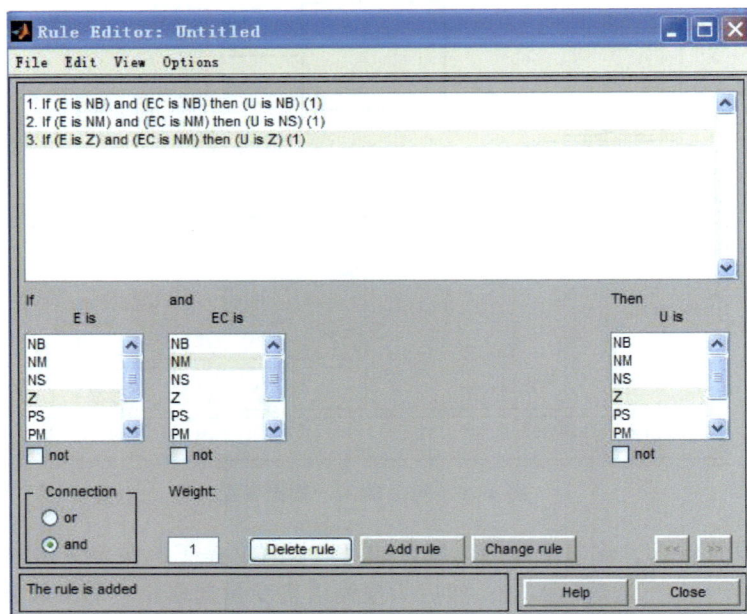

图 4-22　确定模糊规则

（5）模糊推理。根据模糊输入量按照相应的模糊推理算法完成计算，并决策出模糊输出量。

（6）解模糊。通过反模糊化方法判决出一个确切的精确量。

二、模糊控制举例

【例 4-8】　小费问题。小费与服务及食物质量有关。输入量为服务及食物质量，输出量为小费。食物的语言值是差、好；服务的语言值是差、好、很好；小费的语言值是少、中等、高。模糊规则是：如果服务差或食物差，则小费少；如果服务中等，则小费中等；如果服务好或食物好，则小费高。建立小费模糊推理系统。

解：（1）在 MATLAB 首页的命令窗口输入 fuzzy 命令，回车进入模糊控制工具箱的图形界面窗口，新建一个模糊推理系统。

（2）增加一个输入变量，将输入变量命名为 service、food，输出变量为 tip，建立两输入单输出模糊推理系统框架，如图 4-23 所示。

（3）建立隶属度函数。双击输入变量 service 进入隶属度函数界面，两个输入变量的论域均设为 [0，10]，输出变量论域设为 [0，30]。

输入变量 service 划分为 3 个模糊集，分别是 poor、good 和 excellent；隶属度函数均为高斯函数，参数分别设为 [1.5，0]、[1.5，5]、[1.5，10]，输入变量 service 的隶属度函数曲线如图 4-24 所示。

输入变量 food 划分为 2 个模糊集，分别是 rancid 和 delicious；隶属度函数均为梯形函

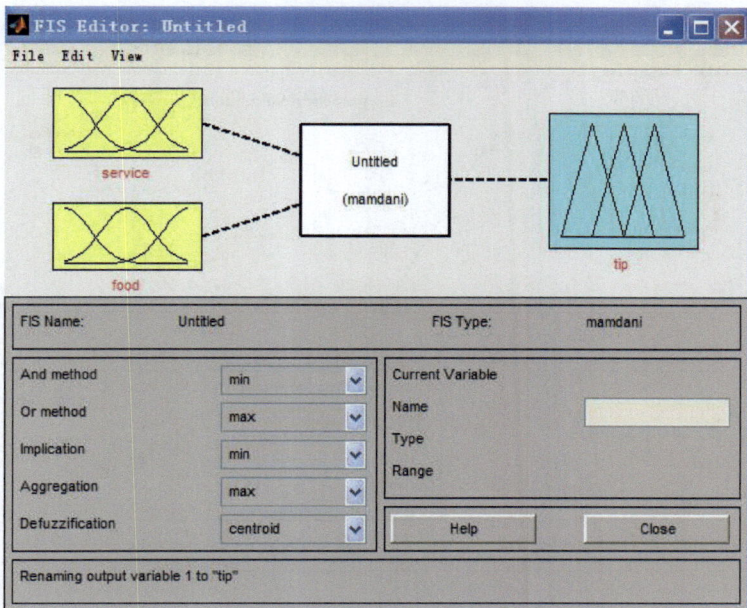

图 4-23 定义输入输出量

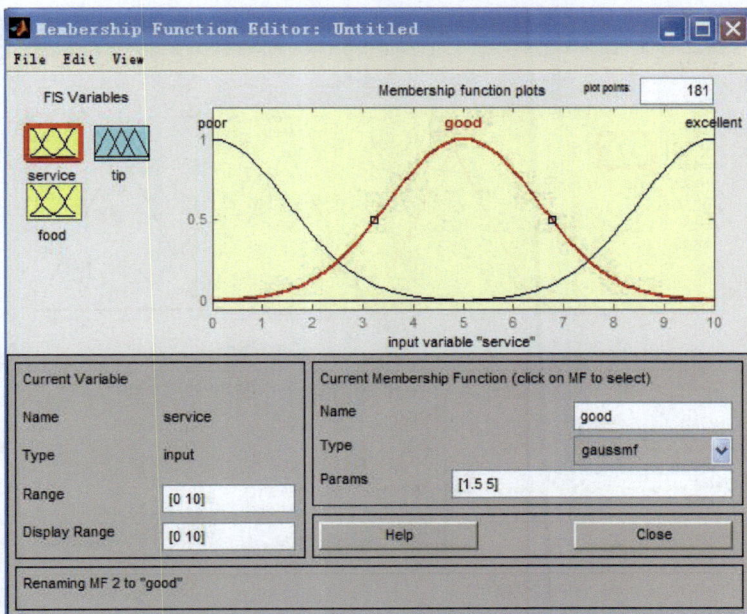

图 4-24 输入变量 service 的隶属度函数曲线

数，参数分别设为 [0 0 1 3]、[7 9 10 10]，输入变量 food 的隶属度函数曲线如图 4-25 所示。

输出变量 tip 划分为 3 个模糊集，分别是 cheap、average 和 generous；隶属度函数均为三角形函数，参数分别设为 [0 5 10]、[10 15 20]、[20 25 30]，输出变量 tip 的隶属度函数曲线如图 4-26 所示。

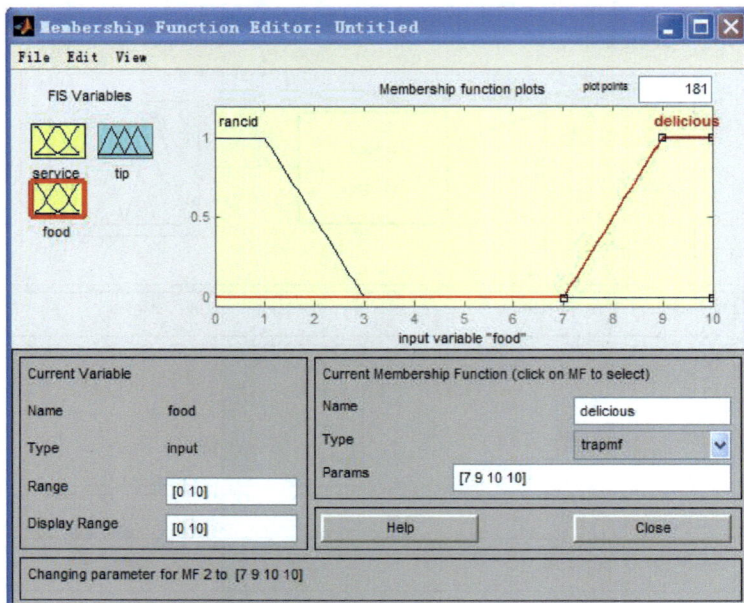

图 4-25　输入变量 food 的隶属度函数曲线

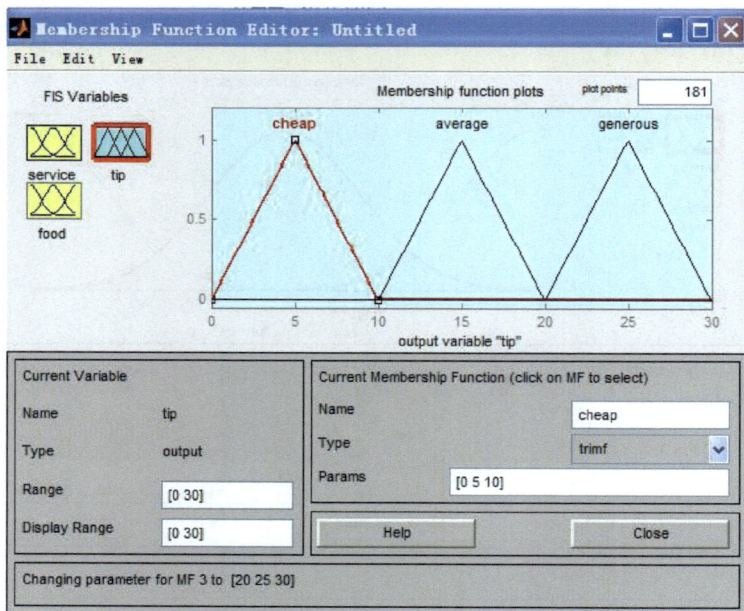

图 4-26　输出变量 tip 的隶属度函数曲线

（4）设置模糊规则。打开 Rule Editor 窗口，通过选择添加 3 条模糊规则：

if（service is poor）or（food is rancid）then（tip is cheap）

if（service is good）then（tip is average）

if（service is excellent）or（food is delicious）then（tip is generous）

3 条规则的权重均为 1，如图 4-27 所示。

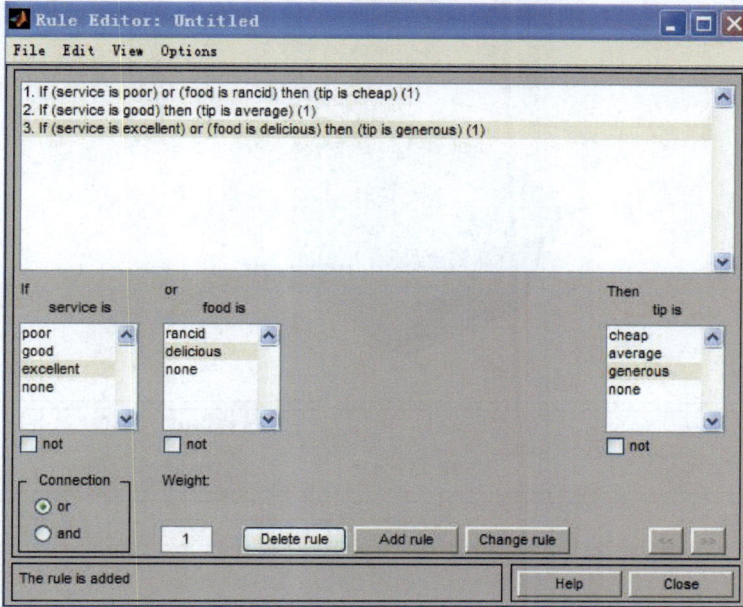

图 4-27　设置模糊规则

（5）模糊推理。模糊推理参数均使用默认值，通过菜单 View 中的 Rules 查看模糊规则，如图 4-28 所示；通过 View 中的 surface 查看小费模糊推理的输入输出关系曲面，如图 4-29 所示。

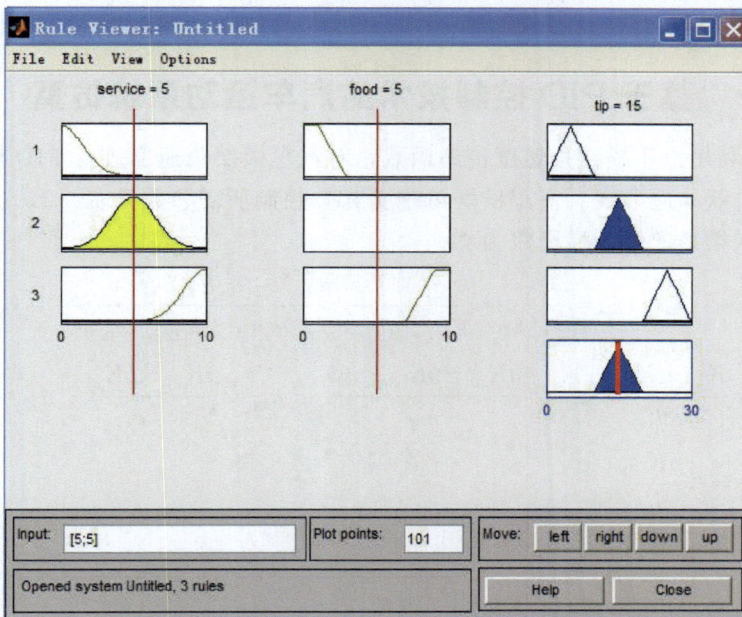

图 4-28　模糊规则输出

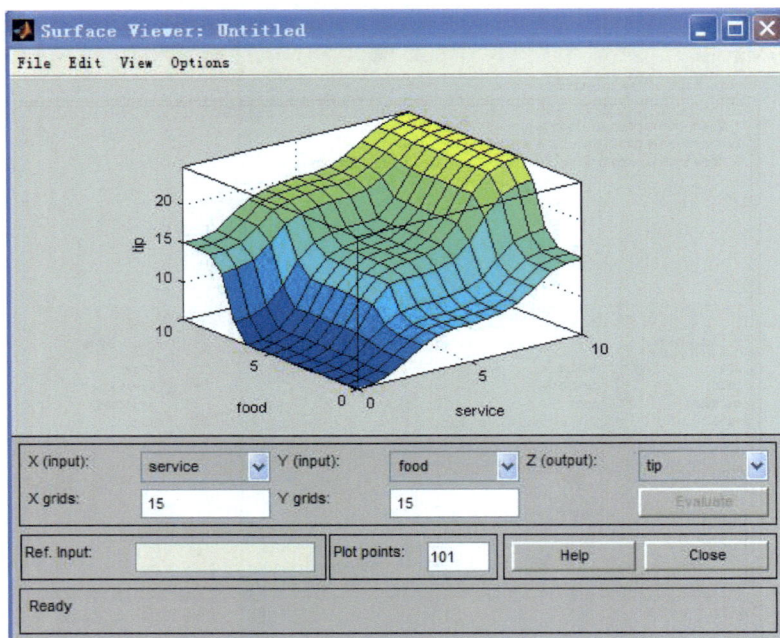

图 4-29　小费模糊推理的输入输出关系曲面

第四节
应用实例

应用实例一　基于 PID 控制技术的汽车运动系统仿真

【例 4-9】　利用汽车横摆角速度传递函数，对汽车横摆角速度进行 PID 控制，绘制汽车横摆角速度的阶跃响应曲线。汽车横摆角速度 PID 控制所需参数见表 3-2。

解：汽车横摆角速度传递函数为

$$G_{\omega_r}(s) = \frac{\omega_r(s)}{\delta_1(s)} = \frac{(s-a_{11})b_{21} + a_{21}b_{11}}{s^2 - (a_{11} + a_{22})s + a_{11}a_{22} - a_{12}a_{21}}$$

式中，$a_{11} = \dfrac{K_{a1} + K_{a2}}{mu}$；$a_{12} = \dfrac{aK_{a1} - bK_{a2} - mu^2}{mu^2}$；$a_{21} = \dfrac{aK_{a1} - bK_{a2}}{I_z}$；$a_{22} = \dfrac{a^2 K_{a1} + b^2 K_{a2}}{I_z u}$；

$b_{11} = -\dfrac{K_{a1}}{mu}$；$b_{21} = -\dfrac{aK_{a1}}{I_z}$。

PID 控制器传动函数为

$$G_c(s) = K_p + \frac{K_i}{s} + K_d s = \frac{K_d s^2 + K_p s + K_i}{s}$$

汽车横摆角速度 PID 控制如图 4-30 所示。

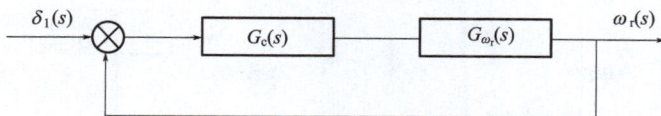

图 4-30　汽车横摆角速度 PID 控制

在 MATLAB 命令行窗口输入以下程序。

1	`m=3018;Iz=10437;a=1.84;b=1.88;`	%汽车参数赋值
2	`k1=-23147;k2=-38318;`	%轮胎侧偏刚度赋值
3	`u=30;`	%速度赋值
4	`a11=(k1+k2)/m/u;a12=(a*k1-b*k2-m*u^2)/m/u^2;`	%计算传递函数各项系数
5	`a21=(a*k1-b*k2)/Iz;a22=(a^2*k1+b^2*k2)/Iz/u;`	%计算传递函数各项系数
6	`b11=-k1/m/u;b21=-a*k1/Iz;`	%计算传递函数各项系数
7	`b1=b21;b2=a21*b11-a11*b21;`	%计算传递函数各项系数
8	`b3=-a11-a22;b4=a11*a22-a12*a21;`	%计算传递函数各项系数
9	`num1=[b1,b2];`	%传递函数分子多项式系数
10	`den1=[1,b3,b4];`	%传递函数分母多项式系数
11	`t=0:0.1:10;`	%响应时间
12	`Go=step(num1,den1,t);`	%单位阶跃响应
13	`Go1=Go*pi*15/180;`	%计算横摆角速度
14	`plot(t,Go1)`	%绘制横摆角速度响应曲线
15	`hold on`	%保存图形
16	`Kd=0;Kp=1;Ki=0;`	%PID 参数赋值
17	`num2=[Kd,Kp,Ki];`	%PID 传递函数分子多项式系数
18	`den2=[0,1,0];`	%PID 传递函数分母多项式系数
19	`[nums,dens]=series(num1,den1,num2,den2);`	%传递函数相加
20	`[num,den]=cloop(nums,dens);`	%闭环传递函数
21	`t=0:0.1:10;`	%响应时间
22	`Go2=step(num,den,t);`	%单位阶跃响应
23	`Go3=Go2*pi*15/180;`	%计算横摆角速度
24	`plot(t,Go3,'r')`	%绘制横摆角速度响应曲线
25	`hold on`	%保存图形
26	`xlabel('时间/s')`	%x 轴标注
27	`ylabel('横摆角速度/(rad/s)')`	%y 轴标注
28	`legend('无控制','PID 控制')`	%曲线标注
29	`print(gcf,'-r600','-djpeg','图 4-31.jpg')`	%保存图形文件

　　输出结果如图 4-31 所示。可以看出，PID 控制后，汽车横摆角速度振幅大幅度减小，而且快速达到稳定状态。

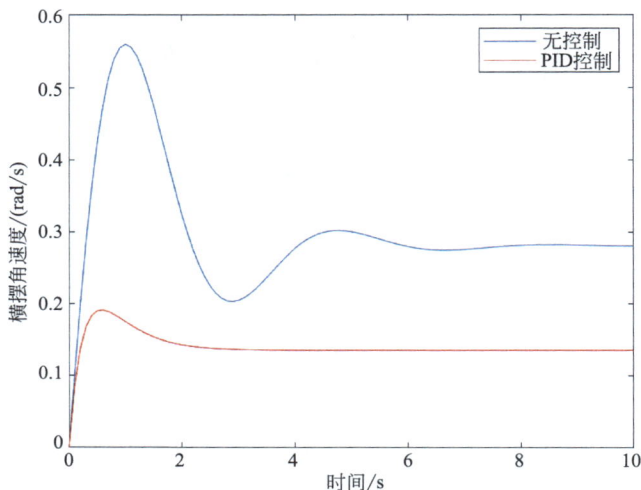

图 4-31　汽车横摆角速度 PID 控制

应用实例二　基于最优控制技术的汽车主动悬架系统仿真

【例 4-10】 已知悬挂质量为 250kg，非悬挂质量为 50kg，轮胎刚度为 160000N/m，对汽车主动悬架进行最优控制，并绘制频域特性曲线。

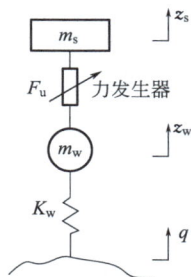

图 4-32　主动悬架动力学模型

　　解： 假设主动悬架系统是在悬挂质量和非悬挂质量之间安装力发生器，通过力发生器产生的控制力来调节悬架刚度和阻尼系数，以适应汽车对悬架系统的要求。主动悬架动力学模型如图 4-32 所示。图 4-32 中 m_s 为悬挂质量，m_w 为非悬挂质量；F_u 为力发生器产生的控制力；K_w 为轮胎刚度；z_w、z_s 分别为车轮轴和车身的垂直位移坐标，坐标原点在各自的平衡位置；q 为路面不平度的位移函数。

　　根据牛顿定律，主动悬架系统动力学方程式为

$$m_w \ddot{z}_w = K_w(q - z_w) - F_u$$

$$m_s \ddot{z}_s = F_u$$

选取悬架动挠度 $z_{sw} = z_s - z_w$、车身垂直速度 $\dot{z}_s$、轮胎动变形 $z_{qw} = q - z_w$、车轮轴垂直速度 $\dot{z}_w$ 为系统状态变量，即 $X = \begin{bmatrix} z_{sw} & \dot{z}_s & z_{qw} & \dot{z}_w \end{bmatrix}^T$，则主动悬架系统状态方程式为

$$\begin{bmatrix} \dot{z}_{sw} \\ \ddot{z}_s \\ \dot{z}_{qw} \\ \ddot{z}_w \end{bmatrix} = \begin{bmatrix} 0 & 1 & 0 & -1 \\ 0 & 0 & 0 & 0 \\ 0 & 0 & 0 & -1 \\ 0 & 0 & K_w/m_w & 0 \end{bmatrix} \begin{bmatrix} z_{sw} \\ \dot{z}_s \\ z_{qw} \\ \dot{z}_w \end{bmatrix} + \begin{bmatrix} 0 \\ 1/m_s \\ 0 \\ -1/m_w \end{bmatrix} [F_u] + \begin{bmatrix} 0 \\ 0 \\ 1 \\ 0 \end{bmatrix} [\dot{q}]$$

选取车身垂直加速度、悬架动挠度、轮胎动载荷为系统输出变量，即 $Y = \begin{bmatrix} \ddot{z}_s & z_{sw} & K_w z_{qw} \end{bmatrix}^T$，则主动悬架系统输出方程式为

$$\begin{bmatrix} \ddot{z}_s \\ z_{sw} \\ K_w z_{qw} \end{bmatrix} = \begin{bmatrix} 0 & 0 & 0 & 0 \\ 1 & 0 & 0 & 0 \\ 0 & 0 & K_w & 0 \end{bmatrix} \begin{bmatrix} z_{sw} \\ \dot{z}_s \\ z_{qw} \\ \dot{z}_w \end{bmatrix} + \begin{bmatrix} 1/m_s \\ 0 \\ 0 \end{bmatrix} [F_u]$$

主动悬架系统状态方程式和输出方程式的标准形式为

$$\dot{X} = AX + BU + EW$$
$$Y = CX + DU$$

式中，$A = \begin{bmatrix} 0 & 1 & 0 & -1 \\ 0 & 0 & 0 & 0 \\ 0 & 0 & 0 & -1 \\ 0 & 0 & K_w/m_w & 0 \end{bmatrix}$；$B = \begin{bmatrix} 0 \\ 1/m_s \\ 0 \\ -1/m_w \end{bmatrix}$；$E = \begin{bmatrix} 0 \\ 0 \\ 1 \\ 0 \end{bmatrix}$；$C = \begin{bmatrix} 0 & 0 & 0 & 0 \\ 1 & 0 & 0 & 0 \\ 0 & 0 & K_w & 0 \end{bmatrix}$；

$D = \begin{bmatrix} 1/m_s \\ 0 \\ 0 \end{bmatrix}$；$U = [F_u]$；$W = [\dot{q}]$。

根据最优控制理论，认为控制规律是线性的，控制力可表示为

$$U = -KX$$

式中，$K = [k_1, k_2, k_3, k_4]$ 称为最优反馈（增益）矩阵。

主动悬架性能的目标函数取为

$$J = \int_0^\infty [q_1 \ddot{z}_s^2 + q_2 z_{sw}^2 + q_3 (K_w z_{qw})^2 + q_4 F_u^2] dt$$

式中，q_1、q_2、q_3、q_4 为各对应物理量的权重系数。

二次型目标函数为

$$J = \int_0^\infty (X^T Q_d X + U^T R_d U) dt$$

式中，$Q_d = C^T QC = \begin{bmatrix} q_2 & 0 & 0 & 0 \\ 0 & 0 & 0 & 0 \\ 0 & 0 & q_3 K_w^2 & 0 \\ 0 & 0 & 0 & 0 \end{bmatrix}$；$R_d = q_4 + q_1/m_s^2$。

取控制律 $U = -KX$ 可满足给定条件下系统性能指标最小，此时 $K = R_d^{-1} B^T P$。矩阵 P 由黎卡提方程求得。

$$PA + A^T P - PBR_d^{-1}B^T P + Q_d = 0$$

根据主动悬架最优控制数学模型，编写求主动悬架最优控制参数的 MATLAB 程序。

在 MATLAB 命令行窗口输入以下程序。

```
1   ms=250;mw=50; kw=160000;                          %汽车模型参数赋值
2   q1=300000000;q2=4000000;q3=200;q4=1;              %权重系数赋值
3   A=[0,1,0,-1;0,0,0,0;0,0,0,-1;0,0,kw/mw,0];        %计算 A 矩阵
4   B=[0,1/ms,0,-1/mw]';                              %计算 B 矩阵并转置
5   E=[0,0,1,0]';                                     %设置 E 矩阵并转置
6   Qd=[q2,0,0,0;0,0,0,0;0,0,q3*kw^2,0;0,0,0,0];      %计算 Qd
7   Rd=q4+q1/ms^2;                                    %计算 Rd
8   [K,P,r]=lqr(A,B,Qd,Rd);                           %解黎卡提方程
9   fprintf('K=%6.2f\n\n',K)                          %输出控制参数
```

主动悬架最优控制参数为

$$k_1 = 28.86, k_2 = 121.46, k_3 = 3542.82, k_4 = -573.83$$

主动悬架系统状态方程式可改写为

$$\begin{bmatrix} \dot{z}_{sw} \\ \ddot{z}_s \\ \dot{z}_{qw} \\ \ddot{z}_w \end{bmatrix} = \begin{bmatrix} 0 & 1 & 0 & -1 \\ -k_1/m_s & -k_2/m_s & -k_3/m_s & -k_4/m_s \\ 0 & 0 & 0 & -1 \\ k_1/m_w & k_2/m_w & (k_3+K_w)/m_w & k_4/m_w \end{bmatrix} \begin{bmatrix} z_{sw} \\ \dot{z}_s \\ z_{qw} \\ \dot{z}_w \end{bmatrix} + \begin{bmatrix} 0 \\ 0 \\ 1 \\ 0 \end{bmatrix} \dot{q}$$

取拉普拉斯变换得主动悬架车身垂直加速度对路面位移的传递函数为

$$G_1(s) = \frac{\ddot{z}_s(s)}{q(s)} = \frac{s^2 z_s(s)}{q(s)} = \frac{-m_w k_3 s^4 - K_w k_4 s^3 + K_w k_1 s^2}{D(s)}$$

式中，$D(s) = m_s m_w s^4 + (m_w k_2 - m_s k_4)s^3 + [m_s(K_w + k_1 + k_3) + m_w k_1]s^2 + k_2 K_w s + k_1 K_w$。

主动悬架动挠度对路面位移的传递函数为

$$G_2(s) = \frac{z_{sw}(s)}{q(s)} = \frac{-(m_s K_w + m_s k_3 + m_w k_3)s^2 - (k_2 + k_4)K_w s}{D(s)}$$

轮胎动载荷对路面位移的传递函数为

$$G_3(s) = \frac{K_w z_{qw}(s)}{q(s)} = \frac{[m_s m_w s^2 + (m_w k_2 - m_s k_4)s + (m_s + m_w)k_1]K_w s^2}{D(s)}$$

在 MATLAB 命令行窗口输入以下程序。

```
1   ms=250;mw=50; Kw=160000;                          %汽车模型参数赋值
2   k1=28.86;k2=121.46;k3=3542.82;k4=-573.83;         %控制参数赋值
3   b4=-ms*k3;b3=-Kw*k4;b2=Kw*k1;b1=0;b0=0;           %计算传递函数分子系数
4   a4=ms*mw;a3=mw*k2-ms*k4;                           %计算传递函数分母系数
5   a2=ms*(Kw+k1+k3+mw*k1);a1=k2*Kw;a0=k1*Kw;          %计算传递函数分母系数
6   w=[0,logspace(-2,2,200)];                          %设置频率范围
7   H1=tf([b3,b2,b1,b0],[a4,a3,a2,a1,a0]);             %设置车身垂直加速度传递函数
8   figure(1)                                          %设置图形窗口1
9   bode(H1,w)                                         %绘制车身垂直加速度伯德图
10  print(gcf,'-r600','-djpeg','图4-33.jpg')           %保存图形文件
11  figure(2)                                          %设置图形窗口2
12  c2=-(ms*Kw+ms*k3+mw*k3);c1=-k2*Kw-K4*Kw;c0=0;      %计算传递函数分子系数
13  H2=tf([c2,c1,c0],[a4,a3,a2,a1,a0]);                %设置悬架动挠度传递函数
14  bode(H2,w)                                         %绘制悬架动挠度伯德图
15  print(gcf,'-r600','-djpeg','图4-34.jpg')           %保存图形
16  figure(3)                                          %设置图形窗口3
17  d4=ms*mw*Kw;d3=(mw*k2-ms*k4)*Kw;                   %计算传递函数分子系数
18  d2=(ms+mw)*k1*Kw;d1=0;d0=0;                        %计算传递函数分子系数
19  H3=tf([d4,d3,d2,d1,d0],[a4,a3,a2,a1,a0]);          %设置轮胎动载荷传递函数
20  bode(H3,w)                                         %绘制轮胎动载荷伯德图
21  print(gcf,'-r600','-djpeg','图4-35.jpg')           %保存图形文件
```

输出结果如图4-33～图4-35所示。

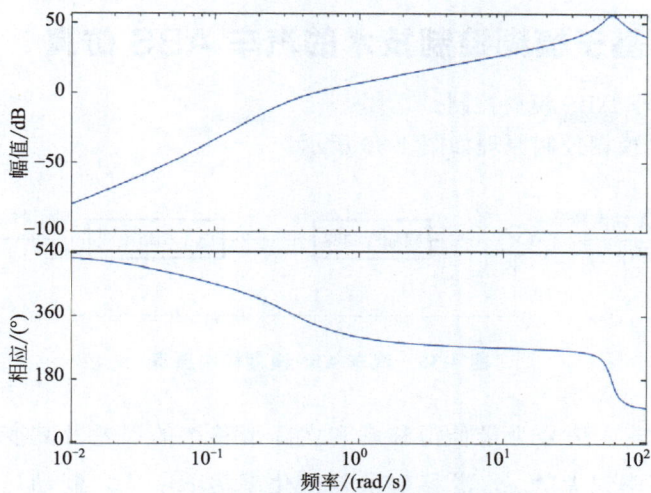

图 4-33　车身垂直加速度频域特性曲线

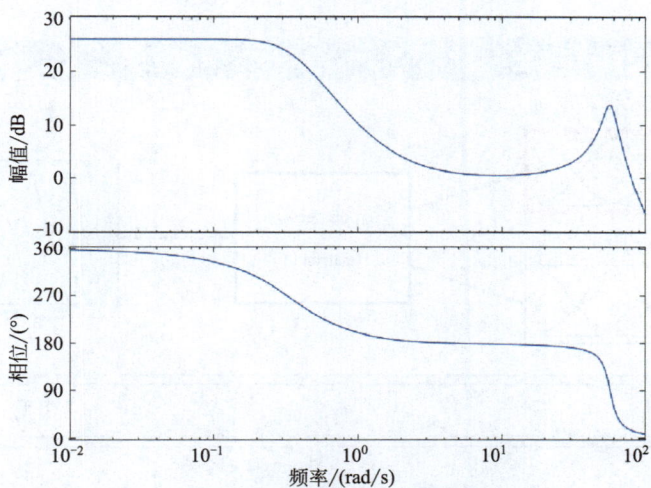

图 4-34　悬架动挠度频域特性曲线

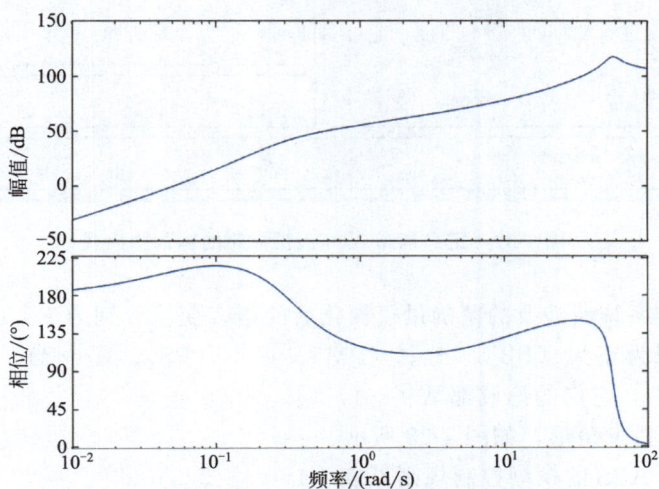

图 4-35　轮胎相对动载荷频域特性曲线

应用实例三　基于模糊控制技术的汽车 ABS 仿真

【例 4-11】　汽车 ABS 模糊控制。

解： 汽车 ABS 模糊控制原理如图 4-36 所示。

图 4-36　汽车 ABS 模糊控制原理

模糊控制器的输入信号为最佳滑移率和实际滑移率的误差及其变化率，输出信号为制动压力。设滑移率误差为 e，滑移率误差变化率为 $ec = \dot{e}$，制动压力为 u，如图 4-37 所示。

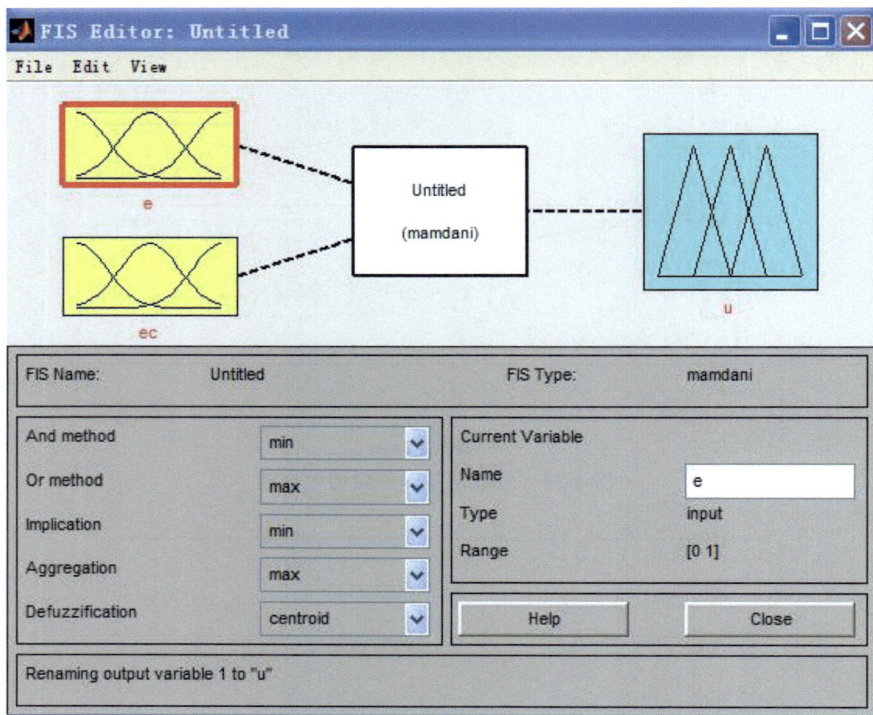

图 4-37　定义汽车 ABS 模糊控制的输入输出量

ABS 模糊控制系统所涉及的精确量模糊化后的语言变量分别为 E、EC 和 U，其语言变量分为 7 级，分别为正大（PB）、正中（PM）、正小（PS）、零（Z）、负大（NB）、负中（NM）、负小（NS），它们的论域都是 [-1，1]。

隶属度函数选择三角形，如图 4-38 所示。

本例选取汽车 ABS 的模糊控制规则见表 4-1。

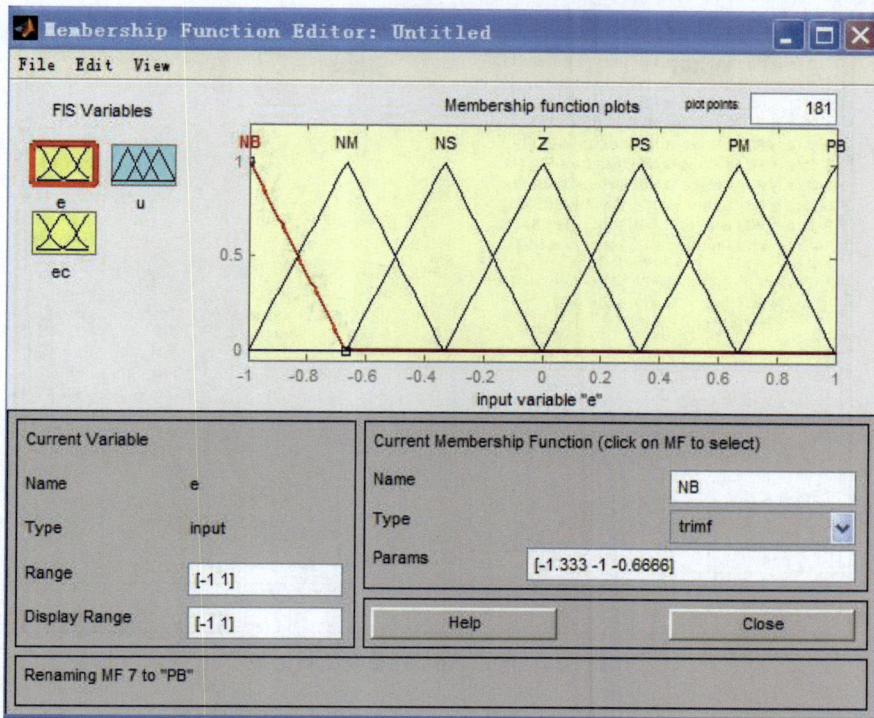

图 4-38　输入变量和输出变量的隶属度函数

表 4-1　汽车 ABS 模糊控制规则表

U		E						
		NB	NM	NS	Z	PS	PM	PB
EC	NB	NB	NB	NB	NS	Z	PS	PB
	NM	NB	NB	NM	NS	PS	PB	PB
	NS	NB	NB	NM	NS	PS	PB	PB
	Z	NB	NM	NS	Z	PM	PB	PB
	PS	NB	NM	Z	PS	PB	PB	PB
	PM	NM	NS	Z	PS	PB	PB	PB
	PB	NM	NS	Z	PS	PB	PB	PB

打开 Rule Editor 窗口，通过选择添加表 4-1 中的模糊控制规则，如图 4-39 所示。

对汽车 ABS 的模糊控制规则进行推理和去模糊化，得到汽车 ABS 模糊控制查询表，见表 4-2。其中模糊推理采用 Mamdani 模糊推理算法，去模糊化采用 Centroid（面积中心法）。

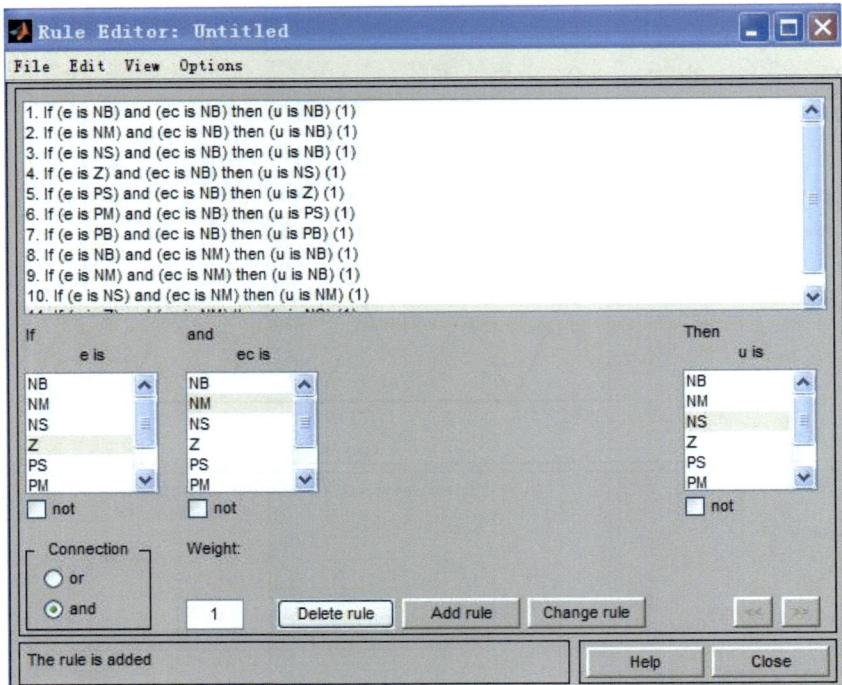

图 4-39　汽车 ABS 的模糊控制规则

表 4-2　汽车 ABS 模糊控制查询表

U		E										
		−1.0	−0.8	−0.6	−0.4	−0.2	0	0.2	0.4	0.6	0.8	1.0
EC	−1.0	−1.0	−0.9	−0.9	−0.9	−0.6	−0.3	−0.1	0.2	0.5	0.7	1.0
	−0.8	−1.0	−0.9	−0.8	−0.7	−0.6	−0.3	0	0.3	0.5	0.7	1.0
	−0.6	−1.0	−0.9	−0.8	−0.7	−0.5	−0.3	0	0.4	0.6	0.9	1.0
	−0.4	−1.0	−0.9	−0.9	−0.7	−0.5	−0.3	0	0.4	0.6	0.9	1.0
	−0.2	−1.0	−0.9	−0.6	−0.5	−0.4	−0.2	0.2	0.5	0.6	0.9	1.0
	0	−1.0	−0.7	−0.6	−0.4	−0.2	0	0.3	0.7	0.8	0.9	1.0
	0.2	−1.0	−0.7	−0.5		0	0.2	0.4	0.7	0.8	0.9	1.0
	0.4	−0.9	−0.6	−0.5	−0.2	0.1	0.3	0.5	0.9	0.9	0.9	1.0
	0.6	−0.8	−0.5	−0.3	−0.2	0.1	0.4	0.6	0.9	0.9	0.9	1.0
	0.8	−0.8	−0.5	−0.2	−0.1	0.1	0.3	0.6	0.9	0.9	0.9	1.0
	1.0	−0.7	−0.5	−0.2	−0.1	0.1	0.3	0.6	0.9	0.9	0.9	1.0

　　去模糊化后，得到一个连续的控制量，而 ABS 的执行器只有 3 种状态，即增压、保压和减压，因此要进行再处理。设定两个门限值 A、B（$A < B$），则控制量为

$$U = -1 \quad U < A$$
$$U = 1 \quad U > B$$
$$U = 0 \quad A \leqslant U \leqslant B$$

当 $U = -1$ 时，系统为减压；当 $U = 1$ 时，系统为增压；当 $U = 0$ 时，系统为保压。

汽车 ABS 模糊控制仿真模型如图 4-40 所示。

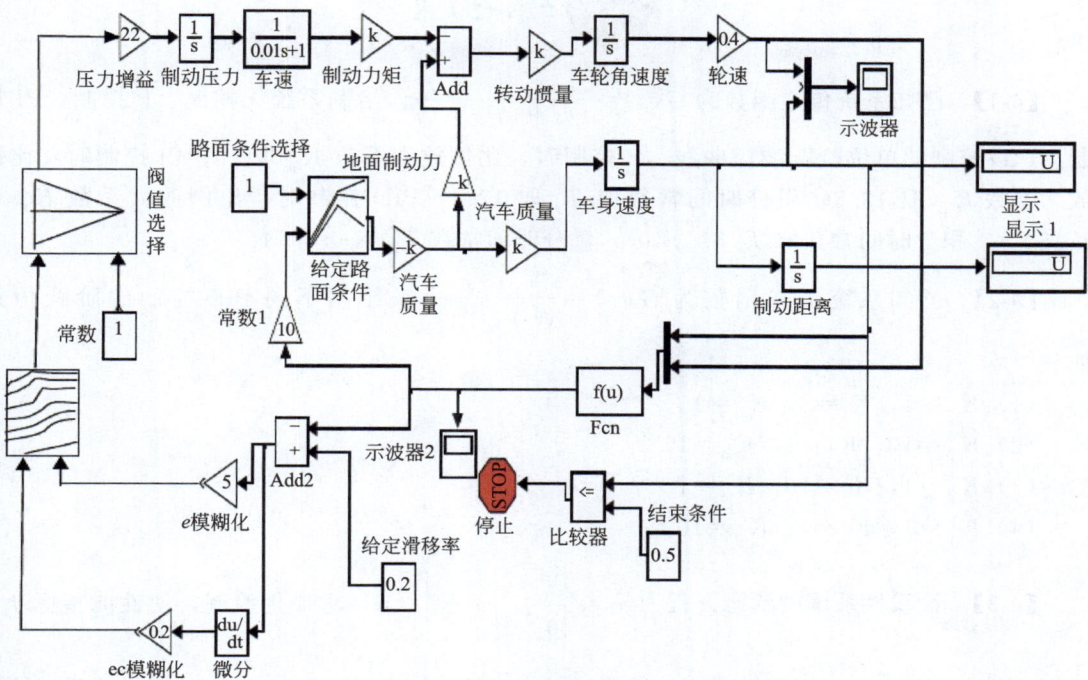

图 4-40　汽车 ABS 模糊控制仿真模型

　　仿真结果如图 4-41 所示。可以看出，系统很快趋于稳定，滑移率误差的最大波动范围是 −0.01～0.01，制动时间为 2.5s。滑移率控制在最佳滑移率附近，没有出现抱死，达到较好的制动效果。

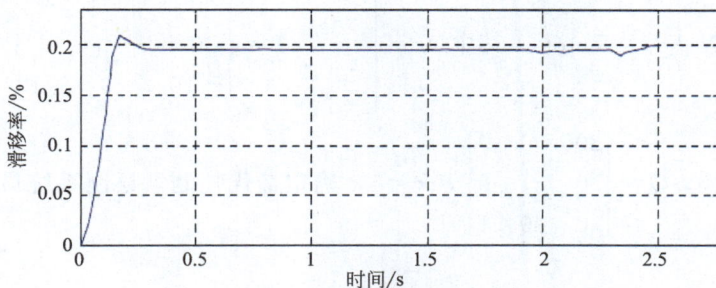

(a) 车速滑移率曲线

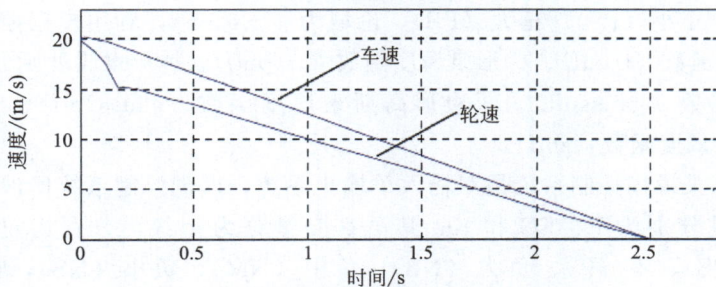

(b) 车速和轮速曲线

图 4-41　汽车 ABS 模糊控制仿真曲线

【4-1】 已知系统传递函数为 $G(s) = \dfrac{1}{s(s+1)(s+5)}$，绘制系统无控制、P 控制、PI 控制、PID 控制的单位阶跃响应曲线。P 控制时，比例放大系数 K_p 取 15；PI 控制时，比例放大系数 K_p 取 13.5，积分时间常数取 T_i 取 12.5；PID 控制时，比例放大系数 K_p 取 17.6471，积分时间常数取 T_i 取 1.405，微分时间常数 T_d 取 0.3514。

【4-2】 已知系统传递函数为 $G(s) = \dfrac{135}{s^2 + \sqrt{135}\,s}$，绘制不同 PID 控制的阶跃仿真曲线。

(1) $K_p = 1$，$K_i = 1$，$K_d = 1$。
(2) $K_p = 10$，$K_i = 1$，$K_d = 1$。
(3) $K_p = 1$，$K_i = 10$，$K_d = 1$。
(4) $K_p = 1$，$K_i = 1$，$K_d = 10$。

【4-3】 设线性系统的状态方程为 $\dot{x} = \begin{bmatrix} 0 & 1 \\ 0 & 0 \end{bmatrix} x + \begin{bmatrix} 0 \\ 1 \end{bmatrix} u$，求最优控制，使性能指标 $J = \dfrac{1}{2} \displaystyle\int_0^\infty (x^T Q x + u^T R u)\mathrm{d}t$ 取极小值。性能指标中，$Q = \begin{bmatrix} 2 & 1 \\ 1 & 4 \end{bmatrix}$，$R = 1/2$。计算最优反馈控制系数，绘制系统最优控制曲线和最优状态曲线。

【4-4】 线性系统状态方程为 $\dot{X} = AX + BU$，输出方程为 $Y = CX + DU$，目标函数为

$J = \dfrac{1}{2} \displaystyle\int_0^\infty (X^T Q X + U^T R U)\mathrm{d}t$，其中 $X = \begin{bmatrix} x_1 \\ x_2 \\ x_3 \end{bmatrix}$，$A = \begin{bmatrix} 0 & 1 & 0 \\ 0 & 0 & 1 \\ -16 & -9 & -12 \end{bmatrix}$，$B = \begin{bmatrix} 0 \\ 0 \\ 1 \end{bmatrix}$，$Y = $

x_1，$C = 1$，$D = 0$，$Q = \begin{bmatrix} 300 & 0 & 0 \\ 0 & 1 & 0 \\ 0 & 0 & 1 \end{bmatrix}$，$R = 1$，确定最优控制，绘制系统最优控制曲线和最优状态曲线。

【4-5】 已知某模糊控制系统的输入变量采用 5 个模糊集，分别是负大（NB）、负小（NS）、零（Z）、正小（PS）、正大（PB），论域为 [-6, 6]，利用模糊控制工具箱分别建立三角形隶属度函数（trimf）、梯形隶属度函数（trapmf）、钟形隶属度函数（gbellmf）、高斯曲线隶属度函数（gaussmf）、两边形高斯隶属度函数（gauss2mf）、S 形隶属度函数（smf）和 Z 形隶属度函数（zmf）。

【4-6】 已知某模糊控制系统是双输入单输出系统，模糊控制系统所涉及的精确量模糊化后的语言变量分别为 E、EC 和 K，其语言变量分为 7 级，分别为正大（PB）、正中（PM）、正小（PS）、零（Z）、负大（NB）、负中（NM）、负小（NS），它们的论域都是 [-1, 1]，隶属度函数选择三角形，模糊控制规则见表 4-3，利用模糊控制工具箱建立模糊控制规则，绘制模糊控制特性曲线。

表 4-3　输出 K 的模糊控制规则表

K		E						
		NB	NM	NS	Z	PS	PM	PB
EC	NB	PB	PB	PB	PB	PM	PS	Z
	NM	PB	PB	PB	PM	PS	Z	NS
	NS	PB	PB	PM	PS	Z	NS	NM
	Z	PB	PM	PS	Z	NS	NM	NB
	PS	PM	PS	Z	NS	NM	NB	NB
	PM	PS	Z	NS	NM	NB	NB	NB
	PB	Z	NS	NM	NB	NB	NB	NB

【4-7】 被控对象传递函数为 $G(s)=\dfrac{80}{s^2+10s+50}$，建立模糊控制系统并进行仿真。

（1）输入变量为 e 和 ec，其论域为 $[-3,3]$；输出变量为 u，其论域为 $[-4.5,4.5]$。

（2）输入变量 e 划分为 7 个模糊集，分别是负大（NB）、负中（NM）、负小（NS）、零（ZO）、正小（PS）、正中（PM）、正大（PB）；它们的隶属度函数分别选择 zmf、trimf、trimf、trimf、trimf、trimf、smf；它们的论域分别为 $[-3,-1]$、$[-3,-2,0]$、$[-3,-1,1]$、$[-2,0,2]$、$[-1,1,3]$、$[0,2,3]$、$[1,3]$。

（3）输入变量 ec 划分为 7 个模糊集，分别是负大（NB）、负中（NM）、负小（NS）、零（ZO）、正小（PS）、正中（PM）、正大（PB）；它们的隶属度函数分别选择 zmf、trimf、trimf、trimf、trimf、trimf、smf；它们的论域分别为 $[-3,-1]$、$[-3,-2,0]$、$[-3,-1,1]$、$[-2,0,2]$、$[-1,1,3]$、$[0,2,3]$、$[1,3]$。

（4）输出变量 u 划分为 7 个模糊集，分别是负大（NB）、负中（NM）、负小（NS）、零（ZO）、正小（PS）、正中（PM）、正大（PB）；它们的隶属度函数分别选择 zmf、trimf、trimf、trimf、trimf、trimf、smf；它们的论域分别为 $[-4.5,-1.5]$、$[-4.5,-3,0]$、$[-4.5,-1.5,1.5]$、$[-3,0,3]$、$[-1.5,1.5,4.5]$、$[0,3,4.5]$、$[1.5,4.5]$。

（5）模糊控制规则见表 4-4。

表 4-4　输出 U 的模糊控制规则表

U		E						
		NB	NM	NS	Z	PS	PM	PB
EC	NB	NB	NB	NM	NM	NS	NS	Z
	NM	NB	NM	NM	NS	NS	Z	PS
	NS	NM	NM	NS	NS	Z	PS	PS
	Z	NM	NS	NS	Z	PS	PS	PM
	PS	NS	NS	Z	PS	PS	PM	PM
	PM	NS	Z	PS	PS	PM	PM	PB
	PB	Z	PS	PS	PM	PM	PB	PB

第五章
基于MATLAB的图像处理技术

第一节
图像的读取和显示

一、图像的读取

图像读取的命令格式如下。

I＝imread('filename',fmt)

其中 filename 为指定图像文件的完整路径和文件名，如果图像文件存储在 MATLAB 工作目录下，则只需要提供文件名；fmt 为图像文件的格式对应的标准扩展名，如果缺省，则 filename 从文件内容推断出其格式。

二、图像的写入

图像写入的命令格式如下。

imwrite(I,'filename',fmt)

其中 I 表示一个二维图像数组，可由 imread（）函数得到；filename 必须是一种可识别的文件格式。例如，imwrite（A，'lena.png'）命令可以将图像以 lena 为文件名存储为 PNG 格式的文件。如果 filename 中不包含路径信息，那么 imwrite（）就会把文件保存至当前的工作目录中。

三、图像的显示

图像显示的命令格式如下。

imshow(I,[low high])

其中 I 为要显示的图像矩阵；[low high] 为指定显示灰度图像的灰度范围，高于 high 的像素被显示成白色，低于 low 的像素被显示成黑色，介于 high 和 low 之间的像素被按比例拉伸后显示为各种等级的灰色。

【例 5-1】 从路径 "C：\ Documents and Settings \ " 上读取原始图像文件 timg. jpg，并写入和显示文件。

解： 在 MATLAB 命令行窗口输入以下程序。

```
1    I=imread('C:\Documents and Settings\timg.jpg');    %读取原始图像
2    subplot(1,2,1)                                       %设置原始图像位置
3    imshow(I)                                            %显示原始图像
4    title('原始图像')                                     %原始图像标注
5    imwrite(I,'1.jpg');                                  %写入原始图像
6    I1=imread('1.jpg');                                  %读取写入图像
7    subplot(1,2,2)                                       %显示写入图像位置
8    imshow(I1)                                           %显示写入图像
9    title('写入图像')                                     %写入图像标注
10   print(gcf,'-r600','-djpeg','图 5-1.jpg')              %保存图形文件
```

输出结果如图 5-1 所示。

原始图像   写入图像

图 5-1   读取原始图像和写入图像

四、图像格式的转换

MATLAB 支持的图像类型主要有彩色（RGB）图像、灰度图像、二值图像和索引图像等。

（1）彩色（RGB）图像。彩色（RGB）图像分别用红（R）、绿（G）、蓝（B）三个亮度值为一组，代表每个像素的颜色。这些亮度值直接存放在图像数组中，而不是存放在颜色图中。数据类型一般为 uint8 类型；图像数组为 $m \times n \times 3$，m 和 n 表示图像像素的行列数。

（2）灰度图像。灰度图像是指每个像素只有一个采样颜色的图像，这类图像通常显示为从最暗黑色到最亮白色的灰度。灰度图像是保存在一个矩阵中的，矩阵中的每个元素代表一

个像素点。矩阵可以是双精度型（double 类型），其值域为［0，1］；也可以为 uint8 类型，其值域为［0，255］。矩阵的每个元素代表不同的亮度或灰度级：对于双精度型，0 代表黑色，1 代表白色；对于 uint8 类型，0 代表黑色，255 代表白色。

（3）二值图像（黑白图像）。二值图像（黑白图像）是指每个像素点只有两种可能，0 和 1，0 代表黑色，1 代表白色。数据类型通常为一个二进制位。

（4）索引图像。索引图像包括图像矩阵和颜色图数组，其中颜色图是按照图像中颜色值进行排序后的数组；对于每个像素，图像矩阵包含一个值，这个值就是颜色图数组中的索引。颜色图为 $m \times 3$ 双精度型矩阵，各行分别指定红、绿、蓝单色值。

MATLAB 图像格式转换命令格式见表 5-1。

表 5-1　MATLAB 图像格式转换命令格式

命令格式	功能说明
im2bw(I,level)	设置阈值，将灰度、索引、RGB 图像转换为二值图像，I 为源图像，level 为指定的阈值
rgb2gray(I)	将 RGB 图像转换为灰度图像
rgb2ind(I,n)	将 RGB 图像转换为索引图像，n 为索引图像包含的颜色数量
gray2ind(I)	将灰度图像或二值图像转换为索引图像
im2uint8(I)	将图像转换为 uint8 类型图像
im2uint16(I)	将图像转换为 uint16 类型图像，但不支持二值图像的转换
im2double(I)	将图像转换为 double 类型图像

【例 5-2】　将例 5-1 中的彩色图像转换成灰度图像、二值图像和索引图像。

解：在 MATLAB 命令行窗口输入以下程序。

```
1    I=imread('C:\Documents and Settings\timg.jpg');      %读取原始图像
2    subplot(2,2,1)                                         %设置原始图像位置
3    imshow(I)                                              %显示原始图像
4    title('原始图像')                                       %原始图像标注
5    I1=rgb2gray(I);                                        %将彩色图像转换为灰度图像
6    subplot(2,2,2)                                         %设置灰度图像位置
7    imshow(I1)                                             %显示灰度图像
8    title('灰度图像')                                       %灰度图像标注
9    subplot(2,2,3)                                         %设置二值图像位置
10   I2=im2bw(I1);                                          %将灰度图像转换为二值图像
11   imshow(I2)                                             %显示二值图像
12   title('二值图像')                                       %二值图像标注
13   subplot(2,2,4)                                         %设置索引图像位置
14   I3=rgb2ind(I,100);                                     %将彩色图像转换为包含 100 种
                                                             颜色的索引图像
15   imshow(I3)                                             %显示索引图像
16   title('索引图像')                                       %索引图像标注
17   print(gcf,'-r600','-djpeg','图 5-2.jpg')              %保存图形文件
```

输出结果如图 5-2 所示。

原始图像　　　　　　　　　灰度图像

二值图像　　　　　　　　　索引图像

图 5-2　图像格式转换

第二节
图像的点运算

一、图像直方图

图像直方图是反映一个图像像素分布的统计表，其横坐标代表了图像像素的种类，可以是灰度的，也可以是彩色的；纵坐标代表了每一种颜色值在图像中的像素总数或者占所有像素个数的百分比。图像由像素构成，因此反映像素分布的直方图往往可以作为图像的一个很重要的特征。

灰度直方图描述了一幅图像的灰度级统计信息，主要应用于图像分割和图像灰度变换等处理过程中。从数学角度来说，灰度直方图描述图像各个灰度级的统计特性，它是图像灰度值的函数，统计一幅图像中各个灰度出现的次数或概率。归一化直方图可以直接反映不同灰度级出现的比率。横坐标为图像中各个像素点的灰度级别，纵坐标表示具有各个灰度级别的像素在图像中出现的次数或概率。

灰度级别一般用 0～255 表示。

利用 MATLAB 计算图像直方图的函数为 imhist()，具体有以下用法。

imhist(I)：直接显示图像 I 的灰度直方图。

imhist(I,n)：指定灰度级 n 显示直方图。

[count,x]＝imhist(I)：获取直方图信息，count 为每一级灰度像素个数，x 为灰度级别，x 也可以在 imhist(I,x) 中指定，可以通过 stem(x,count) 画相应直方图。

【例 5-3】　对例 5-1 的原始图像进行直方图处理。

解： 在 MATLAB 命令行窗口输入以下程序。

```
1   I=imread(' C:\Documents and Settings\timg.jpg');    %读取原始图像
2   i=rgb2gray(I);                                        %将彩色图像转换成灰度图像
3   subplot(2,2,1)                                        %设置灰度图像位置
4   imshow(i)                                             %显示灰度图像
5   title('灰度图像')                                      %灰度图像标注
6   subplot(2,2,2)                                        %设置灰度直方图位置
7   imhist(i)                                             %提取灰度直方图
8   title('灰度直方图')                                    %灰度直方图标注
9   subplot(2,2,3)                                        %设置直方图均分位置
10  imhist(i,32)                                          %将直方图均分为 32 个等级
11  title('直方图均分')                                    %直方图均分标注
12  subplot(2,2,4)                                        %设置均分直方图位置
13  [count,x]=imhist(i,32);                               %获取均分直方图信息
14  stem(x,count)                                         %绘制均分直方图
15  title('均分直方图')                                    %均分直方图标注
16  print(gcf,'-r600','-djpeg','图 5-3.jpg')              %保存图形文件
```

输出结果如图 5-3 所示。

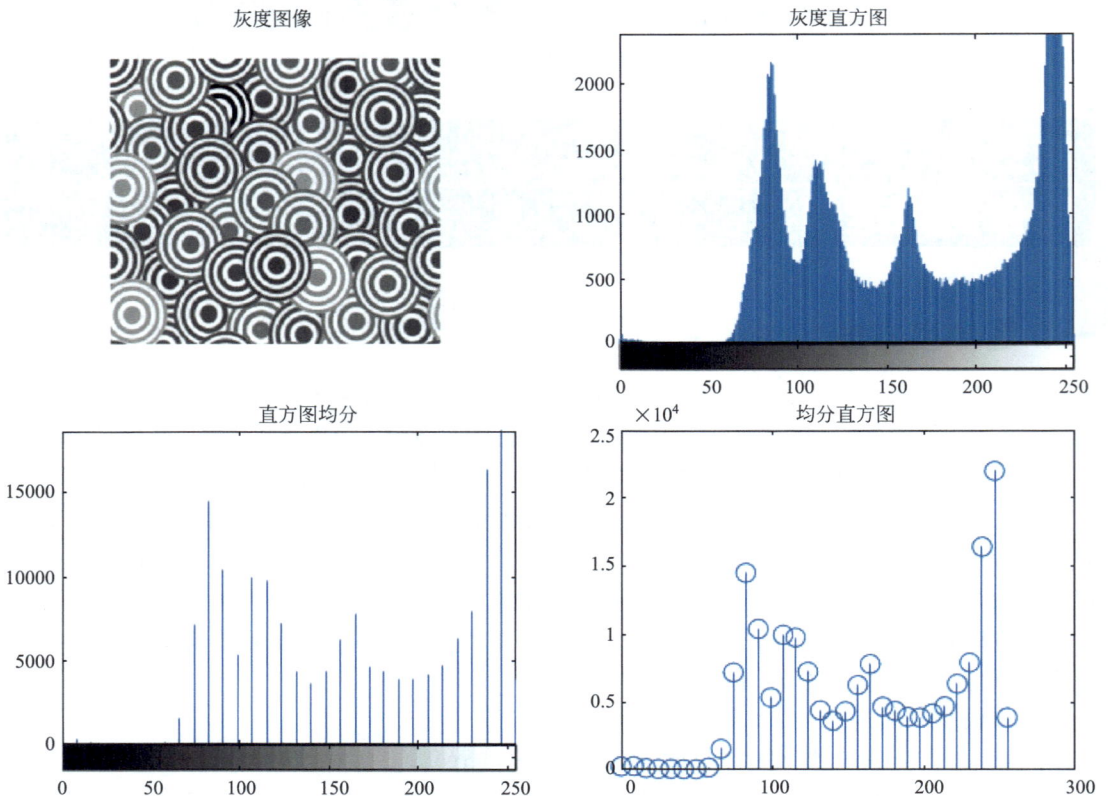

图 5-3 图像直方图处理

二、图像的线性变换

图像的线性变换表达式为

$$f(x) = kx + b$$

式中，$f(x)$ 为目标灰度值；x 为原灰度值；k 为直线的斜率；b 为在 y 轴上的截距。

通过改变 k、b 的数值，可以对图像的灰度值进行线性变换。当 $k > 1$ 时，输出图像的对比度将增大；当 $k < 1$ 时，输出图像的对比度将减小；当 $k = 1$ 且 $b \neq 0$ 时，所有像素的灰度值上移或下移，使整个图像更暗或更亮；当 $k < 0$ 且 $b = 0$ 时，图像的暗区变亮，亮区变暗；当 $k = 1$ 且 $b = 0$ 时，图像恒定不变；当 $k = -1$ 且 $b = 255$ 时，图像反转变化。

【例 5-4】 将例 5-1 中的彩色图像转换成灰度图像，再对灰度图像进行灰度值的线性变换，绘制灰度值线性变化后的灰度图像和灰度直方图。其中 k 和 b 分别取 $k = 1$，$b = 0$；$k = 2$；$b = 0$；$k = 0.5$，$b = 0$；$k = 1$，$b = 50$；$k = -1$，$b = 255$。

解： 在 MATLAB 命令行窗口输入以下程序。

```
1    I=imread('C:\Documents and Settings\timg.jpg');    %读取原始图像
2    k=input('k:\n');                                     %输入 k 值
3    b=input('b:\n');                                     %输入 b 值
4    I1=rgb2gray(I);                                      %原始图像转换成灰度图像
5    original=im2double(I1);                              %灰度图像转换成 double 类型
6    new=original * k+b/255;                              %计算灰度值线性变化
7    subplot(2,1,1)                                       %设置灰度图像位置
8    imshow(new)                                          %显示灰度变化图像
9    title('灰度变化图像')                                 %灰度变化图像标注
10   subplot(2,1,2)                                       %设置灰度直方图位置
11   imhist(new)                                          %显示灰度直方图
12   title('灰度直方图')                                   %灰度直方图标注
13   print(gcf,'-r600','-djpeg','图 5-4.jpg')             %保存图形文件
```

输出结果如图 5-4 所示。可以看出，通过对图像的灰度值进行线性变换，图像灰度的亮度和灰度直方图也随着发生变化。

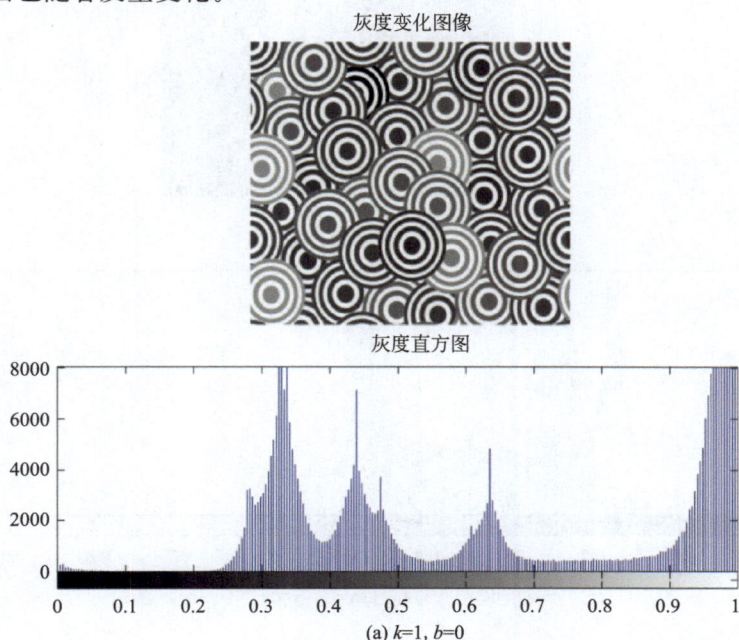

灰度变化图像

灰度直方图

(a) $k=1$, $b=0$

图 5-4

灰度变化图像

灰度直方图

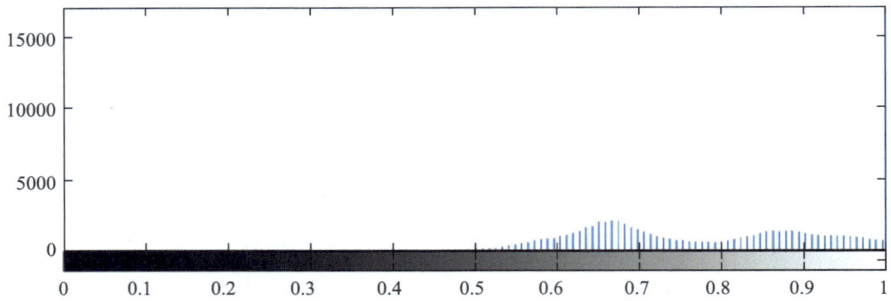

(b) *k*=2, *b*=0

灰度变化图像

灰度直方图

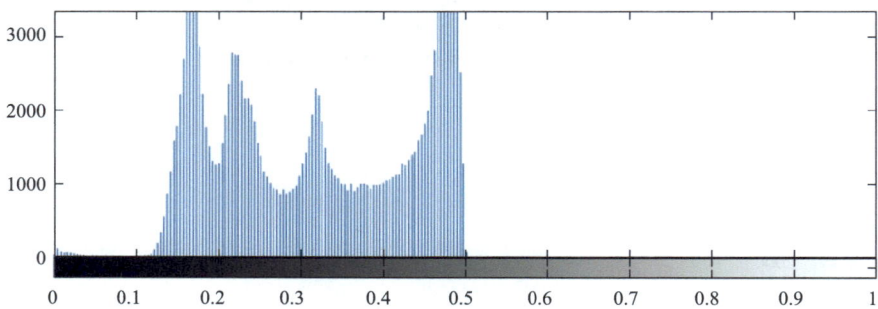

(c) *k*=0.5, *b*=0

灰度变化图像

灰度直方图

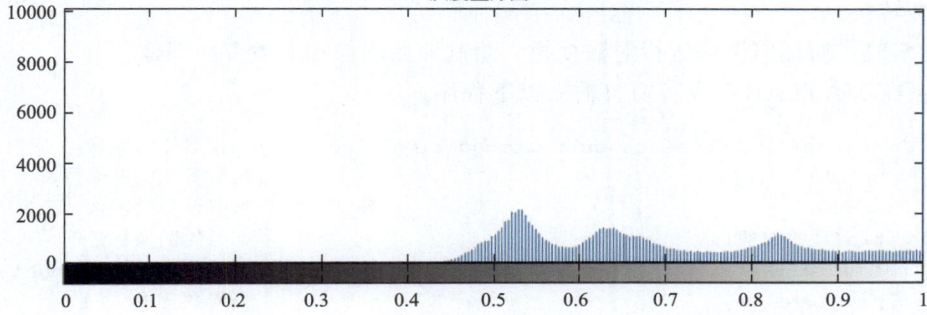

(d) *k*=1, *b*=50

灰度变化图像

灰度直方图

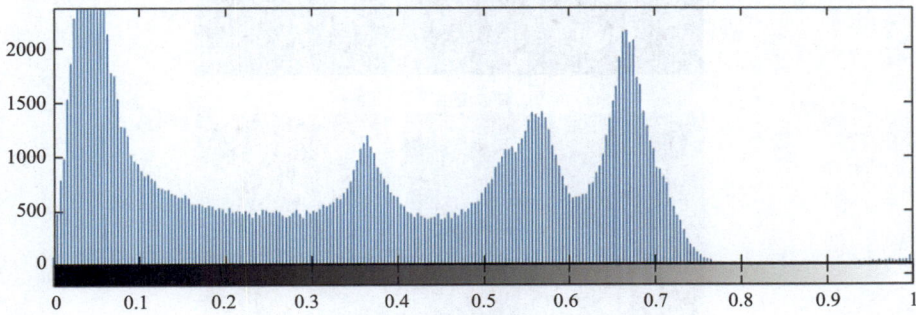

(e) *k*=−1, *b*=255

图 5-4　灰度值线性变换后的灰度图像和灰度直方图

三、图像的对数变换

图像的对数变换表达式为

$$t = c\log(1 + ks)$$

式中，t 为变换后的目标灰度值；c 为尺度比例常数；k 为常数，k 越大，灰度提高越明显；s 为原灰度值。

图像的对数变换可以增强一幅图像中较暗部分的细节，可以用来扩展被压缩的高值图像中的较暗像素，广泛应用于对数值范围过大的数据进行调整显示，如傅里叶变换后的图像数据。

但要注意，log 函数会对输入图像矩阵 s 中的每个元素进行操作，而且仅能处理 double 类型的矩阵，而从图像文件中得到的图像矩阵大多是 uint8 类型的，因此需要先进行 double 数据类型转换。

【例 5-5】 对黑暗图像进行对数变换，绘制原始图像和对数变换图像。

解： 在 MATLAB 命令行窗口输入以下程序。

```
1   I=imread('C:\Documents and Settings\timg1.jpg');   %读取原始图像
2   subplot(1,2,1)                                       %设置原始图像位置
3   imshow(I)                                            %显示原始图像
4   title('原始图像')                                     %原始图像标注
5   i=double(I);                                         %将图像转换成 double 类型
6   I1=log(i+1);                                         %对数变换
7   I2=mat2gray(I1);                                     %图像归一化
8   subplot(1,2,2)                                       %设置对数变换图像位置
9   imshow(I2)                                           %显示对数变换图像
10  title('对数变换图像')                                  %对数变换图像标注
11  print(gcf,'-r600','-djpeg','图 5-5.jpg')              %保存图形文件
```

输出结果如图 5-5 所示。可以看出，黑暗图像经过对数变换，亮度增大。

原始图像

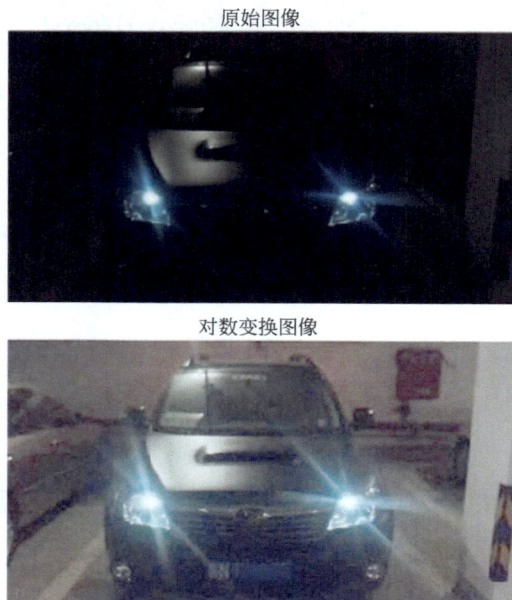

对数变换图像

图 5-5 图像的对数变换

四、图像的 Gamma 变换

Gamma 变换是对输入图像灰度值进行的非线性操作，使输出图像灰度值与输入图像灰度值呈指数关系。

图像的 Gamma 变换的表达式为

$$y = (x + esp)^{\gamma}$$

式中，y 为变换后的目标灰度值；x 为原灰度值；esp 为补偿系数；γ 为 Gamma 系数；x、y 的取值范围为 $[0,1]$。

Gamma 变换是根据 γ 的不同取值，选择性地增强低灰度区域或高灰度区域的对比度。当 $\gamma > 1$ 时，较亮的区域灰度被拉伸，较暗的区域灰度被压缩得更暗，图像整体变暗；$\gamma < 1$ 时，较亮的区域灰度被压缩，较暗的区域灰度被拉伸得较亮，图像整体变亮。

利用 MATLAB 进行 Gamma 变换的命令格式如下。

J=imadjust(I)：对图像 I 进行灰度调整

J=imadjust(I,[low_in;high_in],[low_out;high_out])：[low_in;high_in]为原图像中要变换的灰度范围；[low_out;high_out]为变换后的灰度范围。

J=imadjust(I,[low_in;high_in],[low_out;high_out],gamma)：该 gamma 参数为映射的方式，默认值为 1，即线性映射；当 gamma 不为 1 时为非线性映射。

【例 5-6】 将图像进行 Gamma 变换，绘制原始图像和 Gamma 变换图像。

解：在 MATLAB 命令行窗口输入以下程序。

```
1  I=imread(' C:\Documents and Settings \timg2.jpg');    %读取原始图像
2  subplot(2,1,1)                                          %设置原始图像位置
3  imshow(I)                                               %显示原始图像
4  title('原始图像')                                        %原始图像标注
5  J=imadjust(I,[],[],0.3);                                %将图像进行 Gamma 变换
6  subplot(2,1,2)                                          %设置 Gamma 变换图像位置
7  imshow(J)                                               %显示 Gamma 变换图像
8  title('Gamma 变换图像')                                  %Gamma 变换图像标注
9  print(gcf,'-r600','-djpeg','图 5-6.jpg')                %保存图形文件
```

输出结果如图 5-6 所示。改变不同的 γ，会得到不同的效果图。

原始图像

图 5-6

Gamma变换图像

图 5-6　图像的 Gamma 变换

五、图像的阈值变换及二值化

图像的阈值变换的表达式为

$$f(x) = \begin{cases} 0 & x < T \\ 255 & x \geqslant T \end{cases}$$

式中，T 为阈值。

当图像的像素点的灰度大于 T 时，设置这个点为全黑，否则为全白。

利用 MATLAB 进行灰度阈值变换及二值化的命令格式如下。

BW＝im2bw(I,level)：利用阈值法从灰度图像、RGB 图像创建二值图像；level 为人工设置的阈值，范围是 [0,1]；默认为 0.5。

在图像的阈值化处理过程中，选用不同的阈值其处理结果差异很大。阈值过大，会提取多余的部分。阈值过小，又会丢失所需的部分。因此，阈值的选取非常重要。

thresh＝graythresh(I)：计算自动设置所需要的最优化阈值。

MATLAB 常用的经典二值化算法还有 otsu 算法、kapur 算法、niblack 算法、kittler-Met 算法等。otsu 算法是用最大类间方差法自动单阈值分割；kapur 算法是一维直方图熵阈值算法；niblack 算法是局部阈值分割；kittlerMet 算法表示最小分类错误全局二值化算法。

【例 5-7】 将图像进行灰度阈值变换及二值化，其中阈值分别取 0.1、0.8 和最优，绘制原始图像和阈值分割后图像。

解：在 MATLAB 命令行窗口输入以下程序。

```
1   I=imread(' C:\Documents and Settings \timg3.jpg');    %读取原始图像
2   subplot(2,2,1)                                         %设置原始图像位置
3   imshow(I)                                              %显示原始图像
4   title('原始图像')                                       %原始图像标注
5   subplot(2,2,2)                                         %设置阈值 0.1 分割后图像位置
6   I1=im2bw(I,0.1);                                       %阈值 0.1 分割后二值化处理
7   imshow(I1)                                             %显示阈值 0.1 分割后图像
8   title('阈值 0.1 分割后图像')                             %阈值 0.1 分割后图像标注
9   I2=im2bw(I,0.8);                                       %设置阈值 0.8 分割后图像位置
10  subplot(2,2,3)                                         %阈值 0.8 分割后二值化处理
11  imshow(I2)                                             %显示阈值 0.8 分割后图像
```

12	title('阈值 0.8 分割后图像')	％阈值 0.8 分割后图像标注
13	I3=graythresh(I);	％计算最优化阈值
14	I4=im2bw(I,I3);	％最优化阈值二值化处理
15	subplot(2,2,4)	％设置阈值最优分割后图像位置
16	imshow(I4)	％显示阈值最优分割后图像
17	title('阈值最优分割后图像')	％阈值最优分割后图像标注
18	print(gcf,'-r600','-djpeg','图 5-7.jpg')	％保存图形文件

输出结果如图 5-7 所示。可以看出，阈值选取不一样，分割图像的效果差别较大。

原始图像　　　　　　　　　　　　　阈值0.1分割后图像

阈值0.8分割后图像　　　　　　　　　阈值最优分割后图像

图 5-7　原始图像及灰度阈值变换的二值图像

六、直方图均衡化

直方图均衡化就是把原始图像的灰度直方图从比较集中的某个灰度区间变成在全部灰度范围内的均匀分布。直方图均衡化就是对图像进行非线性拉伸，重新分配图像像素值，使一定灰度范围内的像素数量大致相同。直方图均衡化就是把给定图像的直方图分布改变成"均匀"分布直方图分布。

直方图归一化就是将原始图像的灰度直方图转换到唯一的标准形式以抵抗各种变换，从而消除同类图像不同变形体之间的外观差异，也称为图像灰度归一化。

直方图均衡化的命令格式如下。

f1＝histeq(f,n)

[f1,T]＝histeq(f,n)

其中 f1 为输出图像；f 为输入原始图像；n 为指定直方图均衡化后的灰度级数，默认值为 64；T 为变换矩阵。

函数 histeq（）不仅能够对灰度图像进行直方图均衡化，还可以对索引图像进行直方图均衡化。

【例 5-8】 将原始彩色图像进行均衡化和归一化。

解： 在 MATLAB 命令行窗口输入以下程序。

```
1   I=imread(' C:\Documents and Settings \ timg4.jpg');    ％读取原始图像
2   figure(1)                                               ％设置图形窗口 1
3   subplot(2,2,1)                                          ％设置原始图像位置
4   imshow(I)                                               ％显示原始图像
5   title('原始图像')                                       ％原始图像标注
6   I1=rgb2gray(I);                                         ％原始图像转换为灰度图像
7   subplot(2,2,2)                                          ％设置灰度图像位置
8   imshow(I1)                                              ％显示灰度图像
9   title('灰度图像')                                       ％灰度图像标注
10  subplot(2,2,4)                                          ％设置灰度图像直方图位置
11  imhist(I1)                                              ％灰度图像转换为直方图
12  title('灰度图像直方图')                                 ％灰度图像直方图标注
13  print(gcf,'-r600','-djpeg','图 5-8(a).jpg')            ％保存图形文件
14  figure(2)                                               ％设置图形窗口 2
15  subplot(2,2,1)                                          ％设置均衡化图像位置
16  I2=histeq(I1,50);                                       ％直方图均衡化
17  imshow(I2)                                              ％显示直方图
18  title('均衡化图像')                                     ％均衡化图像标注
19  subplot(2,2,2)                                          ％设置均衡化直方图位置
20  imhist(I2)                                              ％均衡化图像转换为直方图
21  title('均衡化直方图')                                   ％均衡化直方图标注
22  subplot(2,2,3)                                          ％设置归一化图像位置
23  I3=mat2gray(I);                                         ％原始图像归一化
24  imshow(I3)                                              ％显示归一化图像
25  title('归一化图像')                                     ％归一化图像标注
26  subplot(2,2,4)                                          ％设置归一化直方图位置
27  [M,N]=size(I1);                                         ％计算灰度图像尺寸
28  [counts,x]=imhist(I1,32);                               ％计算有 32 个区间的灰度直方图
29  counts=counts/M/N;                                      ％计算归一化直方图各区间值
30  stem(x,counts)                                          ％绘制归一化直方图
31  title('归一化直方图')                                   ％归一化直方图标注
32  print(gcf,'-r600','-djpeg','图 5-8(b).jpg')            ％保存图形文件
```

输出结果如图 5-8 所示。

原始图像

灰度图像

灰度图像直方图

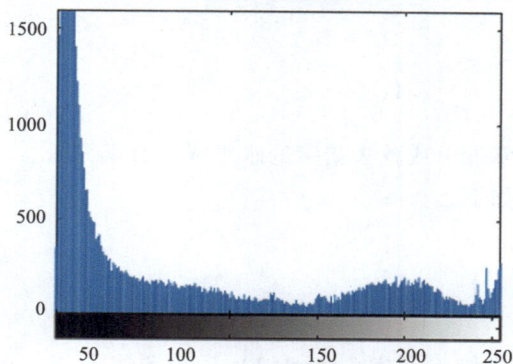

(a) 原始图像和灰度图像

均衡化图像

均衡化直方图

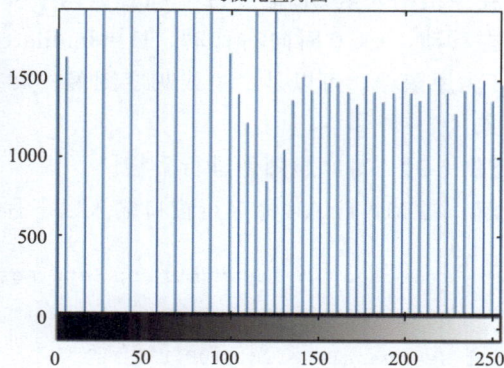

归一化图像

归一化直方图

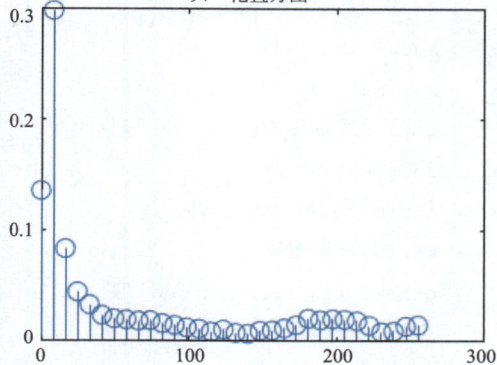

(b) 均衡化图像和归一化图像

图 5-8　直方图均衡化和归一化

图像的几何变换又称图像空间变换，它是将一幅图像中的坐标位置映射到另一幅图像中的新坐标位置。图像的几何变换不改变图像的像素值，只是在图像平面上进行像素的重新安排。

图像的几何变换主要用于目标识别中的目标配准，包括图像平移、图像镜像和图像转置等。

一、图像平移

图像平移是指所有像素加上或减去指定的水平或垂直偏移量。

图像平移的命令格式如下。

strel

se＝translate(SE,[y,x])

I1＝imdilate(I,se)

strel 是用来创建形态学结构元素；strel(1) 表示图像不变。se＝translate(SE,[y,x]) 表示在原结构元素 SE 上进行 y 和 x 方向平移；$y>0$ 时向下移动，$y<0$ 时向上移动；$x>0$ 时向左移动，$x<0$ 时向右移动。I1＝imdilate(I,se) 用于完成图像膨胀；I1 为膨胀后的图像；I 为原图像，可以是二值或灰度图像；se 是由 strel 函数返回的自定义或预设的结构元素对象。

【例 5-9】 对原始图像进行平移。

解：在 MATLAB 命令行窗口输入以下程序。

```
1    I=imread(' C:\Documents and Settings\timg5.jpg');    %读取原始图像
2    SE=strel(1);                                         %创建形态学结构元素
3    se=translate(SE,[100,100]);                          %对结构元素进行平移
4    B=imdilate(I,se);                                    %进行图像膨胀
5    subplot(2,1,1)                                       %设置原始图像位置
6    subimage(I)                                          %带坐标显示原始图像
7    title('原始图像')                                     %原始图像标注
8    subplot(2,1,2)                                       %设置平移图像位置
9    subimage(B)                                          %带坐标显示平移图像
10   title('平移图像')                                     %平移图像标注
11   print(gcf,'-r600','-djpeg','图 5-9.jpg')             %保存图形文件
```

输出结果如图 5-9 所示。

图 5-9　图像平移

二、图像镜像

图像镜像分为水平镜像和垂直镜像。水平镜像是将图像的左右两部分以图像垂直中轴线为中心进行镜像对换；垂直镜像是将图像的上下两部分以图像水平中轴线为中心进行镜像对换。

图像镜像的命令格式如下。

B＝imtransform(A,tform,method)

其中 B 为镜像后的图像；A 为要进行图像镜像的原始图像；空间变换结构 tform 制定了具体的变换类型；可选参数 method 用于为 imtransform 函数选择插值算法，bicubic 为双三次插值，nearest 为最临近插值，默认时为双线性插值 bilinear。

利用 MATLAB 获得 tform 结构的命令格式如下。

T＝maketform(transformtype,Matrix)

其中参数 transformtype 指定了变换的类型，如常见的 affine 为二维或多维仿射变换，包括平移、旋转、比例、拉伸和错切等；Matrix 为响应的仿射变换矩阵。

【例 5-10】　对原始图像进行图像镜像。

解：在 MATLAB 命令行窗口输入以下程序。

```
1   A=imread('C:\Documents and Settings\timg5.jpg');    %读取原始图像
2   [height,width,dim]=size(A);                          %计算图像尺寸
3   tform1=maketform('affine',[-1,0,0;0,1,0;width,0,1]); %设置水平镜像空间变换结构
4   B=imtransform(A,tform1,'nearest');                   %对图像 A 进行水平镜像
5   tform2=maketform('affine',[1,0,0;0,-1,0;0,height,1]);%设置垂直镜像空间变换结构
6   C=imtransform(A,tform2,'nearest');                   %对图像 A 进行垂直镜像
7   subplot(2,2,1)                                        %设置原始图像位置
8   imshow(A)                                            %显示原始图像
9   title('原始图像')                                     %原始图像标注
10  subplot(2,2,3)                                       %设置水平镜像位置
11  imshow(B)                                            %显示水平镜像
12  title('水平镜像')                                     %水平镜像标注
13  subplot(2,2,4)                                       %设置垂直镜像位置
14  imshow(C)                                            %显示垂直镜像
15  title('垂直镜像')                                     %垂直镜像标注
16  print(gcf,'-r600','-djpeg','图 5-10.jpg')            %保存图形文件
```

输出结果如图 5-10 所示。

原始图像

水平镜像　　　　　　　　　　　　垂直镜像

图 5-10　图像镜像

三、图像转置

图像转置是将图像像素的 x 坐标和 y 坐标互换，图像的大小会随之改变，高度和宽度将互换。

【例 5-11】　对原始图像进行图像转置。

解：在 MATLAB 命令行窗口输入以下程序。

```
1   A=imread('C:\Documents and Settings\ timg5.jpg');    %读取原始图像
2   form=maketform('affine',[0 1 0;1 0 0;0 0 1]);         %创建空间转换结构
3   tran=imtransform(A,form,'nearest');                   %对图像进行二维空间转置变换
4   subplot(1,2,1)                                        %设置原始图像位置
5   imshow(A)                                             %显示原始图像
6   title('原始图像')                                     %原始图像标注
7   subplot(1,2,2)                                        %设置转置图像位置
8   imshow(tran)                                          %显示转置图像
9   title('转置图像')                                     %转置图像标注
10  print(gcf,'-r600','-djpeg','图 5-11.jpg')             %保存图形文件
```

输出结果如图 5-11 所示。

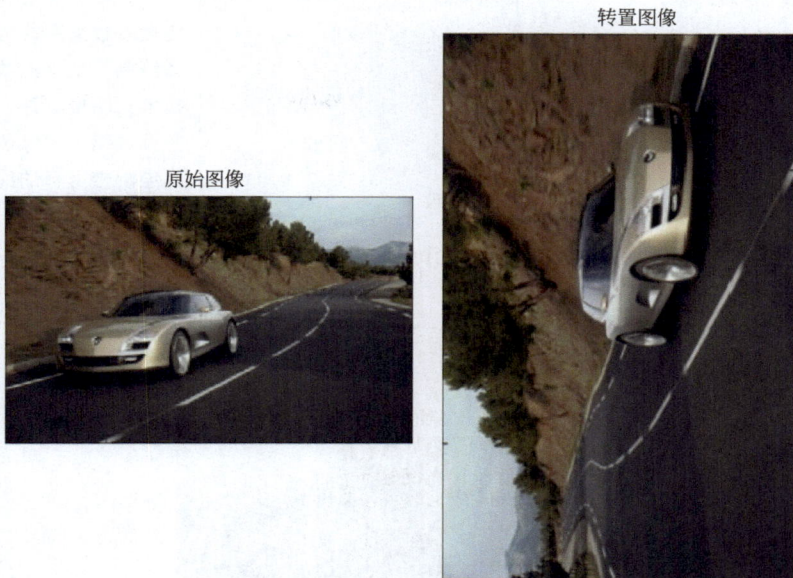

图 5-11　图像转置

四、图像缩放

图像缩放包括图像缩小和图像放大。

（1）图像缩小。图像缩小就是对原有的多个数据进行挑选或处理，获得期望缩小尺寸的数据，并且尽量保持原有的特征不丢失。最简单的方法就是等间隔地选取数据。图像缩小可以分为按比例缩小和不按比例缩小两种。

（2）图像放大。图像放大是图像缩小的逆操作，从信息处理的角度来看，则难易程度完全不一样。图像缩小是从多个信息中选出所需要的信息，而图像放大则是需要对多出的空位填入适当的值，是信息的估计。

等比例缩放的命令格式如下。

B＝imresize(A,scale,method)

其中 B 为等比缩放后的图像；A 为要进行缩放的原始图像；scale 为统一的缩放比例；method 用于为 imresize 制定插值算法，默认为最邻近插值。

不等比例缩放的命令格式如下。

B＝imresize(A,[mrows,ncola],method)

其中［mrows，ncola］指明了变换后目标图像 B 的具体行数（高）和列数（宽），其余均与等比例缩放时的调用相同。

【例 5-12】　对原始图像进行图像缩放。

解：在 MATLAB 命令行窗口输入以下程序。

```
1   A=imread('C:\Documents and Settings\timg5.jpg');   %读取原始图像
2   B=imresize(A,2);                                    %放大图像
3   C=imresize(A,0.5);                                  %缩小图像
4   subplot(2,2,1)                                      %设置原始图像位置
5   subimage(A)                                         %绘制带坐标的原始图像
```

6	title('原始图像')	%原始图像标注
7	subplot(2,2,3)	%设置放大图像位置
8	subimage(B)	%绘制带坐标的放大图像
9	title('放大图像')	%放大图像标注
10	subplot(2,2,4)	%设置缩小图像位置
11	subimage(C)	%绘制带坐标的缩小图像
12	title('缩小图像')	%缩小图像标注
13	print(gcf,'-r600','-djpeg','图 5-12.jpg')	%保存图形文件

输出结果如图 5-12 所示。可以看出，虽然显示的图像大小一样，但显示的比例不一样，从坐标上的数值就可以看出，如果都按 1∶1 显示，图像大小就不一样了。

图 5-12　图像缩放

五、图像旋转

图像旋转的命令格式如下。

B＝imrotate(A,angle,method,'crop')

其中 B 为旋转后的图像；A 为要旋转的原始图像；angle 为旋转角度，正值为逆时针方向旋转图像；method 为 imrotate 函数指定插值方法；crop 选项会裁剪旋转后增大的图像，使得到的图像与原始图像大小一致。

【例 5-13】　对彩色图像进行图像旋转。

解：在 MATLAB 命令行窗口输入以下程序。

```
1    A=imread(' C:\Documents and Settings\ timg5.jpg');        %读取原始图像
2    B=imrotate(A,30,'nearest','crop');                        %旋转图像
3    subplot(2,1,1)                                            %设置原始图像位置
4    imshow(A)                                                 %显示原始图像
5    title('原始图像')                                          %原始图像标注
6    subplot(2,1,2)                                            %设置旋转图像位置
7    imshow(B)                                                 %显示旋转图像
8    title('旋转图像')                                          %旋转图像标注
9    print(gcf,'-r600','-djpeg','图 5-13.jpg')                 %保存图形文件
```

输出结果如图 5-13 所示。

原始图像　　　　　　　　　　　　　　　旋转图像

图 5-13　图像旋转

第四节
空间域图像增强

　　图像增强是采用一系列技术去改善图像的视觉效果，或将图像转换成一种更适合于人或机器进行分析和处理的形式。空间域图像增强是直接对图像各像素进行处理。

一、噪声添加

　　噪声添加的命令格式如下。

h＝imnoise（I,type,parameters）

　　其中 h 为噪声添加后的图像；I 为原始图像；type 是噪声的类型；parameters 是参数设置大小。

　　噪声类型有高斯噪声和椒盐噪声。

　　（1）高斯噪声。高斯噪声是指其概率密度函数服从高斯分布（即正态分布）的一类噪声，用 gaussian 表示。例如，g＝imnoise(f,'gaussian',m,var) 将均值为 m、方差为 var 的高斯噪声加到图像 f 上。默认为均值是 0、方差是 0.01 的噪声。

　　（2）椒盐噪声。椒盐噪声是由图像传感器、传输信道、解码处理等产生的黑白相间的亮暗点噪声，黑点如胡椒，白点如盐粒，用 salt&pepper 表示。例如，g＝imnoise（f, 'salt&pepper',d) 将椒盐噪声加到图像 f 上,其中 d 是噪声密度(即包含噪声值的图像区域的百分比),默认噪声密度为 0.05。

【例 5-14】 给原始图像添加高斯噪声和椒盐噪声。

解: 在 MATLAB 命令行窗口输入以下程序。

```
1   A=imread('C:\Documents and Settings\timg6.jpg');    %读取原始图像
2   g1=imnoise(A,'gaussian');                            %加高斯噪声
3   g2=imnoise(A,'salt & pepper',0.04);                  %加椒盐噪声
4   subplot(2,2,1)                                        %设置原始图像位置
5   imshow(A)                                             %显示原始图像
6   title('原始图像')                                       %原始图像标注
7   subplot(2,2,3)                                        %设置高斯噪声图像位置
8   imshow(g1)                                            %显示高斯噪声图像
9   title('高斯噪声图像')                                    %高斯噪声图像标注
10  subplot(2,2,4)                                        %设置椒盐噪声图像位置
11  imshow(g2)                                            %显示椒盐噪声图像
12  title('椒盐噪声图像')                                    %椒盐噪声图像标注
13  print(gcf,'-r600','-djpeg','图 5-14.jpg')             %保存图形文件
```

输出结果如图 5-14 所示。

原始图像　　　　　　　高斯噪声图像　　　　　　椒盐噪声图像

图 5-14　噪声添加

二、空间域滤波

空间域滤波就是基于邻域(在图像坐标)下,利用模板对图像中像素执行运算,用得到的新像素值代替原像素值的处理方法。

空间域滤波的命令格式如下。

B = imfilter(I,w,option1,option2,…)

其中 B 是空间域滤波后的图像;I 为原始图像;w 为滤波操作使用的模板,为一个二维数组,可自定义;option1 等是可选项,包括边界选项('symmetric'、'replicate'、'circular')、尺寸选项('same'、'full')和模式选项('corr'、'cone')。

【例 5-15】 对高斯噪声和椒盐噪声图像进行空间域滤波。

解: 在 MATLAB 命令行窗口输入以下程序。

```
1    A=imread('C:\Documents and Settings\ timg6.jpg');        ％读取原始图像
2    g1=imnoise(A,'gaussian');                                ％加高斯噪声
3    g2=imnoise(A,'salt & pepper',0.04);                      ％加椒盐噪声
4    subplot(2,2,1)                                           ％设置高斯噪声图像位置
5    imshow(g1)                                               ％显示高斯噪声图像
6    title('高斯噪声图像')                                      ％高斯噪声图像标注
7    subplot(2,2,2)                                           ％设置高斯噪声滤波图像位置
8    h=fspecial('disk');                                      ％采用圆形均值滤波器模板
9    B1=imfilter(g1,h);                                       ％高斯噪声空间域滤波
10   imshow(B1)                                               ％显示高斯噪声空间域滤波图像
11   title('高斯噪声空间域滤波图像')                             ％高斯噪声空间域滤波图像标注
12   subplot(2,2,3)                                           ％设置椒盐噪声图像位置
13   imshow(g2)                                               ％显示椒盐噪声图像
14   title('椒盐噪声图像')                                      ％椒盐噪声图像标注
15   subplot(2,2,4)                                           ％设置椒盐噪声滤波图像位置
16   B2=imfilter(g2,h);                                       ％椒盐噪声空间域滤波
17   imshow(B2)                                               ％显示椒盐噪声空间域滤波图像
18   title('椒盐噪声空间域滤波图像')                             ％椒盐噪声空间域滤波图像标注
19   print(gcf,'-r600','-djpeg','图 5-15.jpg')                 ％保存图形文件
```

输出结果如图 5-15 所示。

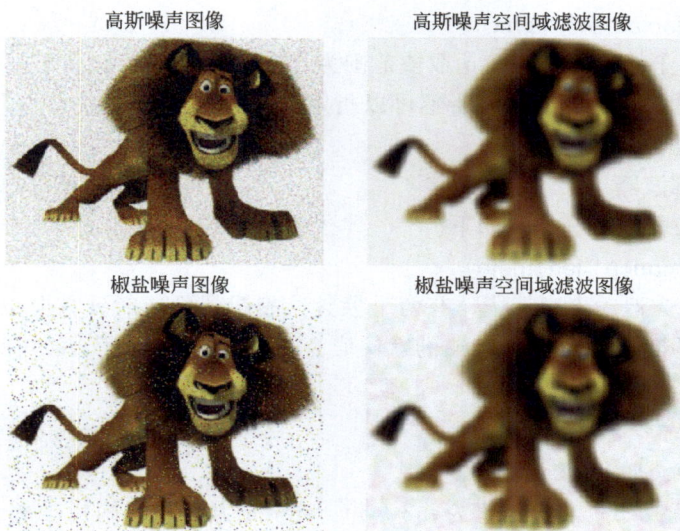

图 5-15　空间域滤波

三、滤波器设计

滤波器设计的命令格式如下。

h＝fspecial(type,parameters)

其中 parameters 为可选项，是和所选定的滤波器类型 type 相关的配置参数，如尺寸和标准差等。

type 类型主要有高斯滤波器（gaussian）、均值滤波器（average）、圆形均值滤波器

(disk)、拉普拉斯滤波器（laplacian）、运动模糊滤波器（motion）、log 滤波器、prewitt 水平边缘检测算子、sobel 水平边缘检测算子等。

1. 高斯滤波器

高斯滤波器的命令格式如下。

h＝fspecial('gaussian',size,sigma)

其中 size 指定滤波器的大小，默认值是 3×3；sigma 指定滤波器的标准差，默认值是 0.5，sigma 越小，数值分布越集中，sigma 越大，数值分布越分散。

2. 均值滤波器

均值滤波器的命令格式如下。

h＝fspecial('average',size)

其中 size 同样指定滤波器的尺寸，默认值是 3×3。

3. 圆形均值滤波器

圆形均值滤波器的命令格式如下。

h＝fspecial('disk',radius)

其中 radius 为区域半径，默认值为 5。

值得注意的是，虽然说是圆形，但是 h 却是一个长、宽都相等的方形，尺寸为 $2\times radius+1$。

4. 拉普拉斯滤波器

拉普拉斯滤波器的命令格式如下。

h＝fspecial('laplacian',alpha)

其中 alpha 用于控制算子形状，取值范围为 [0,1]，默认值为 0.2。

值得注意的是，拉普拉斯滤波器不可以指定尺寸，而一定是 3×3。因为它一定是二维的，所以比较适合二维的操作。

5. 运动模糊滤波器

运动模糊滤波器的命令格式如下。

h＝fspecial('motion',len,theta)

其中 fspecial 为运动模糊算子，有两个参数，表示图像逆时针方向以 theta 角度运动了 len 个像素，len 的默认值为 9，theta 的默认值为 0。

6. log 滤波器

log 滤波器的命令格式如下。

h＝fspecial('log',size,sigma)

其中 size 为模板尺寸，默认值为 [3，3]；sigma 为滤波器的标准差，单位为像素，默认值为 0.5。

log 滤波器是高斯滤波和拉普拉斯滤波的结合，即先用高斯滤波器进行平滑滤波，以过滤掉噪声，再提取边缘，所以效果较好。

7. prewitt 水平边缘检测算子

prewitt 水平边缘检测算子的命令格式如下。

h＝fspecial('prewitt')

prewitt 水平边缘检测算子主要用于边缘增强。

8. sobel 水平边缘检测算子

sobel 水平边缘检测算子的命令格式如下。

h=fspecial('sobel')

sobel 水平边缘检测算子主要用于边缘提取。

【例 5-16】 采用不同的 type 类型，对椒盐噪声进行空间域滤波。

解： 在 MATLAB 命令行窗口输入以下程序。

```
1   A=imread('C:\Documents and Settings\ timg6.jpg');    %读取原始图像
2   g2=imnoise(A,'salt & pepper',0.04);                  %加椒盐噪声
3   subplot(3,3,1)                                        %设置椒盐噪声图像位置
4   imshow(g2)                                            %显示椒盐噪声图像
5   title('椒盐噪声图像')                                  %椒盐噪声图像标注
6   subplot(3,3,2)                                        %设置高斯滤波图像位置
7   h1=fspecial('gaussian');                             %高斯滤波模板定义
8   B1=imfilter(g2,h1);                                  %高斯滤波
9   imshow(B1)                                            %显示高斯滤波图像
10  title('高斯滤波图像')                                  %高斯滤波图像标注
11  subplot(3,3,3)                                        %设置均值滤波图像位置
12  h2=fspecial('average');                              %均值滤波模板定义
13  B2=imfilter(g2,h2);                                  %均值滤波
14  imshow(B2)                                            %显示均值滤波图像
15  title('均值滤波图像')                                  %均值滤波图像标注
16  subplot(3,3,4)                                        %设置圆形均值滤波图像位置
17  h3=fspecial('disk');                                 %圆形均值滤波模板定义
18  B3=imfilter(g2,h3);                                  %圆形均值滤波
19  imshow(B3)                                            %显示圆形均值滤波图像
20  title('圆形均值滤波图像')                              %圆形均值滤波图像标注
21  subplot(3,3,5)                                        %设置拉普拉斯滤波图像位置
22  h4=fspecial('laplacian');                            %拉普拉斯滤波模板定义
23  B4=imfilter(g2,h4);                                  %拉普拉斯滤波
24  imshow(B4)                                            %显示拉普拉斯滤波图像
25  title('拉普拉斯滤波图像')                              %拉普拉斯滤波图像标注
26  subplot(3,3,6)                                        %设置运动模糊滤波图像位置
27  h5=fspecial('motion');                               %运动模糊滤波模板定义
28  B5=imfilter(g2,h5);                                  %运动模糊滤波
29  imshow(B5)                                            %显示运动模糊滤波图像
30  title('运动模糊滤波图像')                              %运动模糊滤波图像标注
31  subplot(3,3,7)                                        %设置 log 滤波图像位置
32  h6=fspecial('log');                                  %log 滤波模板定义
33  B6=imfilter(g2,h6);                                  %log 滤波
34  imshow(B6)                                            %显示 log 滤波图像
35  title('log 滤波图像')                                 %log 滤波图像标注
36  subplot(3,3,8)                                        %设置 prewitt 滤波图像位置
37  h7=fspecial('prewitt');                              % prewitt 滤波模板定义
38  B7=imfilter(g2,h7);                                  % prewitt 滤波
39  imshow(B7)                                            %显示 prewitt 滤波图像
40  title('prewitt 滤波图像')                             % prewitt 滤波图像标注
41  subplot(3,3,9)                                        %设置 sobel 滤波图像位置
42  h8=fspecial('sobel');                                % sobel 滤波模板定义
43  B8=imfilter(g2,h8);                                  % sobel 滤波
44  imshow(B8)                                            %显示 sobel 滤波图像
45  title('sobel 滤波图像')                               % sobel 滤波图像标注
46  print(gcf,'-r600','-djpeg','图 5-16.jpg')            %保存图形文件
```

输出结果如图 5-16 所示。可以看出，采用不同的滤波器模板，滤波效果差别较大。

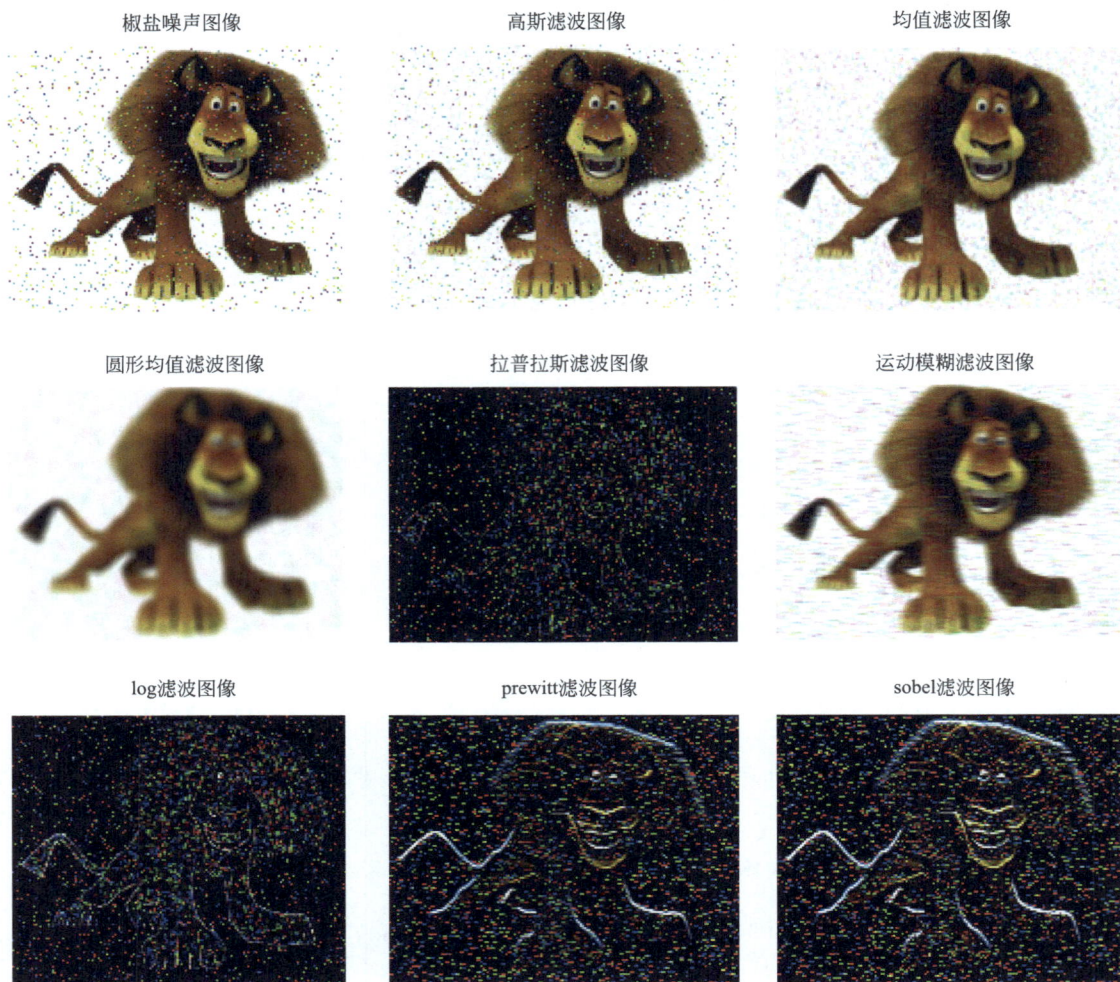

图 5-16　不同滤波器的滤波效果

四、中值滤波

中值滤波是基于排序理论的一种能有效抑制噪声的非线性平滑技术，其基本原理是把数字图像或数字序列中一点的值用该点的一个邻域中各点值的中值代替，让周围的像素接近真实值，从而消除孤立的噪声点。中值滤波对于某些类型的随机噪声具有非常理想的降噪能力，典型的应用就是消除椒盐噪声。

中值滤波的命令格式如下。

h＝medfilt2(I,[m,n])

其中 h 为中值滤波后的图像；I 为原始图像；m 和 n 为中值滤波模板的大小，默认值为 3×3。

【例 5-17】　对椒盐噪声图像进行中值滤波。

解：在 MATLAB 命令行窗口输入以下程序。

```
1    A=imread('C:\Documents and Settings\ timg6.jpg');    %读取原始图像
2    i=rgb2gray(A);                                        %转换成灰度图像
3    g2=imnoise(i,'salt & pepper',0.2);                    %加椒盐噪声
4    subplot(2,1,1)                                        %设置绘图位置
5    imshow(g2)                                            %绘制椒盐噪声图像
6    title('椒盐噪声图像')                                  %顶部标注
7    h=medfilt2(g2,[7,7]);                                 %中值滤波
8    subplot(2,1,2)                                        %设置绘图位置
9    imshow(h)                                             %绘制中值滤波图像
10   title('中值滤波图像')                                  %顶部标注
11   print(gcf,'-r600','-djpeg','图 5-17.jpg')            %保存图形文件
```

输出结果如图 5-17 所示。可以看出，中值滤波消除椒盐噪声的效果非常好。

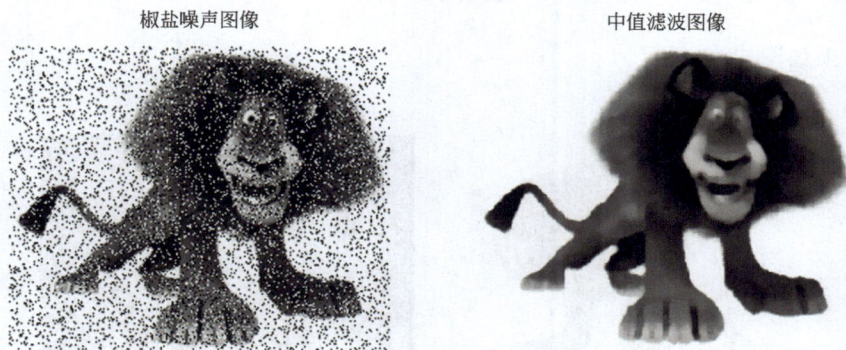

图 5-17　中值滤波

五、图像锐化

图像锐化主要有以下两个目的。

（1）增强图像边缘，使模糊的图像变得更加清晰，颜色变得鲜明突出，图像的质量有所改善，产生更适合人眼观察和识别的图像。

（2）希望通过锐化处理后，目标物体的边缘鲜明，以便于提取目标的边缘，对图像进行分割、目标区域识别、区域形状提取等，为进一步的图像处理与分析奠定基础。

图像锐化主要采用拉普拉斯算子、prewitt 算子、sobel 算子、log 算子、高斯滤波、robert 交叉梯度等。

【例 5-18】　分别利用拉普拉斯算子、高斯滤波和 sobel 算子对原始图像进行锐化。

解：在 MATLAB 命令行窗口输入以下程序。

```
1    I=imread('C:\Documents and Settings\timg6.jpg');    %读取原始图像
2    subplot(2,2,1)                                        %设置原始图像位置
3    imshow(I)                                             %显示原始图像
4    title('原始图像')                                      %原始图像标注
5    subplot(2,2,2)                                        %设置拉普拉斯锐化图像位置
6    h1=fspecial('laplacian',0);                           %拉普拉斯滤波模板定义
```

```
7    G1=imfilter(I,h1,'corr','replicate');        %拉普拉斯锐化
8    imshow(G1,[])                                 %显示拉普拉斯锐化图像
9    title('拉普拉斯锐化图像')                        %拉普拉斯锐化图像标注
10   subplot(2,2,3)                                %设置高斯滤波锐化图像位置
11   h2=fspecial('gaussian');                      %高斯滤波模板定义
12   G2=imfilter(I,h2,'corr','replicate');        %高斯滤波锐化
13   imshow(G2,[])                                 %显示高斯滤波锐化图像
14   title('高斯滤波锐化图像')                        %高斯滤波锐化图像标注
15   subplot(2,2,4)                                %设置 sobel 算子锐化图像位置
16   h3=fspecial('sobel');                         %sobel 算子模板定义
17   G3=imfilter(I,h3,'corr','replicate');        %sobel 算子锐化
18   imshow(G3,[])                                 %显示 sobel 算子锐化图像
19   title(' sobel 算子锐化图像')                     %sobel 算子锐化图像标注
20   print(gcf,'-r600','-djpeg','图 5-18.jpg')      %保存图形文件
```

输出结果如图 5-18 所示。

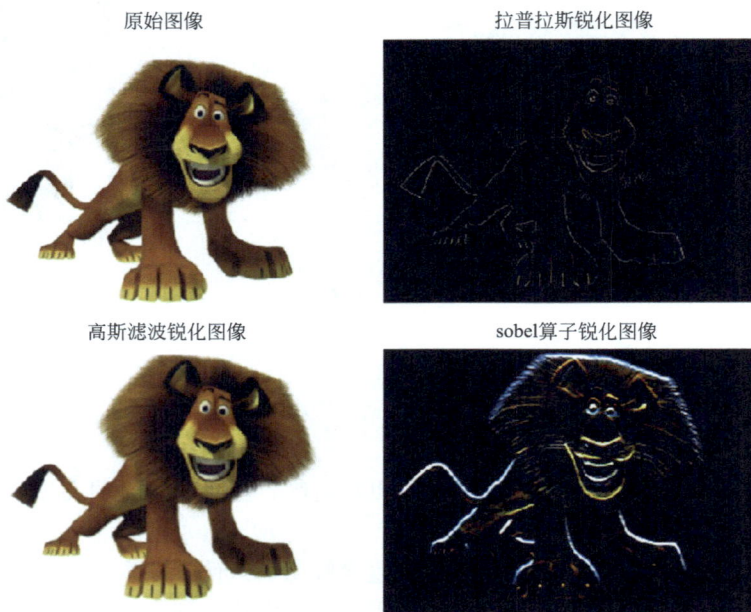

图 5-18　图像锐化

第五节
频率域图像增强

　　频率域增强是利用图像变换方法将原来的图像空间中的图像以某种形式转换到其他空间中，然后利用该空间的特有性质方便地进行图像处理，最后再转换回原来的图像空间中，从而得到处理后的图像。

频率域增强主要是使用傅里叶变换和逆变换对图像进行处理。

一、傅里叶变换

傅里叶变换的命令格式如下。

I＝fft2(x)

I＝fft2(x,m,n)

其中 I 为输出图像；x 为输入图像；m 和 n 分别用于将 x 的第一和第二维规整到指定的长度，当 m 和 n 均为 2 的整数次幂时，算法的执行速度要比 m 和 n 均为素数时快。

幅度谱、相位谱计算和频谱平移的命令格式分别如下。

I1＝abs(I)

I2＝angle(I)

Y＝fftshift(I)

其中 I 为傅里叶变换的图像；I1 为幅度谱；I2 为相位谱；Y 为平移的频谱。

快速傅里叶逆变换的命令格式如下。

x＝ifft2(I)

x＝ifft2(I,m,n)

其中 x 为输出图像；I 为输入图像。

【例 5-19】　对原始图像进行傅里叶变换和逆变换。

解：在 MATLAB 命令行窗口输入以下程序。

```
1   img=imread('C:\Documents and Settings\timg6.jpg');   %读取原始图像
2   subplot(2,2,1)                                        %设置原始图像位置
3   imshow(img)                                           %显示原始图像
4   title('原始图像')                                      %原始图像标注
5   f=rgb2gray(img);                                      %转换成灰度图像
6   F=fft2(f);                                            %求傅里叶变换
7   F1=log(abs(F)+1);                                     %取模并进行缩放
8   subplot(2,2,2)                                        %设置傅里叶变换频谱图位置
9   imshow(F1,[])                                         %显示傅里叶变换频谱图
10  title('傅里叶变换频谱图')                               %傅里叶变换频谱图标注
11  Fs=fftshift(F);                                       %频谱平移
12  S=log(abs(Fs)+1);                                     %取模并进行缩放
13  subplot(2,2,3)                                        %设置频移后的频谱图位置
14  imshow(S,[])                                          %显示频移后的频谱图
15  title('频移后的频谱图')                                 %频移后的频谱图标注
16  subplot(2,2,4)                                        %设置傅里叶逆变换图像位置
17  fr=real(ifft2(ifftshift(Fs)));                        %频率域变换到空间域并求实部
18  ret=im2uint8(mat2gray(fr));                           %更改图像类型
19  imshow(ret)                                           %显示傅里叶逆变换图像
20  title('傅里叶逆变换图像')                               %傅里叶逆变换图像标注
21  print(gcf,'-r600','-djpeg','图 5-19.jpg')             %保存图形文件
```

输出结果如图 5-19 所示。

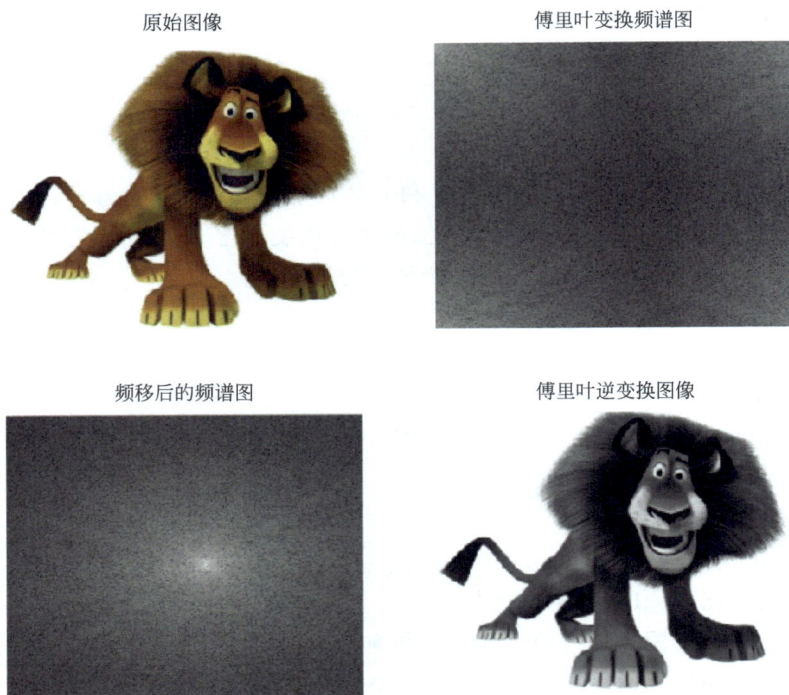

原始图像　　　　　　　　　　傅里叶变换频谱图

频移后的频谱图　　　　　　　傅里叶逆变换图像

图 5-19　图像的傅里叶变换和逆变换

二、理想低通滤波器

1. 频率滤波器的实现

在 MATLAB 编辑器窗口输入以下程序，并保存 imfreqfilt. m 文件。

```
1   function out=imfreqfilt(I,ff)              %定义频域滤波函数
2   if(ndims(I)==3 &&(size(I,3)==3))           %判断是否是彩色图像
3       I=rgb2fray(I);                         %转换成灰度图像
4   end                                        %判断结束
5   I1=fft2(I);                                %傅里叶变换
6   I1=fftshift(I1);                           %将原点移动到频率中心
7   G=I1. * ff;                                %对应元素相乘实现滤波
8   G=ifftshift(G);                            %将原点从频率中心移回原位
9   out=ifft2(G);                              %快速傅里叶逆变换得空间域函数
10  out=abs(out);                              %求幅度
11  out=out/(max(out(:)));                     %归一化以便显示
```

2. 理想低通滤波器的构建

在 MATLAB 编辑器窗口输入以下程序，并保存 imidealflpf. m 文件。

```
1    function ff=imidealflpf(I,freq)                            %构建理想低通滤波器
2    [M,N]=size(I);                                             %构建矩阵
3    ff=ones(M,N);                                              %生成全1矩阵
4      for i=1:M                                                %变量 i 从1循环到 M
5        for j=1:N                                              %变量 j 从1循环到 N
6            if(sqrt((i-M/2)^2+(j-N/2)^2)>freq)  ff(i,j)=0;     %如果高于截止频率设为0
7              end                                              %判断结束
8          end                                                  %变量 j 循环结束
9    end                                                        %变量 i 循环结束
```

3. 理想低通滤波器的应用

【例 5-20】 利用理想低通滤波器处理噪声原图和傅里叶变换原图。

解：在 MATLAB 命令行窗口输入以下程序。

```
1    X=imread('C:\Documents and Settings\timg6.jpg');    %读取原始图像
2    I1=rgb2gray(X);                                      %转换成灰度图像
3    I=imnoise(I1,'salt & pepper');                       %加椒盐噪声
4    ff=imidealflpf(I,20);                                %生成滤波器,截止频率20Hz
5    out=imfreqfilt(I,ff);                                %应用滤波器频域滤波
6    ff1=imidealflpf(I,40);                               %生成滤波器,截止频率40Hz
7    out1=imfreqfilt(I,ff1);                              %应用滤波器频域滤波
8    ff2=imidealflpf(I,60);                               %生成滤波器,截止频率60Hz
9    out2=imfreqfilt(I,ff2);                              %应用滤波器频域滤波
10   subplot(2,4,1)                                       %设置噪声原图位置
11   imshow(I)                                            %显示噪声原图
12   title('噪声原图')                                      %噪声原图标注
13   subplot(2,4,2)                                       %设置截止频率20Hz图像位置
14   imshow(out)                                          %显示截止频率20Hz的滤波图像
15   title('截止频率 f=20Hz')                               %截止频率 f=20Hz 标注
16   subplot(2,4,3)                                       %设置截止频率40Hz图像位置
17   imshow(out1)                                         %显示截止频率40Hz的滤波图像
18   title('截止频率 f=40Hz')                               %截止频率 f=40Hz 标注
19   subplot(2,4,4)                                       %设置截止频率60Hz图像位置
20   imshow(out2)                                         %显示截止频率60Hz的滤波图像
21   title('截止频率 f=60Hz')                               %截止频率 f=60Hz 标注
22   If=fft2(I);                                          %傅里叶变换
23   If=fftshift(If);                                     %平移频谱
24   If=abs(If);                                          %计算幅度谱
25   If=log(1+If);                                        %压缩图像
26   outf=fft2(out);                                      %傅里叶变换
27   outf=fftshift(outf);                                 %平移频谱
28   outf=abs(outf);                                      %计算幅度谱
29   outf=log(1+outf);                                    %压缩图像
30   out1f=fft2(out1);                                    %傅里叶变换
```

```
31   out1f=fftshift(out1f);              %平移频谱
32   out1f=abs(out1f);                   %计算幅度谱
33   out1f=log(1+out1f);                 %压缩图像
34   out2f=fft2(out2);                   %傅里叶变换
35   out2f=fftshift(out2f);              %平移频谱
36   out2f=abs(out2f);                   %计算幅度谱
37   out2f=log(1+out2f);                 %压缩图像
38   subplot(2,4,5)                      %设置傅里叶变换原图位置
39   imshow(If,[])                       %显示傅里叶变换原图
40   title('傅里叶变换原图');             %傅里叶变换原图标注
41   subplot(2,4,6)                      %设置截止频率20Hz图像位置
42   imshow(outf,[])                     %显示截止频率20Hz的滤波图像
43   title('截止频率f=20Hz')             %截止频率f=20Hz标注
44   subplot(2,4,7)                      %设置截止频率40Hz图像位置
45   imshow(out1f,[])                    %显示截止频率40Hz的滤波图像
46   title('截止频率f=40Hz')             %截止频率f=40Hz标注
47   subplot(2,4,8)                      %设置截止频率60Hz图像位置
48   imshow(out2f,[])                    %显示截止频率60Hz的滤波图像
49   title('截止频率f=60Hz')             %截止频率f=60Hz标注
50   print(gcf,'-r600','-djpeg','图5-20.jpg')   %保存图形文件
```

输出结果如图 5-20 所示。可以看出，当截止频率非常低（$f=20\text{Hz}$）时，只有非常靠近原点的低频成分才能通过，图像模糊较为严重；截止频率越高（$f=40\text{Hz}$ 或 $f=60\text{Hz}$），通过的频率成分越多，图像模糊程度越小，所获得的图像越接近原图像；理想低通滤波器并不能很好地兼顾滤除噪声与保留细节这两个方面。

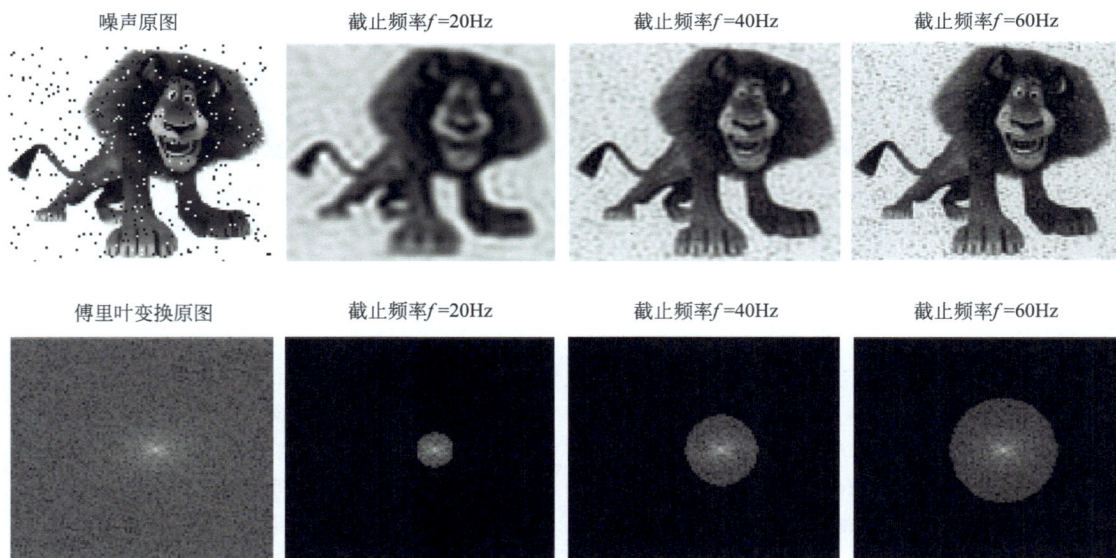

图 5-20　理想低通滤波的图像

三、高斯低通滤波器

1. 高斯低通滤波器的构建

在 MATLAB 编辑器窗口输入以下程序，并保存 imgaussflpf.m 文件。

```
1   function ff=imgaussflpf(I,sigma)                        %构建高斯低通滤波器
2   [M,N]=size(I);                                          %构建矩阵
3   ff=ones(M,N);                                           %生成全 1 矩阵
4   for i=1:M                                               %变量 i 从 1 循环到 M
5     for j=1:N                                             %变量 j 从 1 循环到 N
6       ff(i,j)=exp(-((i-M/2)^2+(j-N/2)^2)/2/(sigma^2));    %高斯函数
7     end                                                  %变量 j 循环结束
8   end                                                    % 变量 i 循环结束
```

2. 高斯低通滤波器的应用

【例 5-21】 利用高斯低通滤波器处理噪声原图和傅里叶变换原图。

在 MATLAB 命令行窗口输入以下程序。

```
1    X=imread('C:\Documents and Settings\timg6.jpg');       %读取原始图像
2    I1=rgb2gray(X);                                        %转换成灰度图像
3    I=imnoise(I1,'salt & pepper');                         %加椒盐噪声
4    ff=imgaussflpf(I,20);                                  %生成滤波器,系数 20
5    out=imfreqfilt(I,ff);                                  %应用滤波器频域滤波
6    ff1=imgaussflpf(I,40);                                 %生成滤波器,系数 40
7    out1=imfreqfilt(I,ff1);                                %应用滤波器频域滤波
8    ff2=imgaussflpf(I,60);                                 %生成滤波器,系数 60
9    out2=imfreqfilt(I,ff2);                                %应用滤波器频域滤波
10   subplot(2,4,1)                                         %设置噪声原图位置
11   imshow(I)                                              %显示噪声原图
12   title('噪声原图')                                        %噪声原图标注
13   subplot(2,4,2)                                         %设置系数 20 的滤波图像位置
14   imshow(out)                                            %显示系数 20 的滤波图像
15   title('sigma=20')                                      % sigma=20 标注
16   subplot(2,4,3)                                         %设置系数 40 的滤波图像位置
17   imshow(out1)                                           %显示系数 40 的滤波图像
18   title('sigma=40')                                      % sigma=40 标注
19   subplot(2,4,4)                                         %设置系数 60 的滤波图像位置
20   imshow(out2)                                           %显示系数 60 的滤波图像
21   title('sigma=60')                                      % sigma=60 标注
22   If=fft2(I);                                            %傅里叶变换
23   If=fftshift(If);                                       %平移频谱
24   If=abs(If);                                            %计算幅度谱
25   If=log(1+If);                                          %压缩图像
26   outf=fft2(out);                                        %傅里叶变换
27   outf=fftshift(outf);                                   %平移频谱
```

```
28    outf=abs(outf);                                    %计算幅度谱
29    outf=log(1+outf);                                  %压缩图像
30    out1f=fft2(out1);                                  %傅里叶变换
31    out1f=fftshift(out1f);                             %平移频谱
32    out1f=abs(out1f);                                  %计算幅度谱
33    out1f=log(1+out1f);                                %压缩图像
34    out2f=fft2(out2);                                  %傅里叶变换
35    out2f=fftshift(out2f);                             %平移频谱
36    out2f=abs(out2f);                                  %计算幅度谱
37    out2f=log(1+out2f);                                %压缩图像
38    subplot(2,4,5)                                     %设置傅里叶变换原图位置
39    imshow(If,[])                                      %显示傅里叶变换原图
40    title('傅里叶变换原图')                              %傅里叶变换原图标注
41    subplot(2,4,6)                                     %设置系数20的滤波图像位置
42    imshow(outf,[])                                    %显示系数20的滤波图像
43    title('sigma=20')                                 % sigma=20标注
44    subplot(2,4,7)                                     %设置系数40的滤波图像位置
45    imshow(out1f,[])                                   %显示系数40的滤波图像
46    title('sigma=40')                                 % sigma=40标注
47    subplot(2,4,8)                                     %设置系数60的滤波图像位置
48    imshow(out2f,[])                                   %显示系数60的滤波图像
49    title('sigma=60')                                 % sigma=60标注
50    print(gcf,'-r600','-djpeg','图5-21.jpg')           %保存图形文件
```

输出结果如图 5-21 所示。可以看出，当 sigma＝40 时，有较好的滤波效果。高斯低通滤波相比于理想低通滤波，在有效抑制噪声的同时，图像的模糊程度更低，对边缘带来的混叠程度更小，因此高斯低通滤波比理想低通滤波有更为广泛的应用。

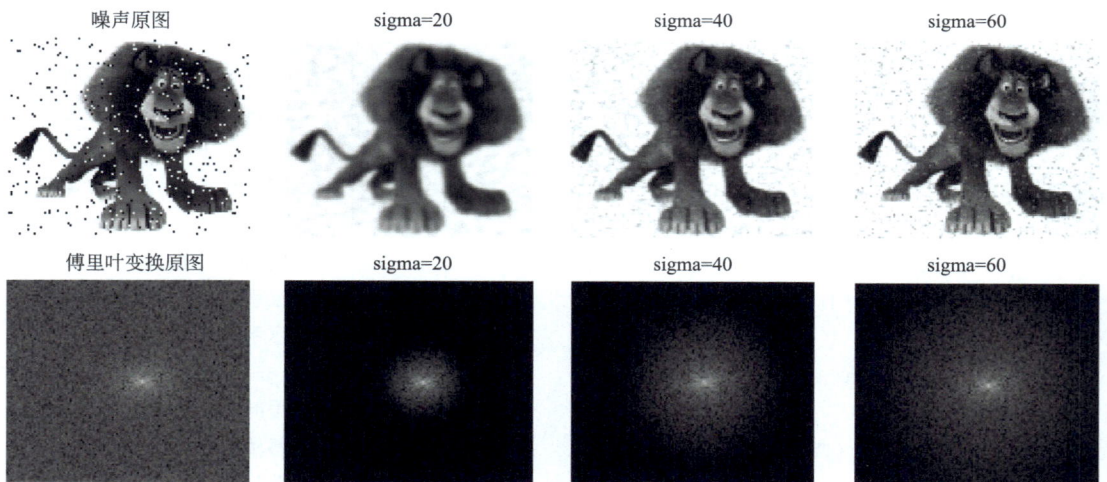

图 5-21　高斯低通滤波的图像

另外还有高斯高通滤波和拉普拉斯滤波等。

第六节

彩色图像处理

色彩模型是一种用数值表示颜色的数学模型。色彩模型主要有 RGB 模型、HSI 模型、HSV 模型、CMY 模型、CMYK 模型等。

（1）RGB 模型。该模型也称加色法混色模型，它是将色彩信息分成三个分量（R、G、B 分别代表红、绿、蓝），三个分量的不同组合可以表示出不同的颜色。

（2）HSI 模型。该模型用色调（H）、饱和度（S）和强度（I）三种属性描述颜色。

（3）HSV 模型。该模型用色调（H）、饱和度（S）和亮度（V）三种属性描述颜色。

（4）CMY 模型。该模型采用青（cyan）、品红（magenta）、黄（yellow）三种基本原色按一定比例合成颜色。

（5）CMYK 模型。CMY 模型在实际使用中，青、品红和黄等比例混合后的黑色并不纯，为产生真正的黑色，专门加入第四种颜色——黑色，得到 CMYK 模型。

一、RGB 模型的颜色提取

利用 MATLAB 从 RGB 图像中提取三个分量的命令格式如下。

fR＝rgb_image(:,:,1)：提取红色分量。

fG＝rgb_image(:,:,2)：提取绿色分量。

fB＝rgb_image(:,:,3)：提取蓝色分量。

由三幅分量图像组合得到 RGB 图像的命令格式如下。

rgb_image＝cat(3,fR,fG,fB)

分量图像必须按红、绿、蓝的顺序放置。

【例 5-22】 从 RGB 图像中提取红、绿、蓝分量。

解： 在 MATLAB 命令行窗口输入以下程序。

```
1   I=imread('C:\Documents and Settings\ timg7.jpg');   %读取原始图像
2   subplot(2,2,1)                                        %设置原始图像位置
3   imshow(I)                                             %显示 RGB 图像
4   title('RGB 图像')                                     %RGB 图像标注
5   fR=I(:,:,1);                                          %提取红色分量
6   subplot(2,2,2)                                        %设置红色分量图像位置
7   imshow(fR)                                            %显示红色分量
8   title('红色分量')                                      %红色分量标注
9   fG=I(:,:,2);                                          %提取绿色分量
10  subplot(2,2,3)                                        %设置绿色分量图像位置
11  imshow(fG)                                            %显示绿色分量
12  title('绿色分量')                                      %绿色分量标注
13  fB=I(:,:,3);                                          %提取蓝色分量
14  subplot(2,2,4)                                        %设置蓝色分量图像位置
15  imshow(fB)                                            %显示蓝色分量
16  title('蓝色分量')                                      %蓝色分量标注
17  print(gcf,'-r600','-djpeg','图 5-22.jpg')            %保存图形文件
```

输出结果如图 5-22 所示。

RGB图像   红色分量

绿色分量   蓝色分量

图 5-22　从 RGB 图像中提取红、绿、蓝分量图像

【**例 5-23**】　用红、绿、蓝三幅分量图像组合成彩色图像。

解：在 MATLAB 命令行窗口输入以下程序。

```
1   I=imread('C:\Documents and Settings\timg7.jpg');   %读取原始图像
2   subplot(2,2,1)                                       %设置 RGB 原始图像位置
3   imshow(I)                                            %显示 RGB 原始图像
4   title('RGB 原始图像')                                 %RGB 图像标注
5   fR=I(:,:,1);                                         %提取红色分量
6   fG=I(:,:,2);                                         %提取绿色分量
7   fB=I(:,:,3);                                         %提取蓝色分量
8   rgb_1=cat(3,fB,fR,fG);                               %蓝红绿色分量组合
9   subplot(2,2,2)                                       %设置蓝红绿色分量组合图像位置
10  imshow(rgb_1)                                        %显示蓝红绿色分量组合
11  title('蓝红绿色分量组合图像')                          %蓝红绿色分量组合标注
12  rgb_2=cat(3,fR,fR,fB);                               %红红蓝色分量组合
13  subplot(2,2,3)                                       %设置红红蓝色分量组合图像位置
14  imshow(rgb_2)                                        %显示红红蓝色分量组合
15  title('红红蓝色分量组合图像')                          %红红蓝色分量组合图像标注
16  rgb_3=cat(3,fR,fR,fR);                               %红红红色分量组合
17  subplot(2,2,4)                                       %设置红红红色分量组合图像位置
18  imshow(rgb_3)                                        %显示红红红色分量组合
19  title('红红红色分量组合图像')                          %红红红色分量组合图像标注
20  print(gcf,'-r600','-djpeg','图 5-23.jpg')            %保存图形文件
```

输出结果如图 5-23 所示。

图 5-23　用红、绿、蓝三幅分量图像组合成彩色图像

二、HSI 模型的分量提取

利用 MATLAB 从 HSI 图像中提取三个分量的命令格式如下。

fH＝f_HSI(:,:,1)：提取色调分量。

fS＝f_HSI(:,:,2)：提取饱和度分量。

fI＝f_HSI(:,:,3)：提取强度分量。

【例 5-24】　从 RGB 原始图像中提取色调、饱和度、强度分量。

解：在 MATLAB 编辑器窗口输入以下程序，并保存 rgb2hsi.m 文件。

1	function hsi=rgb2hsi(rgb)	%定义 RGB 转 HSI 函数
2	rgb=im2double(rgb);	%RGB 转 double 类型
3	r=rgb(:,:,1);	%提取色调分量
4	g=rgb(:,:,2);	%提取饱和度分量
5	b=rgb(:,:,3);	%提取强度分量
6	num=0.5 * ((r-g)+(r-b));	%计算 num
7	den=sqrt((r-g).^2+(r-b).*(g-b));	%计算 den
8	theta=acos(num./(den+eps));	%计算 theta
9	H=theta;	%把 theta 赋值给 H
10	H(b>g)=2 * pi-H(b>g);	%计算 H
11	H=H/(2 * pi);	%计算 H 分量
12	num=min(min(r,g),b);	%计算 num
13	den=r+g+b;	%计算 R、G、B 分量之和

14	`den(den==0)=eps;`	%计算 den
15	`S=1-3.*num./den;`	%计算 S 分量
16	`H(S==0)=0;`	%给 H 赋值 0
17	`I=(r+g+b)/3;`	%计算 I 分量
18	`hsi=cat(3,H,S,I);`	%合成 HSI 图像

在 MATLAB 命令行窗口输入以下程序。

1	`I=imread('C:\Documents and Settings\timg7.jpg');`	%读取原始图像
2	`subplot(2,2,1)`	%设置 RGB 原始图像位置
3	`imshow(I)`	%显示 RGB 图像
4	`title('RGB 原始图像')`	%RGB 原始图像标注
5	`I1=rgb2hsi(I);`	%调取 HSI 图像
6	`fH=I1(:,:,1);`	%提取色调分量
7	`subplot(2,2,2)`	%设置色调分量图像位置
8	`imshow(fH)`	%显示色调分量
9	`title('色调分量')`	%色调分量标注
10	`fS=I1(:,:,2);`	%提取饱和度分量
11	`subplot(2,2,3)`	%设置饱和度分量图像位置
12	`imshow(fS)`	%显示饱和度分量
13	`title('饱和度分量')`	%饱和度分量标注
14	`fI=I1(:,:,3);`	%提取强度分量
15	`subplot(2,2,4)`	%设置强度分量图像位置
16	`imshow(fI)`	%显示强度分量
17	`title('强度分量')`	%强度分量标注
18	`print(gcf,'-r600','-djpeg','图 5-24.jpg')`	%保存图形文件

输出结果如图 5-24 所示。

图 5-24　从 RGB 图像中提取色调、饱合度、强度分量

HSI 色彩空间比 RGB 色彩空间更符合人的视觉特性。强度和色调具有可分离特性，图像处理和机器视觉中大量灰度处理算法都可在 HSI 色彩空间中方便使用。

三、RGB 图像和 CMY 图像的转换

利用 MATLAB 对 RGB 图像和 CMY 图像进行转换的命令格式如下。

cmy＝imcomplement(rgb)：RGB 转换成 CMY。

rgb＝imcomplement(cmy)：CMY 转换成 RGB。

【例 5-25】 将 RGB 原始图像转换成 GMY 图像。

解：在 MATLAB 命令行窗口输入以下程序。

```
1   I=imread('C:\Documents and Settings\timg7.jpg');   %读取原始图像
2   subplot(2,1,1)                                       %设置 RGB 原始图像位置
3   imshow(I)                                            %显示 RGB 原始图像
4   title('RGB 原始图像')                                %RGB 原始图像标注
5   cmy=imcomplement(I);                                 %转换 CMY 图像
6   subplot(2,1,2)                                       %设置 CMY 图像位置
7   imshow(cmy)                                          %显示 CMY 图像
8   title('CMY 图像')                                    %CMY 图像标注
9   print(gcf,'-r600','-djpeg','图 5-25.jpg')            %保存图形文件
```

输出结果如图 5-25 所示。

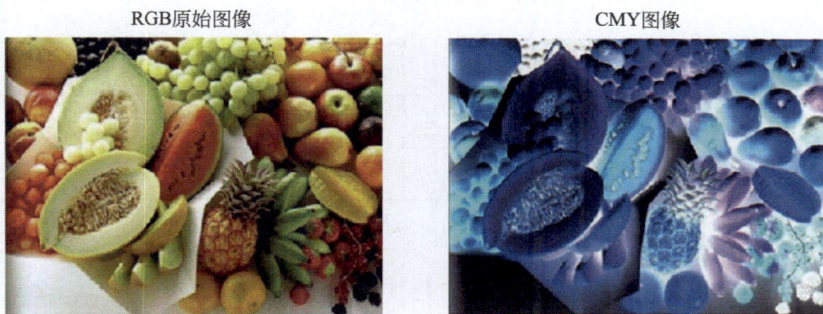

图 5-25　RGB 图像转换成 CMY 图像

第七节
形态学图像处理

形态学即数学形态学，是图像处理中应用最为广泛的技术之一，主要用于从图像中提取对表达和描绘区域形状有意义的图像分量，使后续的识别工作能够抓住目标对象最为本质的形状特征，如边界和连通区域等。同时像细化、像素化和修剪毛刺等技术也常应用于图像的预处理和后处理中，成为图像增强技术的有力补充。

一、二值图像腐蚀

二值图像腐蚀是腐蚀最典型的运用，但是腐蚀操作同样可以运用于灰度图像。二值图像腐蚀操作最基本的效果是腐蚀图像中前景色区域的边缘，使前景图像区域变小，前景图像内部的背景区域被放大。

二值图像腐蚀的命令格式如下。

I2 = imerode(I, SE)

SE = strel(shape, parameters)

其中 I2 为腐蚀后图像；I 为原始图像，可以是二值图像或者灰度图像；SE 为函数 strel 返回的一个结构元素或是结构元素体阵列；shape 指定了结构元素的形状；parameters 是和输入 shape 有关的参数。

结构元素的形状见表 5-2。

表 5-2   结构元素的形状

shape 合法取值	功能描述
arbitrary 或为空	任意自定义结构元素
disk	圆形结构元素
square	正方形结构元素
rectangle	矩形结构元素
line	线性结构元素
pair	包含两个点的结构元素
diamond	菱形结构元素
octagon	八角形结构元素

【例 5-26】 对指纹原始图像进行腐蚀。

解：在 MATLAB 命令行窗口输入以下程序。

```
1   I=imread('C:\Documents and Settings\timg8.jpg');   %读取原始图像
2   subplot(1,2,1)                                      %设置原始图像位置
3   imshow(I)                                           %显示原始图像
4   title('原始图像')                                    %原始图像标注
5   se=strel('square',3);                              %计算 se
6   I2=imerode(I,se);                                  %对原始图像进行腐蚀
7   subplot(1,2,2)                                      %设置腐蚀后图像位置
8   imshow(I2)                                          %显示腐蚀后图像
9   title('腐蚀后图像')                                  %腐蚀后图像标注
10  print(gcf,'-r600','-djpeg','图 5-26.jpg')           %保存图形文件
```

输出结果如图 5-26 所示。

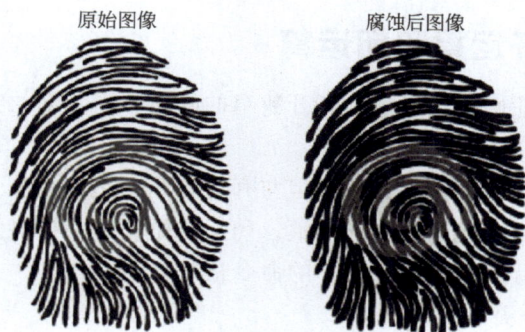

原始图像　　　　　　腐蚀后图像

图 5-26　图像腐蚀

二、二值图像膨胀

利用 MATLAB 进行二值图像膨胀的命令格式如下。

I2 = imdilate(I, SE)

SE = strel(shape, parameters)

其中 I2 为膨胀后图像；I 为原始图像，可以是二值图像或者灰度图像；SE 为函数 strel 返回的一个结构元素或是结构元素体阵列。

【例 5-27】　对指纹原始图像进行膨胀。

解：在 MATLAB 命令行窗口输入以下程序。

```
1    I=imread('C:\Documents and Settings\timg8.jpg');    %读取原始图像
2    subplot(1,2,1)                                       %设置原始图像位置
3    imshow(I)                                            %显示原始图像
4    title('原始图像')                                    %原始图像标注
5    se=strel('square',3);                                %计算 se
6    I2=imdilate(I,se);                                   %对原始图像进行膨胀
7    subplot(1,2,2)                                       %设置膨胀后图像位置
8    imshow(I2)                                           %显示膨胀后图像
9    title('膨胀后图像')                                  %膨胀后图像标注
10   print(gcf,'-r600','-djpeg','图 5-27.jpg')            %保存图形文件
```

输出结果如图 5-27 所示。

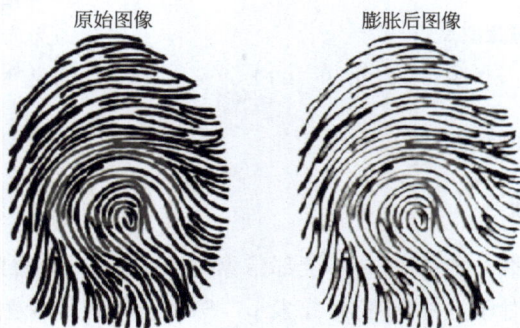

原始图像　　　　　　膨胀后图像

图 5-27　图像膨胀

三、二值图像的开运算和闭运算

开运算是使图像的轮廓变得光滑，断开狭窄的间断和消除细的突出物。开运算是先腐蚀再膨胀。

闭运算同样使图像的轮廓变得光滑，但与开运算相反，它能消弭狭窄的间断和长细的鸿沟，消除小的孔洞，并填补轮廓线中的裂痕。闭运算是先膨胀再腐蚀。

利用 MATLAB 进行开运算和闭运算的命令格式如下。

I2 = imopen(I, SE)（开运算）

I3 = imclose(I, SE)（闭运算）

SE = strel(shape, parameters)

【例 5-28】 对指纹原始图像进行开运算和闭运算。

解：在 MATLAB 命令行窗口输入以下程序。

```
1   I=imread('C:\Documents and Settings\timg8.jpg');      %读取原始图像
2   subplot(2,3,1)                                          %设置原始图像位置
3   imshow(I)                                               %显示原始图像
4   title('原始图像')                                       %原始图像标注
5   SE=strel('square',3);                                   %计算 SE
6   I1=imopen(I,SE);                                        %对原始图像进行开运算
7   subplot(2,3,2)                                          %设置开运算图像位置
8   imshow(I1)                                              %显示开运算图像
9   title('开运算图像')                                     %开运算图像标注
10  I2=imclose(I,SE);                                       %对原始图像进行闭运算
11  subplot(2,3,3)                                          %设置闭运算图像位置
12  imshow(I2)                                              %显示闭运算图像
13  title('闭运算图像')                                     %闭运算图像标注
14  subplot(2,3,5)                                          %设置先开后闭运算图像位置
15  I3=imclose(I1,SE);                                      %对开运算图像进行闭运算
16  imshow(I3)                                              %显示先开后闭运算图像
17  title('先开后闭运算图像')                               %先开后闭运算图像标注
18  subplot(2,3,6)                                          %设置先闭后开运算图像位置
19  I4=imopen(I2,SE);                                       %对闭运算图像进行开运算
20  imshow(I4)                                              %显示先闭后开运算图像
21  title('先闭后开运算图像')                               %先闭后开运算图像标注
22  print(gcf,'-r600','-djpeg','图 5-28.jpg')              %保存图形文件
```

输出结果如图 5-28 所示。

四、连通分量提取

设 S 是一个像素子集，如果 S 中的全部像素之间存在一个通路，则可以说两个像素 p 和 q 在 S 中是连通的。对于 S 中的任何像素 p，S 中连通到该像素的像素集称为 S 的连通分量。

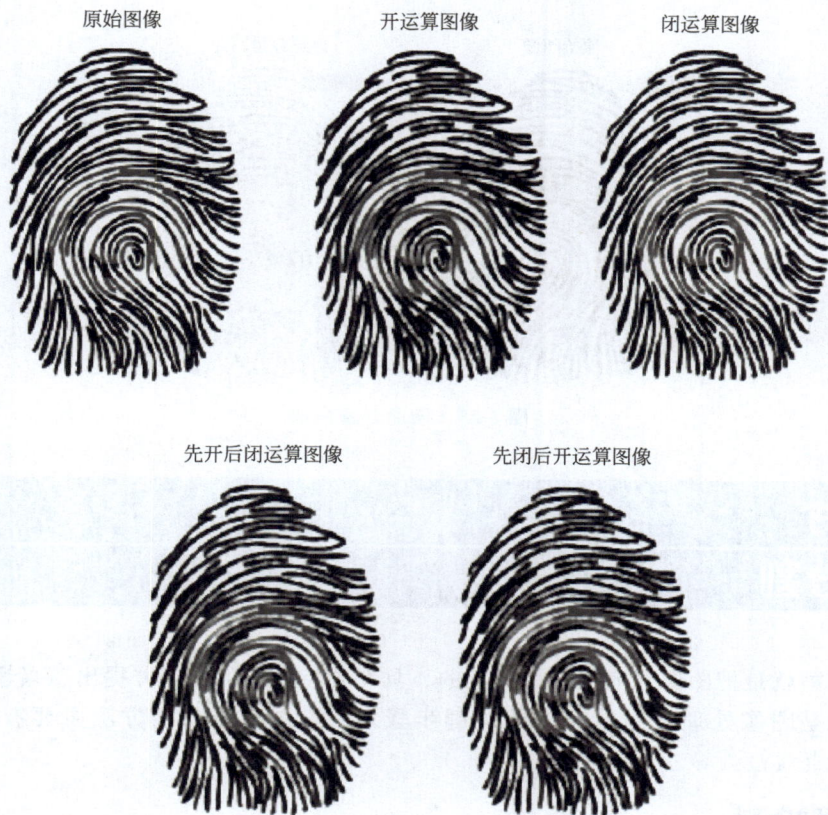

原始图像 开运算图像 闭运算图像

先开后闭运算图像 先闭后开运算图像

图 5-28 开运算和闭运算

利用 MATLAB 进行连通分量提取的命令格式如下。

[L num]=bwlabel(lbw,conn)

其中 L 为连通分量标注图像；num 为二值图像 lbw 中连通分量个数；lbw 为一幅输入二值图像；conn 为可选参数，指明提取连通分量是 4 连通还是 8 连通，默认为 8 连通。

【例 5-29】 对指纹原始图像进行连通分量提取。

解：在 MATLAB 命令行窗口输入以下程序。

```
1   I=imread('C:\Documents and Settings\timg8.jpg');    %读取原始图像
2   subplot(1,2,1)                                        %设置原始图像位置
3   imshow(I)                                             %显示原始图像
4   title('原始图像')                                      %原始图像标注
5   I1=rgb2gray(I);                                       %转变为灰度图像
6   [L,num]=bwlabel(I1);                                  %对灰度图像进行连通
7   subplot(1,2,2)                                        %设置连通分量图像位置
8   imshow(L)                                             %显示连通分量图像
9   title('连通分量图像')                                  %连通分量图像标注
10  print(gcf,'-r600','-djpeg','图 5-29.jpg')             %保存图形文件
```

输出结果如图 5-29 所示。

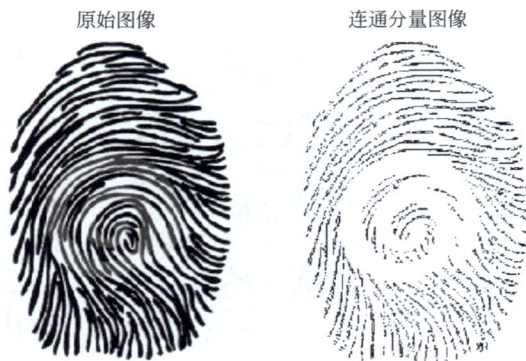

原始图像　　　　　　　　　　连通分量图像

图 5-29　连通分量提取

第八节
图像分割

图像分割就是把图像分成若干个特定的、具有独特性质的区域并提出感兴趣目标的技术和过程，它是图像处理和图像分析的关键步骤之一。图像分割的方法主要有边缘检测和 hough 变换直线检测等。

一、边缘检测

图像的边缘点是指图像中周围像素灰度有阶跃变化或屋顶变化的那些像素点，即灰度值导数较大或极大的地方。

边缘检测可以大幅度地减少数据量，并且剔除不相关信息，保留图像重要的结构属性。

边缘检测基本步骤：平滑滤波、锐化滤波、边缘判定、边缘连接。

边缘检测主要有以下算子。

（1）基于一阶导数：roberts 算子、sobel 算子、prewitt 算子。

（2）基于二阶导数：高斯-拉普拉斯边缘检测算子。

（3）canny 边缘检测算子。

1. 基于梯度算子的边缘检测

基于梯度算子的边缘检测的命令格式如下。

BW＝edge(I,type,thresh,direction,'nothinning')

其中 BW 为边缘检测后的图像；I 为原始图像；type 为梯度算子类型；thresh 是敏感度阈值参数，任何灰度值低于此阈值的边缘将不会被检测到，默认值为空矩阵 []，此时算法自动计算阈值；direction 指定了感兴趣的边缘方向；nothinning 指定时可以通过跳过边缘细化算法来加快算法运行的速度，默认是"thinning"，即进行边缘细化。

梯度算子类型见表 5-3。

表 5-3　梯度算子类型

type 合法取值	梯度算子
sobel	sobel 算子
prewitt	prewitt 算子
reberts	reberts 算子

边缘方向见表 5-4。

表 5-4　边缘方向

direction 合法取值	边缘方向
horizontal	水平方向
vertical	竖直方向
both	所有方向

2. 基于高斯-拉普拉斯算子的边缘检测

基于高斯-拉普拉斯算子的边缘检测的命令格式如下。

BW＝edge(I,'log',thresh,sigma)

其中 log 为 log 算子；thresh 为指定的敏感度阈值；sigma 为指定生成高斯滤波器所使用的标准差，默认值为 2。

滤波器是 $n \times n$ 维的，$n = $ ceil(sigma×3)×2+1。

3. 基于 canny 算子的边缘检测

基于 canny 算子的边缘检测的命令格式如下。

BW＝edge(I,'canny',thresh,sigma)

其中 thresh 是敏感度阈值参数，默认值为空矩阵[]。此处为一列向量，为算法指定阈值的上、下限。第一个元素为阈值下限，第二个元素为阈值上限。如果只指定一个阈值元素，则默认此元素为阈值上限，其 0.4 倍的值作为阈值下限。如果阈值参数没有指定，则算法自行确定敏感度阈值上、下限。

【例 5-30】 利用各种算子对彩色原始图像进行边缘检测。

解：在 MATLAB 命令行窗口输入以下程序。

```
1   I=imread('C:\Documents and Settings\timg9.jpg');   %读取原始图像
2   subplot(2,3,1)                                       %设置原始图像位置
3   imshow(I)                                            %显示原始图像
4   title('原始图像')                                     %原始图像标注
5   b1=rgb2gray(I);                                      %转变为灰度图像
6   h58=fspecial('laplacian');                          %定义拉普拉斯滤波器
7   b=imfilter(b1,h58);                                 %空间域滤波
8   bw1=edge(b,'sobel');                                %sobel 算子边缘检测
9   subplot(2,3,2)                                       %设置 sobel 算子检测图像位置
10  imshow(bw1)                                          %显示 sobel 算子检测图像
11  title('sobel 算子检测图像')                           % sobel 算子检测图像标注
12  bw2=edge(b,'prewitt');                              % prewitt 算子边缘检测
13  subplot(2,3,3)                                       %设置 prewitt 算子检测图像位置
14  imshow(bw2)                                          %显示 prewitt 算子检测图像
```

```
15   title('prewitt 算子检测图像')                    % prewitt 算子检测图像标注
16   bw3=edge(b,'roberts');                          % roberts 算子边缘检测
17   subplot(2,3,4)                                  %设置 roberts 算子检测图像位置
18   imshow(bw3)                                     %显示 roberts 算子检测图像
19   title('roberts 算子检测图像')                     % roberts 算子检测图像标注
20   bw4=edge(b,'log');                              % log 算子边缘检测
21   subplot(2,3,5)                                  %设置 log 算子检测图像位置
22   imshow(bw4)                                     %显示 log 算子检测图像
23   title('log 算子检测图像')                         %log 算子检测图像标注
24   bw5=edge(b,'canny');                            % canny 算子边缘检测
25   subplot(2,3,6)                                  %设置 canny 算子检测图像位置
26   imshow(bw5)                                     %显示 canny 算子检测图像
27   title('canny 算子检测图像')                       %canny 算子检测图像标注
28   print(gcf,'-r600','-djpeg','图 5-30.jpg').      %保存图形文件
```

输出结果如图 5-30 所示。

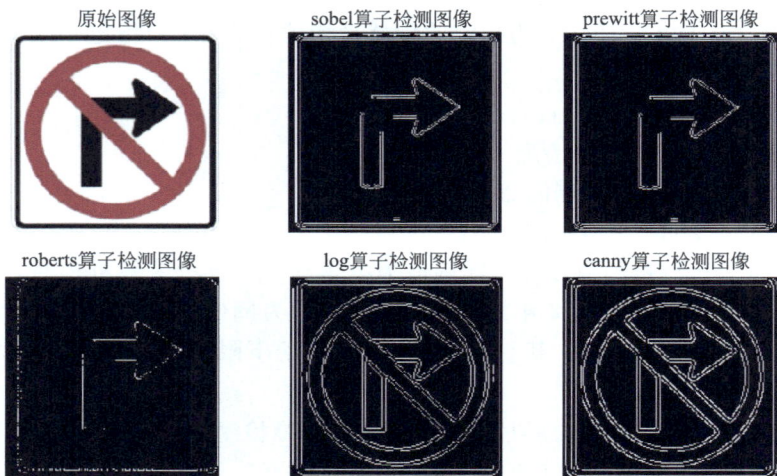

图 5-30 边缘检测

各种算子特点如下。

（1）边缘定位精度方面。roberts 算子和 log 算子定位精度较高；roberts 算子简单直观，log 算子利用二阶导数零交叉特性检测边缘；但 log 算子只能获得边缘位置信息，不能得到边缘方向信息。

（2）边缘方向的敏感性。sobel 算子和 prewitt 算子检测斜向阶跃边缘效果较好；roberts 算子检测水平和垂直边缘效果较好；log 算子不具有边缘方向检测功能；sobel 算子能提供最精确的边缘方向估计。

（3）去噪能力。roberts 算子和 log 算子虽然定位精度高，但受噪声影响大；sobel 算子和 prewitt 算子模板相对较大，因而去噪能力较强，具有平滑作用，能滤除一些噪声，去掉一部分伪边缘，但同时也平滑了真正的边缘，降低了其边缘定位精度。

总体来说，canny 算子边缘定位精确性和抗噪效果较好。

二、hough 变换直线检测

hough 变换直线检测的步骤如下。

（1）利用 hough（）函数执行霍夫变换，得到霍夫矩阵。

（2）利用 houghpeaks（）函数在霍夫矩阵中寻找峰值点。

（3）利用 houghlines（）函数在之前两步结果的基础上得到原二值图像中的直线信息。

1. 霍夫变换

霍夫变换的命令格式如下。

[H,theat,rho]＝hough（BW,param1,val1,param2,val2）

其中 H 为变换得到的霍夫矩阵；theta、rho 分别对应于霍夫矩阵每一列和每一行的 theta 值和 rho 值组成的向量；BW 是边缘检测后的二值图像；param1、val1 和 param2、val2 为可选参数对，param 的合法取值见表 5-5。

表 5-5　霍夫变换中可选参数 param

param 合法取值	含　义
ThetaResolution	霍夫矩阵中 a 轴方向上单位区间长度，[0,90]，默认值为 1
RhoResolution	霍夫矩阵中 p 轴方向上单位区间长度，[0,norm（size（BW））]，默认值为 1

2. 寻找峰值

寻找峰值的命令格式如下。

peak＝houghpeaks（H,numpeaks,param1,val1,param2,val2）

其中 peak 是一个 $Q \times 2$ 的矩阵，每行的两个元素分别为某一峰值点在霍夫矩阵中的行、列索引；Q 为找到的峰值点的数目；可选参数 param 的合法取值见表 5-6。

表 5-6　寻找峰值中可选参数 param

param 合法取值	含　义
Threshold	峰值的阈值，默认值为 $0.5 \times \max(H(:))$
NHoodSize	在每次检测出一个峰值后，NHoodSize 指出了在该峰值周围需要清零的邻阈信息；以向量[M N]形式给出，其中 M、N 均为正奇数；默认值为大于或等于 size（H）/50 的最小奇数

3. 提取直线段

提取直线段的命令格式如下。

lines＝houghlines（BW,theat,rho,peaks,param1,val1,param2,val2）

其中 lines 为结构数组，大小等于检测到的直线段数；BW 为二值图像；Theta、rho、peaks 分别来自函数 hough 和 houghpeaks；可选参数 param 的合法取值见表 5-7。

表 5-7　提取直线段中可选参数 param

param 合法取值	含　义
FillGap	线段合并的阈值；如果对应于霍夫矩阵某一个单元格（相同的 a 和 p）的两条线段之间的距离小于 FillGap，则合并为一条直线段；默认值为 20
MinLength	检测的直线段的最小长度阈值；如果检测出的直线段线段长度大于 MinLength，则保留，否则丢弃；默认值为 40

返回值 lines 的结构见表 5-8。

表 5-8　返回值 lines 的结构

域	含　义
point1	直线段的端点 1
point2	直线段的端点 2
theat	对应在霍夫矩阵中的 a
rho	对应在霍夫矩阵中的 p

【例 5-31】　对原始图像进行 hough 变换直线检测。

解：在 MATLAB 命令行窗口输入以下程序。

```
1   I1=imread('C:\Documents and Settings\timg10.jpg');     %读取原始图像
2   subplot(2,2,1)                                          %设置原始图像位置
3   imshow(I1)                                              %显示原始图像
4   title('原始图像')                                       %原始图像标注
5   I=rgb2gray(I1);                                         %转变为灰度图像
6   BW=edge(I,'canny');                                     %边缘检测
7   [H,T,R]=hough(BW,'RhoResolution',0.2,'ThetaResolution',0.8);   %霍夫变换
8   subplot(2,2,3)                                          %设置霍夫矩阵图像位置
9   imshow(H,[],'XData',T,'YData',R,'InitialMagnification','fit')  %显示霍夫矩阵图像
10  xlabel('\theta')                                       %x 轴标注
11  ylabel('\rho')                                         %y 轴标注
12  axis on                                                %打开坐标轴标签
13  axis normal                                            %坐标轴框全尺寸
14  hold on                                                %保存图像
15  title('霍夫矩阵图像')                                   %霍夫矩阵图像标注
16  p=houghpeaks(H,5,'threshold',ceil(0.2*max(H(:))));     %寻找峰值
17  x=T(p(:,2));                                           %由行索引转换成实际坐标 x
18  y=R(p(:,1));                                           %由列索引转换成实际坐标 y
19  plot(x,y,'s','color','white')                          %矩阵图像中标出峰值位置
20  lines=houghlines(BW,T,R,p,'FillGap',5,'MinLength',5);  %返回原图直线信息
21  subplot(2,2,4)                                          %设置直线检测图像位置
22  imshow(I)                                               %显示直线检测图像
23  title('直线检测图像')                                   %直线检测图像标注
24  hold on                                                %保存图形
25  for k=1:length(lines)                                  %变量 k 循环
26      xy=[lines(k).point1;lines(k).point2];              %设置线段
27      plot(xy(:,1),xy(:,2),'LineWidth',2)                %绘制线段
28  end                                                    %循环结束
29  print(gcf,'-r600','-djpeg','图 5-31.jpg')              %保存图形文件
```

输出结果如图 5-31 所示。提取直线段需要设置许多参数，如果设置不对，就会出现检测错误。

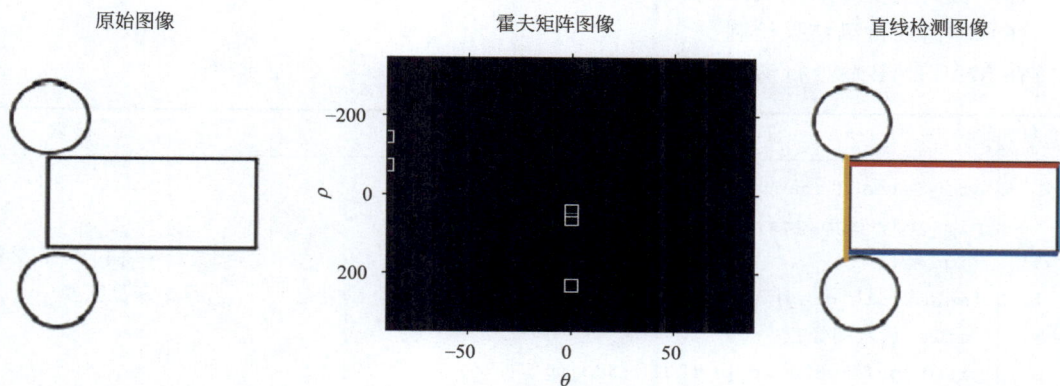

原始图像　　　　　　　霍夫矩阵图像　　　　　　直线检测图像

图 5-31　hough 变换直线检测

第九节
应用实例

应用实例一　基于图像处理技术的车道线检测

【例 5-32】　利用 MATLAB 对图 5-32 所示中的两侧车道线进行检测。

图 5-32　车道线原始图像

解：本例车道线检测步骤如下。

（1）原始图像灰度变换。

（2）图像滤波处理。

（3）图像二值化处理。

（4）图像边缘检测。

（5）霍夫变换提取直线段。

（6）车道线检测结果绘制。

在 MATLAB 命令行窗口输入以下程序。

序号	程　　序	步骤
1	ori=imread('roadline.jpg');	(1)原始图像灰度变换
2	pic_gray=rgb2gray(ori);	
3	figure(1)	
4	imshow(pic_gray)	
5	title('灰度图像')	
6	print(gcf,'-r600','-djpeg','图 5-33.jpg')	
7	filter1_pic=medfilt2(pic_gray);	(2)图像滤波处理
8	filter2_pic=filter2(fspecial('average',3),filter1_pic)/255;	
9	figure(2)	
10	imshow(filter2_pic)	
11	title('滤波图像')	
12	print(gcf,'-r600','-djpeg','图 5-34.jpg')	
13	bw_pic=im2bw(filter2_pic);	(3)图像二值化处理
14	figure(3)	
15	imshow(bw_pic)	
16	title('二值化处理图像')	
17	print(gcf,'-r600','-djpeg','图 5-35.jpg')	
18	verge_pic=edge(bw_pic,'canny');	(4)图像边缘检测
19	figure(4)	
20	imshow(verge_pic)	
21	title('边缘检测图像')	
22	print(gcf,'-r600','-djpeg','图 5-36.jpg')	
23	[H,T,R]=hough(verge_pic);	(5)霍夫变换提取直线段
24	figure(5)	
25	imshow(H,[],'XData',T,'YData',R,'InitialMagnification','fit')	
26	title('霍夫变换图像');	
27	xlabel('\theta 轴')	
28	ylabel('\rho 轴');	
29	axis on	
30	axis normal	
31	hold on	
32	P=houghpeaks(H,2,'threshold',ceil(0.3*max(H(:))));	
33	x=T(P(:,2));y=R(P(:,1));	
34	plot(x,y,'s','color','white')	
35	lines=houghlines(verge_pic,T,R,P,'FillGap',50,'MinLength',50);	
36	print(gcf,'-r600','-djpeg','图 5-37.jpg')	

序号	程　　序	步骤
37	`figure(6)`	
38	`imshow(verge_pic)`	
39	`title('车道线绘制图像')`	
40	`hold on`	
41	`[h,w]=size(ori);`	
42	`for k=1:length(lines)`	
43	`    xy=[lines(k).point1;lines(k).point2];`	
44	`X=[xy(1,1),xy(2,1)];Y=[xy(1,2),xy(2,2)];`	
45	`    p=polyfit(X,Y,1);`	
46	`    t=0:0.01:w;`	
47	`n=polyval(p,t);`	
48	`    plot(t,n,'LineWidth',5,'Color','green');`	
49	`end`	
50	`print(gcf,'-r600','-djpeg','图 5-38.jpg')`	（6）车道线检
51	`figure(7)`	测结果绘制
52	`imshow(ori)`	
53	`title('车道线检测结果图像')`	
54	`hold on`	
55	`[h,w]=size(ori);`	
56	`for k=1:length(lines)`	
57	`    xy=[lines(k).point1;lines(k).point2];`	
58	`X=[xy(1,1),xy(2,1)];Y=[xy(1,2),xy(2,2)];`	
59	`    p=polyfit(X,Y,1);`	
60	`    t=0:0.01:w;`	
61	`n=polyval(p,t);`	
62	`    plot(t,n,'LineWidth',5,'Color','green');`	
63	`end`	
64	`print(gcf,'-r600','-djpeg','图 5-39.jpg')`	

输出结果如图 5-33～图 5-39 所示。

图 5-33　灰度图像

图 5-34　滤波图像

图 5-35　二值化处理图像

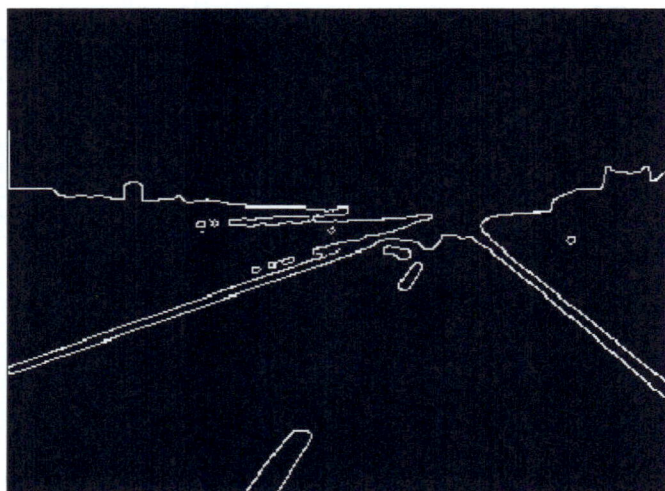

图 5-36　边缘检测图像

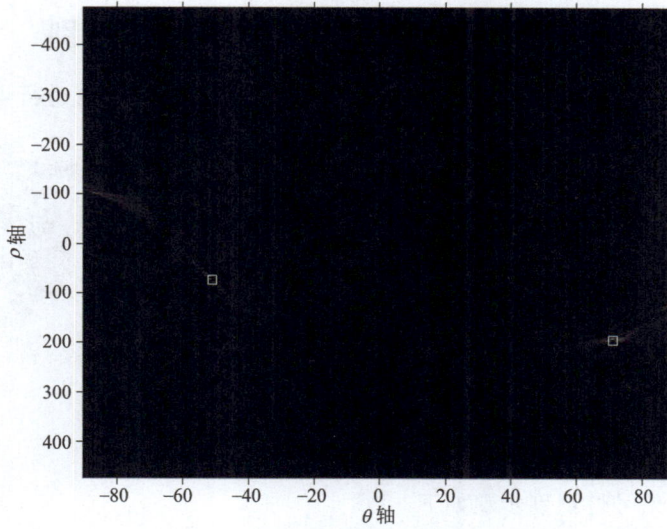

图 5-37　霍夫变换图像

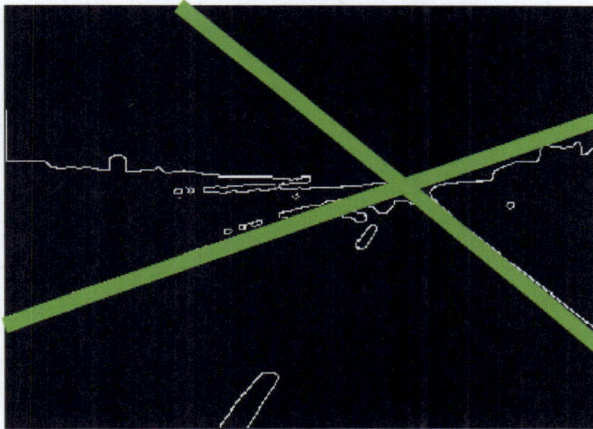

图 5-38　车道线绘制

图 5-39　车道线检测结果

应用实例二　基于图像处理技术的交通信号灯识别

【例 5-33】 利用 MATLAB 对图 5-40 所示的红灯、黄灯和绿灯进行识别。

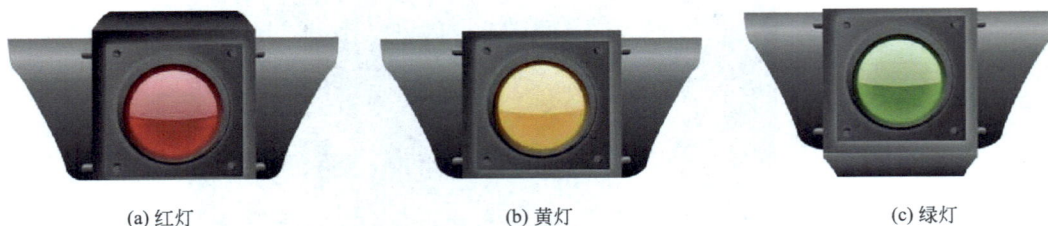

(a) 红灯　　　　　　　　　(b) 黄灯　　　　　　　　　(c) 绿灯

图 5-40　交通信号灯

解： 本例交通信号灯识别步骤如下。

（1）读取原始图像。

（2）颜色空间转换。

（3）绘制直方图。

（4）统计直方图中的红、绿、黄像素点。

（5）输出红黄绿像素点的个数。

（6）输出识别结果。

在 MATLAB 命令行窗口输入以下程序。

序号	程序	步骤
1	`[filename,filepath]=uigetfile('.jpg','输入要识别的信号灯');`	（1）读取原始图像
2	`file=strcat(filepath,filename);`	
3	`Image_f=imread(file);`	
4	`subplot(2,2,1)`	
5	`imshow(Image_f)`	
6	`title('原始图像')`	
7	`hsv_f=rgb2hsv(Image_f);`	（2）颜色空间转换
8	`H=hsv_f(:,:,1) * 255;`	
9	`S=hsv_f(:,:,2) * 255;`	
10	`V=hsv_f(:,:,3) * 255;`	
11	`subplot(2,2,2)`	
12	`imshow(hsv_f)`	
13	`title('HSV 图像')`	
14	`subplot(2,2,4)`	（3）绘制直方图
15	`imhist(uint8(H));`	
16	`title('直方图')`	
17	`print(gcf,'-r600','-djpeg','图 5-41.jpg')`	

序号	程序	步骤
18	`[y,x,z]=size(Image_f);`	
19	`Red_y=zeros(y,1);`	
20	`Green_y=zeros(y,1);`	
21	`Yellow_y=zeros(y,1);`	
22	`for i=1:y`	
23	`    for j=1:x`	
24	`        if(((H(i,j)>=0)&&(H(i,j)<15)&&(V(i,j)>50)&&(S(i,j)>30))`	
25	`            Red_y(i,1)=Red_y(i,1)+1;`	（4）统计直方
26	`        elseif(((H(i,j)>=66)&&(H(i,j)<130))&&(V(i,j)>50)&&(S(i,j)>30))`	图中的红、黄、
27	`            Green_y(i,1)=Green_y(i,1)+1;`	绿像素点
28	`        elseif(((H(i,j)>=20)&&(H(i,j,1)<65))&&(V(i,j)>50)&&(S(i,j)>30))`	
29	`            Yellow_y(i,1)=Yellow_y(i,1)+1;`	
30	`        end`	
31	`    end`	
32	`end`	
33	`Max_Red_y=max(Red_y)`	
34	`Max_Green_y=max(Green_y)`	
35	`Max_Yellow_y=max(Yellow_y)`	
36	`if((Max_Red_y> Max_Green_y)&&(Max_Red_y>Max_Yellow_y))`	
37	`    Result=1;`	（5）输出红、
38	`elseif((Max_Green_y>Max_Red_y)&&(Max_Green_y>Max_Yellow_y))`	黄、绿像素点的
39	`    Result=2;`	个数
40	`elseif((Max_Yellow_y>Max_Green_y)&&(Max_Yellow_y>Max_Red_y))`	
41	`    Result=3;`	
42	`else`	
43	`    Result=4;`	
44	`end`	
45	`if(Result==1)`	
46	`    disp('检测结果为红灯');`	
47	`elseif(Result==2);`	
48	`    disp('检测结果为绿灯');`	（6）输出识别
49	`elseif(Result==3)`	结果
50	`    disp('检测结果为黄灯');`	
51	`else`	
52	`    disp('检测失败');`	
53	`end`	

当输入为红灯时，输出图像如图 5-41 所示。

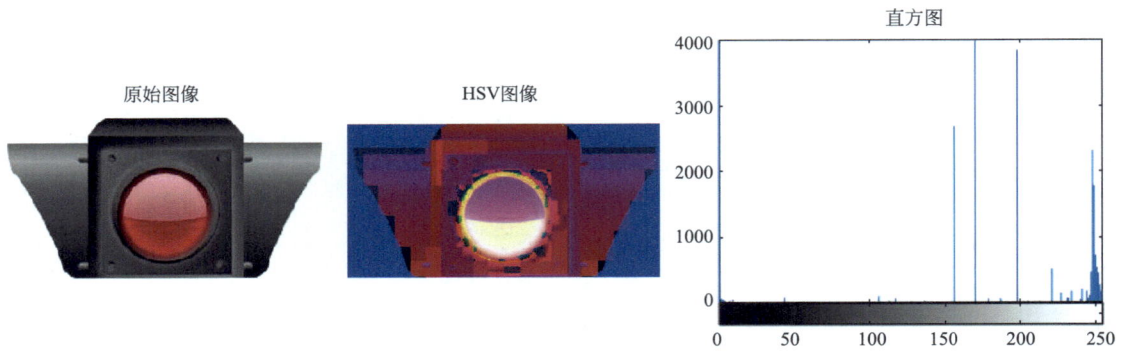

图 5-41   红灯识别

输出结果为

Max_Red_y＝

   15

Max_Green_y＝

   2

Max_Yellow_y＝

   1

检测结果为红灯

当输入为黄灯时，输出图像如图 5-42 所示。

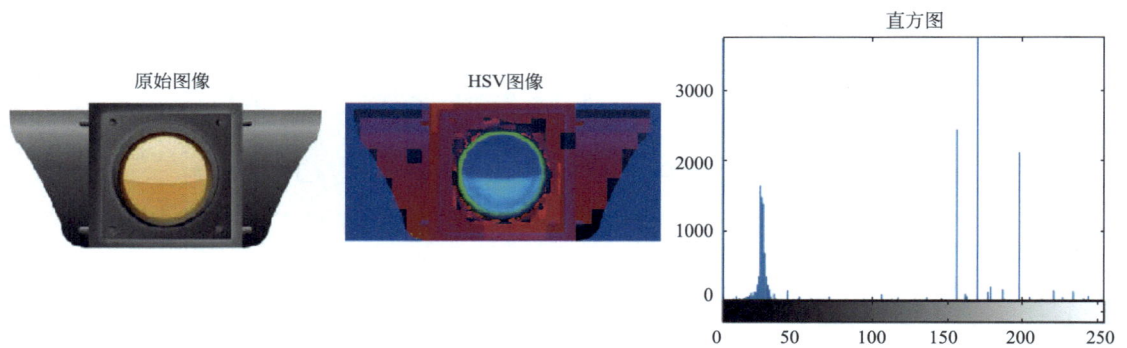

图 5-42   黄灯识别

输出结果为

Max_Red_y＝

   13

Max_Green_y＝

   1

Max_Yellow_y＝

   95

检测结果为黄灯

当输入为绿灯时，输出图像如图 5-43 所示。

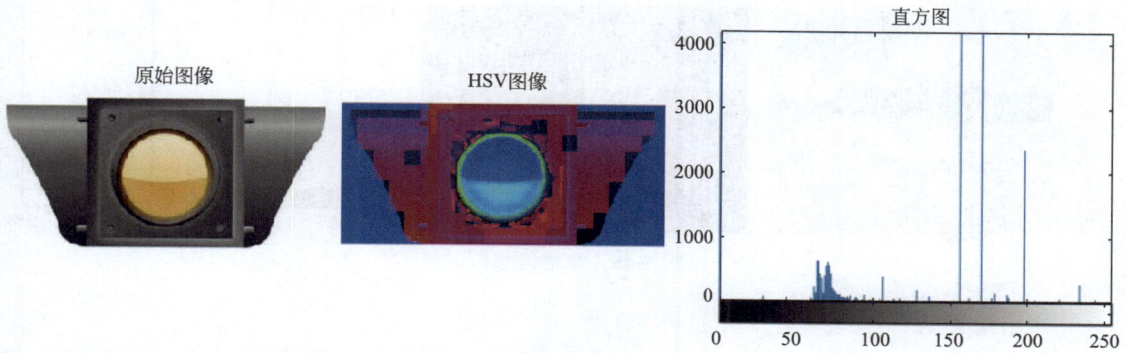

图 5-43　绿灯识别

输出结果为

Max_Red_y＝

　　　　　　0

Max_Green_y＝

　　　　　　93

Max_Yellow_y＝

　　　　　　78

检测结果为绿灯

【例 5-34】　利用例 5-33 的程序，识别图 5-44 所示的绿灯。

图 5-44　绿色信号灯

解：当图 5-44 作为输入图像时，输出图像如图 5-45 所示。

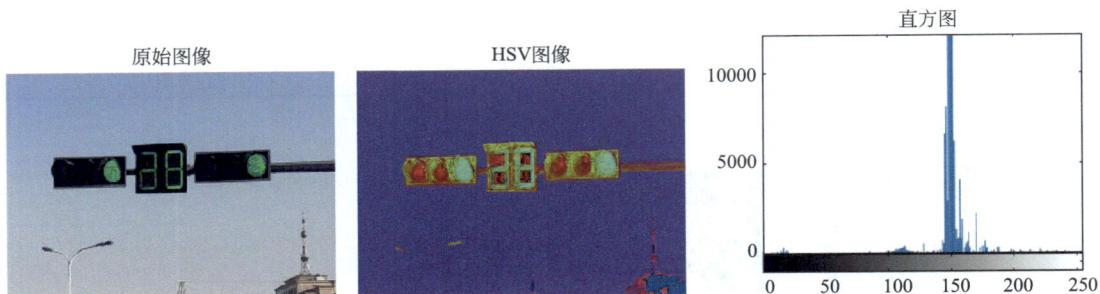

原始图像　　　　　　　HSV图像　　　　　　　直方图

图 5-45　绿色信号灯识别

输出结果为

```
Max_Red_y=
            53
Max_Green_y=
            126
Max_Yellow_y=
            23
检测结果为绿灯
```

应用实例三　基于图像处理技术的交通标志识别

【例 5-35】　利用 MATLAB 对图 5-46 所示限速 50km/h 的标志进行识别。

图 5-46　限速标志

解：本例交通标志识别步骤如下。

（1）读取原始图像。

（2）颜色空间转换。

（3）图像二值化。

（4）图像优化处理。

（5）图像特征提取。

（6）裁剪目标区域。

在 MATLAB 命令行窗口输入以下程序。

序号	程序	步骤
1	`[filename,filepath]=uigetfile('.jpg','输入要识别的交通标志');`	（1）读取原始图像
2	`file=strcat(filepath,filename);`	
3	`I=imread(file);`	
4	`Hsv=rgb2hsv(I);`	（2）颜色空间转换
5	`figure(1)`	
6	`imshow(HSV)`	
7	`title('HSV图像')`	
8	`print(gcf,'-r600','-djpeg','图5-47.jpg')`	
9	`I1=Hsv(:,:,1);`	（3）图像二值化
10	`figure(2)`	
11	`imshow(I1)`	
12	`title('提取亮度后的图像')`	
13	`print(gcf,'-r600','-djpeg','图5-48.jpg')`	
14	`BW=roicolor(I1,0.0277,0.032);`	
15	`figure(3)`	
16	`imshow(BW)`	
17	`title('二值化图像')`	
18	`print(gcf,'-r600','-djpeg','图5-49.jpg')`	
19	`se=strel('disk',10);`	
20	`BW1=imclose(BW,se);`	
21	`SE=ones(10);`	（4）图像优化处理
22	`PZ=imdilate(BW1,SE);`	
23	`figure(4)`	
24	`imshow(PZ)`	
25	`title('膨胀后的图像')`	
26	`print(gcf,'-r600','-djpeg','图5-50.jpg')`	
27	`TC=bwfill(PZ,'holes');`	
28	`figure(5)`	
29	`imshow(TC)`	
30	`title('填充后的图像')`	
31	`print(gcf,'-r600','-djpeg','图5-51.jpg')`	
32	`L=bwlabeln(TC);`	（5）图像特征提取
33	`S=regionprops(L,'Area','Centroid','BoundingBox');`	
34	`cent=cat(1,S.Centroid);`	
35	`boud=cat(1,S.BoundingBox);`	
36	`Len=length(S);`	
37	`t2=0;t4=0;t7=0;t8=0;`	
38	`for i=1:3`	
39	`    Max(i)=0;`	

序号	程序	步骤
40	MR(i)=0;	
41	MX(i)=0;	
42	MY(i)=0;	
43	end	
44	Max1=0;Max2=0;Max3=0;ttq=0;	
45	for i=1:Len	
46	if(S(i).Area>=Max1)	
47	Max3=Max2;Max(3)=Max(2);	
48	Max2=Max1;Max(2)=Max(1);	
49	Max1=S(i).Area;Max(1)=i;	
50	else if(S(i).Area>=Max2)	
51	Max3=Max2;Max(3)=Max(2);	
52	Max2=S(i).Area;Max(2)=i;	
53	else if(S(i).Area>=Max3)	
54	Max3=S(i).Area;Max(3)=i;	
55	end	
56	end	
57	end	
58	end	
59	if((Max(1)&&Max(2)&&Max(3))==0)	
60	imshowage=0;	(5)图像特征提取
61	errordlg(' 没有路标!! ','基本信息');	
62	else	
63	imshowage=1;	
64	for i=1:3	
65	tz(i)=0;	
66	Mblen(i)=0;	
67	Mbwid(i)=0;	
68	end	
69	[hang,lie,r]=size(BW);	
70	for i=1:3	
71	X=cent(Max(i),1);Y=cent(Max(i),2);	
72	MX(i)=round(X);MY(i)=round(Y);	
73	bx=boud(Max(i),1);	
74	by=boud(Max(i),2);	
75	blen=boud(Max(i),4);	
76	bwid=boud(Max(i),3);	
77	bx1=round(bx);	
78	by1=round(by);	
79	Mblen(i)=round(blen);	
80	Mbwid(i)=round(bwid);	
81	if(blen>=bwid)	

序号	程序	步骤
82	`    MR=bwid;`	
83	`  else`	
84	`    MR=blen;`	
85	`  end`	
86	`if` `(MX(i)+round(MR/4)<=lie&&MY(i)+round(MR/6)<=hang&&TC(MY(i)+` `round(MR/6),MX(i)+round(MR/4))==1)`	
87	`    t2=1;`	
88	`    end`	
89	`    if` `(MX(i)-round(MR/4)>0&&MY(i)-round(MR/6)>0&&TC(MY(i)-round(MR/6),` `MX(i)-round(MR/4))==1)`	
90	`      t4=1;`	
91	`    end`	
92	`    if` `(MY(i)+round(MR/6)<=hang&&MX(i)-round(MR/4)>0&&TC(MY(i)+` `round(MR/6),MX(i)-round(MR/4))==1)`	
93	`      t7=1;`	
94	`    end`	
95	`    if` `(MY(i)-round(MR/6)>0&&MX(i)+round(MR/4)<=lie&&TC(MY(i)-round` `(MR/6),MX(i)+round(MR/4))==1)`	(5)图像特征提取
96	`      t8=1;`	
97	`    end`	
98	`    if(t2&&t4&&t7&&t8&&S(Max(i)).Area/(hang*lie)>0.01)`	
99	`      tz(i)=1;`	
100	`      t2=0;t4=0;t7=0;t8=0;`	
101	`    end`	
102	`end`	
103	`end`	
104	`if tz(3)==1`	
105	`    YC=bwareaopen(TC,Max3);`	
106	`elseif tz(2)==1`	
107	`    YC=bwareaopen(TC,Max2);`	
108	`elseif  tz(2)==0`	
109	`    YC=bwareaopen(TC,Max1);`	
110	`figure(6)`	
111	`imshow(YC)`	
112	`title('提取待测目标图像')`	
113	`print(gcf,'-r600','-djpeg','图5-52.jpg')`	
114	`else`	
115	`(((tz(1)+tz(2)+tz(3))==0));`	

序号	程序	步骤
116	`    imshowage=0;`	
117	`errordlg('没有路标!! ','基本信息');`	
118	`end`	
119	`flag=[0 0 0];`	
120	`for i=1:3`	
121	`  if(tz(i)==1)`	
122	`      high=Mblen(i);`	
123	`      liezb=round(MX(i)-Mbwid(i)/2);`	
124	`      hangzb=round(MY(i)-Mblen(i)/2);`	(5)图像特征
125	`      width=Mbwid(i);`	提取
126	`      flag(i)=1;`	
127	`Iresult=imcrop(I,[liezb hangzb width high]);`	
128	`    if(i==1)`	
129	`imwrite(Iresult,'result_1.bmp','bmp');`	
130	`elseif(i==2)`	
131	`      imwrite(Iresult,'result_2.bmp','bmp');`	
132	`elseif(i==3)`	
133	`      imwrite(Iresult,'result_3.bmp','bmp');`	
134	`end`	
135	`end`	
136	`end`	
137	`if imshowage==1`	
138	`  for i=1:3`	
139	`    if(flag(1)==1)`	
140	`     figure;imshow('result_1.bmp')`	
141	`    end`	
142	`    if(flag(2)==1)`	
143	`      figure;imshow('result_2.bmp')`	
144	`    end`	
145	`    if(flag(3)==1)`	(6)裁剪目标
146	`      figure;imshow('result_3.bmp')`	区域
147	`    end`	
148	`  end`	
149	`  else`	
150	`   imshow('err.jpg')`	
151	`end`	
152	`print(gcf,'-r600','-djpeg','图 5-53.jpg')`	

输出结果如图 5-47～图 5-53 所示。

图 5-47　道路交通标志的 HSV 图像

图 5-48　道路交通标志提取亮度后的图像

图 5-49　道路交通标志的二值化图像

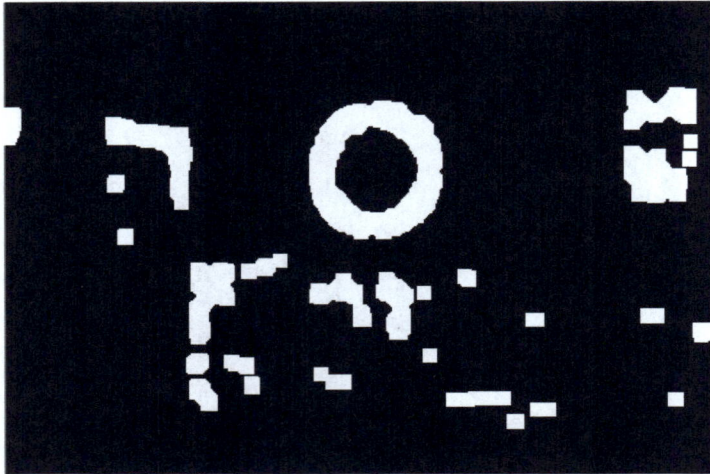

图 5-50　道路交通标志膨胀后的图像

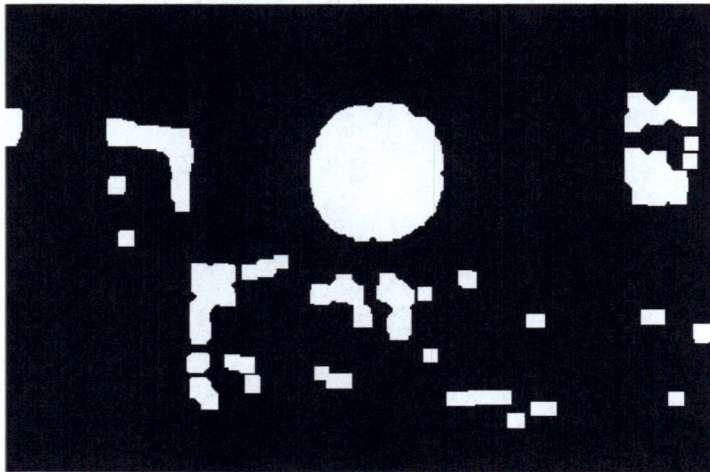

图 5-51　道路交通标志充填后图像

图 5-52　道路交通标志待测目标图像

图 5-53　道路交通标志识别结果

练习题

【5-1】　将图 5-54 中的鲜花原始图像转换成灰度图像、二值图像和索引图像，并在同一图形窗口绘出。

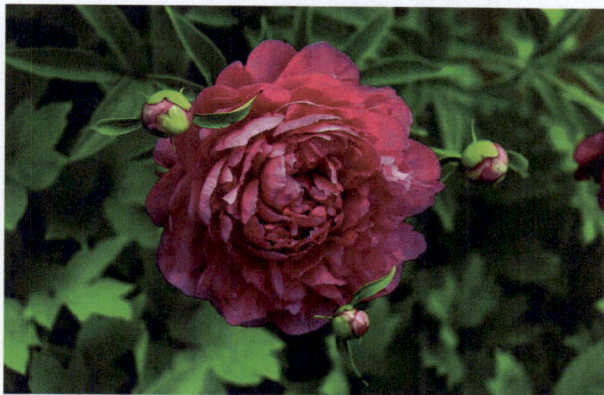

图 5-54　鲜花原始图像

【5-2】　对图 5-54 所示的原始图像进行直方图处理，并将直方图均分 36 份，在同一图形窗口绘制灰度图像、灰度直方图、直方图均分和均分直方图。

【5-3】　对图 5-55 所示的汽车原始图像分别进行对数变换和 Gamma 变换，在同一图形窗口绘制原始图像、对数变换图像和 Gamma 变换图像。

图 5-55　汽车原始图像

【5-4】 将图 5-56 所示的道路原始图像进行灰度阈值变换及二值化，其中阈值分别取 0.1、0.8 和最优，在同一图形窗口绘制原始图像和阈值分割后图像。

图 5-56　道路原始图像

【5-5】 对图 5-57 所示的动物原始图像添加高斯噪声图像和椒盐噪声，在同一图形窗口绘制原始图像和高斯噪声图像、椒盐噪声图像。

图 5-57　动物原始图像

【5-6】 对图 5-57 产生的高斯噪声图像和椒盐噪声图像进行空间域滤波，在同一图形窗口绘制高斯噪声图像、椒盐噪声图像和高斯噪声空间域滤波图像、椒盐噪声空间域滤波图像。

【5-7】 对图 5-57 产生的椒盐噪声图像分别进行高斯滤波、均值滤波、圆形均值滤波、拉普拉斯滤波、运动滤波、log 滤波、prewitt 滤波和 sobel 滤波，并在同一图形窗口绘制椒盐噪声图像和各种滤波后的图像。

【5-8】 分别利用拉普拉斯算子、高斯滤波和 sobel 算子对图 5-57 所示的原始图像进行锐化，并在同一图形窗口绘制原始图像和锐化后的图像。

【5-9】 对图 5-57 所示的原始图像进行傅里叶变换和逆变换，并在同一图形窗口绘制原始图像、傅里叶变换频谱图、频移后的频谱图和傅里叶逆变换图像。

【5-10】 利用理想低通滤波器处理图 5-57 产生的椒盐噪声原图和傅里叶变换原图，截止频率分别取 20Hz、40Hz 和 60Hz，在同一图形窗口绘制原始图像和滤波后的图像。

【5-11】 从图 5-58 所示的水果原始图像中提取红、绿和蓝分量图像，并在同一图形窗口绘制原始图像和提取后的图像。

图 5-58　水果原始图像

【5-12】　从图 5-58 所示的水果原始图像中提取色调、饱和度和强度分量图像，并在同一图形窗口绘制原始图像和提取后的图像。

【5-13】　对图 5-59 所示的指纹原始图像进行腐蚀和膨胀，并在同一图形窗口绘制原始图像和腐蚀、膨胀后的图像。

图 5-59　指纹原始图像

【5-14】　分别利用 sobel 算子、prewitt 算子、roberts 算子、log 算子、canny 算子对图 5-60 所示的交通标志原始图像进行边缘检测，并把检测结果绘制在同一图形窗口。

图 5-60　交通标志原始图像

【5-15】 利用 MATLAB 分别识别图 5-61 所示的黄色、绿色和红色。

图 5-61　黄色、绿色和红色的原始图像

附　录
综合实训项目

综合实训项目一
基于 MATLAB 的燃油汽车动力性仿真

本综合实训项目主要有以下任务。

（1）建立燃油汽车动力性数学模型。

（2）根据燃油汽车动力特性图，编写 MATLAB 程序，对燃油汽车动力性进行仿真。

（3）绘制燃油汽车动力特性图、燃油汽车加速度图、燃油汽车加速时间图和燃油汽车最大爬坡度图。

附表 1 是燃油汽车动力性仿真所需的参数；附表 2 是燃油汽车动力性仿真所需的发动机转速与转矩数据。

附表 1　燃油汽车动力性仿真所需的参数

汽车总质量/kg	滚动阻力系数	空气阻力系数	迎风面积/m²	车轮滚动半径/m
936	0.012	0.3	1.75	0.272
旋转质量换算系数	传动效率	主减速器传动比	变速器各挡传动比	
1.2	0.9	4.388	3.416,1.894,1.280,0.914,0.757	

附表 2　燃油汽车动力性仿真所需的发动机转速与转矩数据

转速/(r/min)	1000	1500	2000	2500	3000	3500	4000	4500	5000
转矩/(N·m)	78.6	83.0	85.0	86.6	87.1	85.9	84.7	82.5	80.5

综合实训项目二
基于 MATLAB 的电动汽车动力性仿真

本综合实训项目主要有以下任务。

（1）建立电动汽车动力性数学模型。

（2）编写 MATLAB 程序，对电动汽车动力性进行仿真。

（3）绘制电动汽车驱动力-行驶阻力平衡图、电动汽车最大加速度图、电动汽车加速时间图和电动汽车最大爬坡度图。

电动汽车动力性仿真所需的参数见附表 3。

附表 3　电动汽车动力性仿真所需的参数

整车质量/kg	车轮滚动半径/m	迎风面积/m²	总传动比
1575	0.318	2.5	8.3
峰值功率/kW	峰值转矩/(N·m)	额定功率/kW	额定转矩/(N·m)
70	210	35	105
传动系统效率	空气阻力系数	滚动阻力系数	旋转质量换算系数
0.9	0.3	0.012	1.1

综合实训项目三
基于 MATLAB 的汽车操纵稳定性仿真

本综合实训项目主要有以下任务。

（1）建立汽车横摆角速度和质心侧偏角传动函数模型。

（2）绘制不同车速下的汽车横摆角速度和质心侧偏角的时域特性曲线。

（3）绘制不同轮胎侧偏刚度下的汽车横摆角速度和质心侧偏角的时域特性曲线。

（4）绘制不同转动惯量下的汽车横摆角速度和质心侧偏角的时域特性曲线。

（5）绘制不同车速下的汽车横摆角速度和质心侧偏角的频率特性曲线。

（6）绘制不同轮胎侧偏刚度下的汽车横摆角速度和质心侧偏角的频率特性曲线。

（7）绘制不同转动惯量下的汽车横摆角速度和质心侧偏角的频率特性曲线。

汽车操纵稳定性仿真所需的参数见附表 4。

附表 4　汽车操纵稳定性仿真所需的参数

汽车质量/kg	汽车转动惯量/(kg·m²)	汽车质心至前轴距离/m
2045	5428	1.488
汽车质心至后轴距离/m	前轮综合侧偏刚度/(N/rad)	后轮综合侧偏刚度/(N/rad)
1.712	−77850	−76510

综合实训项目四
基于 MATLAB 的汽车振动系统最优控制仿真

本综合实训项目主要有以下任务。

（1）建立汽车半主动悬架数学模型。

（2）建立汽车半主动悬架最优控制数学模型。

（3）编写 MATLAB 程序求汽车半主动悬架最优控制参数。

（4）绘制车身垂直加速度、悬架动挠度、轮胎动载荷的时域曲线和频域曲线。

汽车振动系统最优控制仿真所需的参数见附表 5。

附表 5　汽车振动系统最优控制仿真所需的参数

悬挂质量/kg	非悬挂质量/kg	悬架弹簧刚度/(N/m)	悬架不变阻尼系数/(N·s/m)
320	40	20000	1400

轮胎刚度/(N/m)	下截止频率/Hz	路面不平度系数	仿真时间/s
200000	0.1	5×10^{-6}	20

综合实训项目五
基于 MATLAB 的汽车主动悬架系统模糊控制仿真

本综合实训项目主要有以下任务。

（1）建立汽车主动悬架模糊控制系统框图。

（2）建立模糊控制器。

（3）建立汽车主动悬架模糊控制仿真模型。

（4）对车身垂直加速度、悬架动挠度和轮胎动载荷进行时域特性仿真。

汽车主动悬架系统模糊控制仿真所需条件如下。

（1）汽车主动悬架的悬挂质量为 330kg，非悬挂质量为 25kg，轮胎刚度为 170000N/m。

（2）选取车身垂直加速度 AS 和车身垂直速度 US 作为模糊控制器的输入变量；力发生器的控制力作为模糊控制器的输出变量。

（3）车身垂直加速度和车身垂直速度都采用 5 个语言模糊集来描述，即负大（NB）、负小（NS）、零（Z）、正小（PS）、正大（PB）；力发生器的控制力 FU 采用 7 个语言模糊集来描述，即正大（PB）、正中（PM）、正小（PS）、零（Z）、负大（NB）、负中（NM）、负小（NS）。

（4）隶属度函数都采用三角形分布，车身垂直加速度的论域为 [-1.5,1.5]，车身垂直速度的论域为 [-0.6,0.6]，控制力的论域为 [-3,3]。

（5）模糊控制规则见附表 6。

附表 6　模糊控制规则表

FU		US				
		NB	NS	Z	PS	PB
AS	NB	PB	PB	PM	PS	Z
	NS	PB	PM	PS	Z	NS
	Z	PM	PS	Z	NS	NM
	PS	PS	Z	NS	NM	NB
	PB	Z	NS	NM	NB	NB

（6）阶跃输入函数为

$$q = \begin{cases} 0 & 0 \leqslant t < 0.2 \\ \dfrac{t-0.2}{2.5} & 0.2 \leqslant t < 0.45 \\ 0.1 & t \geqslant 0.45 \end{cases}$$

综合实训项目六
基于 MATLAB 的汽车车牌识别

本综合实训项目主要有以下任务。

（1）读取车牌原始图像。

（2）原始图像灰度变换。

（3）灰度图像边缘检测。

（4）图像腐蚀。

（5）图像膨胀。

（6）删除小面积对象。

（7）车牌定位切割。

（8）定位切割后的车牌图像灰度处理。

（9）灰度图像直方图均衡化。

（10）图像二值化处理。

（11）图像中值滤波。

（12）字符分割。

（13）字符显示和创建。

（14）车牌号码识别结果显示。

汽车车牌识别所需的原始图像如附图 1 所示。

附图 1 汽车车牌识别所需的原始图像

参 考 文 献

［1］　王正林，王胜开，等.MATLAB/Simulink 与控制系统仿真［M］.北京：电子工业出版社，2012.

［2］　付文利，刘刚.MATLAB 编程指南［M］.北京：清华大学出版社，2017.

［3］　温正.MATLAB 科学计算［M］.北京：清华大学出版社，2017.

［4］　刘成龙.MATLAB 图像处理［M］.北京：清华大学出版社，2017.

［5］　崔胜民.汽车理论［M］.北京：北京大学出版社，2016.

［6］　崔胜民.汽车系统动力学与仿真［M］.北京：北京大学出版社，2014.